本书由河北省科技金融重点实验室项目资助，项目编号：JY2016ZB45
本书由河北省高校智慧金融应用技术研发中心资助

基于本体的高速铁路领域
知识组织与查询研究

刘紫玉　　杜光辉　　杨雨佳　　著

知识产权出版社
全国百佳图书出版单位

图书在版编目（CIP）数据

基于本体的高速铁路领域知识组织与查询研究/刘紫玉，杜光辉，杨雨佳著. —北京：知识产权出版社，2018.3

ISBN 978-7-5130-5442-3

I. ①基… II. ①刘… ②杜… ③杨… III. ①高速铁路—情报检索—研究 IV. ①G252.8

中国版本图书馆 CIP 数据核字（2018）第 036592 号

内容提要

高速动车组技术的蓬勃发展使高速铁路领域知识急剧增长，然而现有的领域资源缺少统一的知识描述，不能满足用户对高速铁路领域知识的查询和传播。本书以高速铁路领域为背景，以本体作为知识构建工具，研究领域知识的组织、进化和检索。主要内容包括：（1）高速铁路领域本体构建方法研究。（2）高速铁路领域本体进化方法研究。（3）高速铁路领域知识组织方法研究。（4）高速铁路领域知识查询方法研究。（5）高速铁路领域知识组织与查询系统研究。

读者对象：从事知识管理、语义网络方面研究的科研工作者；对高速铁路领域知识组织和查询感兴趣的普通读者。

责任编辑：栾晓航　　　　　　　责任校对：谷　洋

封面设计：刘　伟　闻　雨　　　责任出版：孙婷婷

基于本体的高速铁路领域知识组织与查询研究

刘紫玉　杜光辉　杨雨佳　著

出版发行：**知识产权出版社**有限责任公司	网　　址：http://www.ipph.cn
社　　址：北京市海淀区气象路 50 号院	邮　　编：100081
责编电话：010-82000860 转 8382	责编邮箱：luanxiaohang@cnipr.com
发行电话：010-82000860 转 8101/8102	发行传真：010-82000893/82005070/82000270
印　　刷：北京建宏印刷有限公司	经　　销：各大网上书店、新华书店及相关专业书店
开　　本：720mm×1000mm　1/16	印　　张：14
版　　次：2018 年 3 月第 1 版	印　　次：2018 年 3 月第 1 次印刷
字　　数：250 千字	定　　价：60.00 元
ISBN 978-7-5130-5442-3	

前　言

高速动车组技术的蓬勃发展使动车组领域知识急剧增长，然而现有的高速铁路领域资源缺少统一的知识描述，不能满足用户对领域知识的查询和传播，基于语义 Web 技术的本体描述方法和工具使领域知识的形式化表达和共享成为可能，领域本体已经成为知识组织和知识管理的重要工具。随着领域内知识的不断增长以及应用需求的变化，所采用的领域本体也需要随之变化更新。同时为满足知识工程师和领域用户查询领域知识的需要，进行本体查询模式构建的研究也十分必要。

有一些领域，如农业领域、铁路领域、高速铁路领域、航空领域等，这些领域都由不同的专业领域构成，如高速铁路领域由工务工程、牵引供电、动车组、运营管理等专业领域构成。本书面向由多专业构成的领域，以高速铁路领域为研究和应用对象，研究多专业领域本体构建方法论和基于多专业领域本体的应用——语义检索和推理，实现领域知识的进化和语义查询应用，为知识工程师和领域用户提供更全面、有效的服务。本书的主要工作如下：

(1) 提出了一个多专业领域本体构建方法。

结合多专业领域特点，选择 W3C 制定的既能精确地刻画语义、又有高效的推理系统为之提供推理支持的 OWL Lite 作为面向多专业领域的领域本体表示语言，在对已有本体构建方法和由多专业构成的领域知识特点深入研究的基础上，探讨了多专业领域本体构建思路和构建原则，提出了一种建立在"范畴表和主题词表"基础上，并参考基础数据表的多专业领域本体构建方法 MMDOB（Multiple Majors Domain Ontology Building）。该方法给出了多专业领域本体构建的完整流程，并分析了概念之间的语义关系，提出了多专业领域本体集成方法。

（2）提出了一个多专业领域本体集成方法，给出了多专业领域本体模型、概念模型和形式化表示方法。

专业领域本体构建完成后，要得到统一的多专业领域本体就需要对专业领域本体进行集成，多专业领域本体集成是其构建方法中的重要一步。由多个专业构成的领域中的各个专业领域的范畴和主题词表之间的关系比较松散，已有的本体集成方法对多专业领域并不适用，所以本书给出了一个面向多专业领域的本体集成方法 MMDOI（Multiple Majors Domain Ontology Integration）和一个三层的多专业领域本体集成框架。在 MMDOI 方法中，考虑了本体进化两种情况的解决方法，一种是随着由多专业构成的领域自身的发展，增加了某个专业范畴表和主题词表；另一种是随着专业领域的发展，该专业领域的范畴表和主题词表进行了扩充。同时，还考虑了一个专业领域新增或删除概念时，多个专业领域之间语义关系的进化问题。

针对集成后的统一的领域本体，在对现有的本体模型和领域本体深入研究的基础上，提出了领域本体模型的八元组表示方法和领域本体概念的九元组表示方法及领域本体的形式化描述方式。

（3）提出了一种基于 DBpedia 的本体半自动进化方法。

以结构化数据作为本体进化的数据源，大大节省了获取本体进化新信息的成本，其可被计算机直接读取和利用互联网实时更新的特性，提高了本体进化的效率。

（4）给出了文献语义标引方法，提出了一种计算领域本体概念之间语义相似度的 MD4 模型。

在基于本体的语义扩展检索中，检索对象文献的语义标引是其中一个重要的环节，本书采用非线性函数和"成对比较法"相结合的方法，综合考虑位置和词频两个因素，最终给出标引概念的权重。语义相似度计算是用户查询词语义扩展不可缺少的方法，在本书提出的领域本体概念模型表示的基础上，构建了计算领域本体概念之间语义相似度的 MD4（Fourfold

Matching-Distance Model）模型，并给出了该模型的详细算法。

（5）语义扩展检索与推理研究。

扩展检索是通过查找检索条件中的相关概念，从而得到相关知识项。本书针对多专业领域本体的特点和其检索对象对用户查询语义扩展模式进行了分析，提出了五种语义扩展检索模式。以 OWL 的逻辑基础——描述逻辑作为推理基础，对多专业领域本体语义关系进行了解构，并根据解构的语义关系定义了推理规则，并利用 JRL 规则描述语言对推理规则进行了形式化描述。

（6）高速铁路领域实证研究。

以高速铁路领域为实证背景，用本书提出的多专业领域本体构建方法和集成方法实现了高速铁路各专业领域本体的构建和集成，并在此基础上，设计和开发了一个面向高速铁路知识的语义检索和推理系统 HSRK-SRRS（High-speed Railway Knowledge-Semantic Retrieval and Reasoning System），以高速铁路领域文献作为检索对象，对本书提出的文献语义标引、语义扩展检索方法和领域蕴涵知识发现推理进行了实验验证。

本书提出的多专业领域本体构建方法有一定的现实意义，对多专业领域本体构建、概念之间语义关系分析和多专业领域本体集成有一定的借鉴作用；同时，基于多专业领域本体模型构建的计算领域本体概念之间语义相似度的 MD4 模型，为由多专业构成的领域本体概念之间的语义关系提供了一种有效的量化方法；本书将多专业领域研究成果应用于高速铁路领域，为由多专业构成的领域本体的构建及其语义检索与推理的实现提供了一个实证参考。在本书的撰写过程中刘紫玉完成 24 万字，杜光辉完成 0.8 万字，杨雨佳完成 0.2 万字。

目　录

第1章 绪 论

1.1 研究背景及意义

1.1.1 研究背景

铁路运输作为主要的大陆性运输方式，为人类社会的进步、文明和科学技术发展做出了巨大的历史贡献。高速是实现高效的基础，我国高速铁路建设迅速发展，到 2020 年我国高铁里程数有望超过 3 万公里。2009 年我国高铁步入自主创新阶段，高速铁路营运里程数开始迅速增长。2016 年我国铁路营业总里程达到 12.4 万公里，居世界首位。其中高速铁路营运里程数为 2.2 万公里，占世界高铁运营总里程 60% 以上，2009—2016 年均复合增速达 34.95%。同时在 2016 年国家发布了《中长期铁路网规划》，计划到 2020 年我国高铁里程数将达到 3 万公里以上，到 2025 年中国高速铁路通车里程将达到 3.8 万公里以上。因此，中国高速铁路进入大规模建设时期。为了及时、准确地获取信息，铁道部组织专家开发了"高速铁路基础资料库系统"，在此项目的支持下，构建了适用于高速铁路文献资料分类的新的《高速铁路范畴表与主题词表》，其中一级范畴有工务工程、牵引供电、动车组、信号与控制、通信、运营管理、安全与救援、环境工程、运输经济、综合评价 10 个，二级范畴 64 个，三级范畴 208 个，共计对应 2488 个主题词，同时与高速铁路相关的入库文献资料和数据已将近 3 万篇，提供了对于高速铁路知识的按范畴检索、高级搜索、GIS 检索等多种展示方式。而该项目使用的信息搜索方式是通过关键词来进行搜索的，如搜索"动车组"有关的信息，返回的搜索结果中不能包括和"EMU""动力分散式动车组"有关的动车组信息，难以有效地查出用户真正需要的知识。因此需要将信息检索的方法从关键词层面提高到语义知识层面。要达到这样的目的，就需要计算机能"理解"这些信息，而本体是目前解决这个问题的较好工具。所以要实现高速铁路知识语义组织和语义检索，就需要构建高速铁路领域本体。

金芝[1]在Guarino[2]的本体论研究层次图的基础上，依照领域依赖程度，将本体分为通用本体（Top Ontology）、领域本体（Domain Ontology）、任务本体（Task Ontology）和应用本体（Application Ontology）。通用本体描述的是最普遍的概念以及概念之间的关系，也就是人们所遇见的所有类目构成的一个通用框架。其他种类的Ontology都是其特例。国外的WordNet、CYC和国内的HowNet都可以看成通用本体的应用。领域本体描述特定领域（医学、生物等）中概念以及概念之间的关系。任务本体描述特定任务或行为中的概念以及概念之间的关系。应用本体描述依赖特定领域和任务的概念以及概念之间的关系。

领域本体可以有效地组织领域中的知识，使知识更好地共享、重用。领域知识本体是对领域中关于概念体系的明确、正式的规范化说明，主要由领域知识中的概念、概念之间的关系以及计算机可以识别和处理的形式化描述语言组成。构建领域知识本体，可以形成对领域相关信息组织结构的共同理解，为进一步开展该领域的信息资源整合、语义检索以及跨语种翻译、知识表示、自动标引、知识导航、数据挖掘和知识发现等研究和应用探索奠定基础，具有重要意义。

国际上在企业管理、生命科学、地理空间科学、农业科学等专业领域中已经有了各自的本体系统，建立了各自领域的本体知识表示，并正在更新之中。随着信息技术的发展，目前学术界还将本体应用到其他领域，如数字图书馆、半导体领域等；在已有的专业领域，知识的本体表示的范围也进一步扩大，如农业科学领域花卉学本体的构建。

高速铁路领域由工务工程、牵引供电、动车组、运营管理、通信系统、安全与救援、信号与控制组、环境工程等专业领域构成，可以将由多个专业领域构成的高速铁路领域定义为"多专业领域"。还有其他一些领域，如铁路领域、航空领域等，这些领域都由不同的专业领域构成。针对语义检索与推理的目的，这些领域本体的构建可以先基于叙词表或范畴与主题词表构建各专业领域本体，然后集成为一个统一的多专业领域本体。基于每个专业领域构建的本体称为"专业领域本体"，由多个专业领域本体集成的统一本体称为

"多专业领域本体"。

　　理论上讲，本体的应用范围非常广泛，前景也非常光明，但前提是必须有比较理想或实用的领域本体或通用本体作为基础。本体一般可作为机器翻译、语义检索、数据交互等应用的语义基础，或者单纯的作为一个知识库而存在[3]。但是纵观现在的研究发现，开发人员在本体构建之初，往往由于应用目的不明确，仅仅将本体构建而非本体应用作为最终目的，出现本体涉及的范围边界模糊、收集的概念颗粒度不适当、本体的系统能力问题定义不清、公理规则的定义缺乏针对性等问题。这些问题一方面会导致本体构建时，资源不能合理分配，另一方面会严重影响本体对应用系统的嵌入。

　　本书以高速铁路领域为背景，面向由多专业构成的领域，研究多专业领域本体构建方法论、领域知识组织和基于多专业领域本体的应用——语义检索和推理，提出多专业领域本体构建、集成方法、进化方法和面向多专业领域本体的语义扩展检索方法和本体推理方法，并将其应用于高速铁路领域本体构建、领域知识组着和其语义检索推理系统中。

1.1.2　研究意义

　　通过对高速铁路技术的消化吸收和再创新，中国的高速铁路得到了快速发展，其运营里程已位居世界第一位。高速动车组在缓解铁路运力紧张、满足国民出行需求、拉动地方经济发展等方面做出了巨大贡献。在动车组设计制造过程中产生了大量工艺知识和专业术语，这些信息数量巨大，形式各异，其隐含性和复杂性难以被用户有效查询和利用，所以对高速铁路领域的知识实施一系列有效的安排和系统的梳理，来满足用户对领域知识的检索和学习，实现知识的高效传播是高速铁路信息化建设的重要工作。

　　随着计算机科学的发展和语义 Web 的提出，领域知识的共享和重用被提升到了语义层面，由于本体具有对数据知识结构的良好的语义表达的能力，采用本体尤其是领域本体来进行领域知识组织和语义查询的研究得到了广泛关注。领域本体可以将领域知识用计算机可以理解的形式化的语言和结构表示出来并将领域知识通过查询和网络分享给更多的用户。目前的许多研究都集中在本体的构建和应用上，对本体随着知识更新和系统修改而产生的变化的研究相对较少。本体进化是本体建设的重要部分，对满足领域知识的变化更新和丰富用户的查询需求有重要意义。基于本体的语义查询是对领域资源和用户的查询要求进行语义标注，利用本体特定的查询语言查询本体知识库中显式和隐含的信息。然而本体知识库中隐含的信息需要依靠一定的推理规则来实现查询，推理规则的设定没有统一的规范，不同领域本体可以根据领域的实际情况制定相应的推理机制，从而深层次挖掘领域内的隐含知识。

1.2　国内外研究综述

本书研究的核心是多专业领域本体构建和其应用，内容涉及本体构建、本体进化、语义查询，本节综述了目前这三个领域的研究现状。同时，本书以高速铁路领域作为实证背景，高速铁路方面的本体很少见，所以本节对铁路领域的本体现状进行综述。

1.2.1　领域本体构建

本体的构建方法并没有统一的规定，研究人员根据不同领域的需求提出了不少指导本体构建的方法，国外的主要研究成果有骨架法、企业建模法、循环获取法、METHONONTOLOGY、IDEF-5、KOVE 法、SENSUS 法和七步法等，其中斯坦福大学医学院开发的七步法在指导领域本体构建上很具有参考性，它指明了本体在构建过程中的每一个操作的步骤和方法。其主要步骤可概括为：确定本体的领域和范畴；考查复用已有本体；列出本体中的重要术语；定义类及类的等级体系；定义类的属性；定义属性的分面；创建实例[4]。国外学者中，Hyeongi Baek 等[5]利用本体构建七步法结合自底向上的方法构建了一个心理咨询本体，有效地促进了疾病的诊断。Nora I. Al-Rajebah 等[6]提出了利用 Wikipedia 基于语义关系抽取的自动构建本体的方法。国内学者中，文必龙，张莉[7]在分析一般本体构建的原则和方法的基础上，利用语料库和规则库构建了石油领域本体，提出的 Petro-Onto 方法提高了本体构建的自动化水平。宋佳等[8]提出了一种基于层次关系的本体构建方法，解决了军事装备领域本体语义异构的问题。孟玲[9]利用骨架法从确定应用目的和范围、构建和评价方面分析和构建了数字图书馆语义知识库本体。张云中[10]在语义网络发展的新形势下，提出了一种利用 FCA 数据分析方法和 Folksonomy 网络社区化标签数据集的领域本体半自动化构建方法，该方法利用 FCA 的相关理论和方法获得 Folksonomy 形式背景，然后将形式背景自动转化成概念格，由网络社区成员对概念格向本体映射做出表决，从而判定概念命名是否合适，属性和实例是否完备，最后得到一个大家认可的形式化本体。以上研究工作为领域本体的构建提供了丰富的方法指导，但目前还没有一个标准的本体构造方法和评价标准，使本体构建缺乏规范性。与此同时，从最近的研究来看，本体构建的方法有向着自动化、开放性的方向发展，这是本体构建方法研究的必然趋势，有利于大型综合性的本体的构建和共享，但对于专业性较强的领域本体构建，对领域专家和知识工程师的人工开发依赖很大，一切自动或半自动的本体构建方法还有待进一步研究。

1.2.2 领域本体进化

1. 本体进化的数据基础研究综述

用于进化的新的领域概念和关系是领域本体进化的数据源泉，这些数据信息可以来自文本、字典、Web 资源和大型综合语料库。国外相继建立起了许多大型的综合语料库如 DBpedia、WordNet、YAGO、DBLP、Freebase 等。DBpedia[11]是由莱比锡大学和柏林自由大学的研究人员与 OpenLink Software 公司合作，从维基百科的结构化和半结构化信息中抽取数据并生成 RDF 三元组，将其组织后形成的庞大数据集。WordNet[12]是一种基于认知语言学的英语词典，YAGO[13]是从维基百科自动抽取信息，用 WordNet 进行结构化处理形成的大规模语义知识库。DBLP[14]是计算机领域学术期刊和会议文献目录信息，Freebase[15]是一种规模庞大的开放式结构数据集，它遵循知识共享协议，能够利用网络进行传播和共享。国内比较知名的语料库是 HowNet[16]，它是一个以描述概念和概念结构、概念的属性及其之间的关系为主要内容的大型语义知识库。国内外学者从上述各种途径抽取概念和关系信息进行本体的学习研究，Auer S 等[17]利用 DBpedia 构建三元组本体知识库，来支持地理知识领域的查询系统。Papatheodorou 等人[18]从 XML/RDF 描述的领域数据仓库中抽取领域概念的分类关系，Cimiano[19]利用 Web 上的资源，如页面、搜索引擎等研究了基于 Web 的本体进化。谌贻荣等[20]引入 WordNet 资源发现概念关系，将中文术语库中的抽取的词汇转换成英文词汇，再将 WordNet 中的同义词集合与之映射，通过算法链接到本体中，从而获得新的本体概念。概念中程晓等[21]利用半结构化网页文本作为数据源进行本体概念的抽取，通过对模式实例进行聚类算法和合并来获得相应的关系模式，从而抽取出领域本体中的新实体及其各种属性关系。

总的来说，文本中包含大量显式和隐式的知识，获取的概念信息十分丰富，但结构化较低，抽取工作相对烦琐；大型语料库的结构化程度较高，便于利用计算机抽取，但能抽取的针对特定领域概念相对较少；而 Web 上存在着大量和主题不相关的数据，需要进行大量筛选工作。所以在本体进化的数据基础选择上要综合利用上述资源实现优势互补，并根据具体领域进化的需求选择数据源。

2. 领域本体进化方法的研究综述

领域本体进化是领域本体在时间和环境的变化下进行的本体动态更新，这些更新可能是增加一些新的概念、对过时的概念术语的删除或概念之间关系的变更。领域本体进化的目的是满足领域的变化或信息系统对变化的查询要求，进化的方法多采用多阶段过程相结合的方法，涉及一系列步骤。其中新概念的获取以及如何将新概念加入本体是领域本体进化研究的热点。近年来，这方面的研究引起国内外学者的广泛关注。

在新概念获取方面，Ergin Soysal 和 Iyas Cicekli 等人[22]利用抽取算法和领域本体将医学领域的腹部放射科报告提取出来并转换成结构化数据，并在相应的信息抽取系统中得到了应用。Heru Agus Santoso 等人[23]提出了利用包含概念层次关系的背景知识为指导，从关系数据库中提取本体进化信息的方法。孙全红，张贞贞[24]利用 Web 表格数据作为数据源，提出了一种信息抽取方法。该方法将 html 文档数据解析成 DOM 树，再将用户的标记和 DOM 树中的内容重新构建成一个二叉树，利用关键字与二叉树节点的匹配进行信息抽取，从而缩短了抽取时间和提高了信息抽取的通用性。宫继兵、唐杰等人[25]提出了一种通用抽取引擎框架的 Web 信息抽取方法，他们将用户感知的逻辑模型与带限定的候选抽取模式算法相结合，从而提高了文本方法的自动化程度。

在本体添加新概念、拓展原有本体的方式上，有如下研究成果。ZABLITH 等人[26]对本体进化过程各个阶段进行了深入的调查和分析，提出了以进化需求、本体变化的表现、验证本体进化、评估进化的影响和管理本体变化的本体进化周期。并应用此进化周期分析和研究了如何从网络本体或文本字典中得到新信息添加到本体中。Plessers 等人[27]提出了针对本体进化框架的变化检测方法，该方法允许本体工程师的人工变更要求，并适用于他们管理的本体模型。此外，该框架保证本体和它的新版本仍然是一致的。该框架包括一个变化检测机制，允许自动生成一个详细的概述，对已经获得的新概念，根据概念的层次结构添加到本体中。此外，不同的用户可能有自己的一套改变规则，从而为不同的情况的变化，提供一个不同的角度对本体做出改变。使用这些变化的规则，也支持不同层次的抽象。这两个功能将提高对不同用户的本体进化的理解。张子振利用本体进化框架 Evolva 通过组合多个数据源如 WordNet 词汇库、语义 Web 本体和 Web 中的文本书献，鉴别新术语与原本体元素之间的关系来添加新概念，达到本体进化的目的。在实现过程中，通过字符串匹配、词汇库匹配、语义 Web 匹配等综合手段获取本体主干和发现概念间的一般关系、优化模型数据和结构[28]。

总的来说，这些研究对于从文本中发现新概念，现有的方法大多统计和语言学的方法解决，对于发掘概念间的关系、将新概念加入本体，现有的方法大多依赖原有本体和通用字典，基于关联规则挖掘和聚类的方法，在人工参与的情况下确定概念间关系，自动化低且准确度不高。所以在面对特定领域本体时，若能解决新概念的自动获取并恰当地添加到本体中，将获得更好的本体进化效果。

1.2.3 领域本体语义查询

语义查询是一种建立在本体概念、属性及其关系和公理基础上的查询技术，它支持逻辑推理，能依据一定的规则从已有的事实推出隐含的、不明确的语义信息。随着信息技术的飞速发展，互联网上出现了大量的语义数据信息，为了能充分利用这些语义信息资源，实现知识信息的共享，各领域都展开了研究，当前的语义查询技术主要分为以下几个大类：① 基于文本编辑器的查询技术，它提供了一个简化的用户界面，由用户自己指定数据源，并在文本编辑器中直接编写 SPARQL 查询语句。DBpedia 为用户提供的 Virtuoso SPARQL Query Editor、SNORQL endpoint、佛罗里达大学 VIVO 项目使用的 SPARQLer 等都采用这一方法[29]。这种查询方式比较灵活，用户可以按自己的查询需求随意设定查询条件，但用户首先需要有很强的专业背景，掌握查询语言的专业知识并熟悉知识库的语义结构（如前缀、谓词等）。②基于关键字映射的查询技术，它将本体知识库中的概念类、属性以及联系抽取出来以列表形式呈现，用户进行查询关键词的选择后由预定义的模板将关键字映射为查询中的主谓宾三元组生成查询语句。SemSearch[30]、SPARK[31]、Neuron-Bank[32]、SKMT[33]、YAGO 及 MatSeek 等都采用这种查询方式，用户无需掌握语义查询的专业知识，无须了解数据源的位置便可构造正确的查询语句。③基于可视化图形的语义查询构造方式使用一组图形符号和基于 GUI 的编辑操作创建 SPARQL 查询。例如，NITELIGHT[34]、Konduit[35]、NITELIGHT 提供 vSPARQL 构造的图形渲染画布，包括大量的用户交互特性，允许用户创建和完善语义查询，但图形符号和查询构造的密切关系使得该工具在很大程度上不适合以前没有 SPARQL 查询经验的用户。

语义查询研究的另一个重要方面在于利用推理规则从已有的信息中推理出隐含的、不明确的语义信息，从而增强语义查询的查全率。国内外在利用本体推理扩展语义查询的研究主要集中在以下几点。首先，要实现本体推理要依靠一定的推理规则，推理规则主要分为两类：一是 OWL、RDF 等内置的规则，包括类的公理和属性公理等本体自身已经定义好的规则和 Jena 中的通用规则，二是用户自定义规则，可以利用规则语言编写在应用程序或单独保存在独立的规则文件中。田宏、马朋云[36]利用 Jena 的通用规则和自定义规则对城市交通领域本体进行了推理，并实现了该领域基于本体的推理查询。孙倩，刘洪岩等[37]在梨树病害领域本体的基础上，构建了一系列 SWRL 规则来进行隐含关系的自动挖掘，从而完善了梨树病害领域本体的描述。Dizza Beimel 和 Mor Peleg[38]提出了 SitBAC 知识框架，用于医疗保健方案的数据访问和查询，使用 OWL DL 和 SWRL 分别用于数据访问请求的推断和推理出新的知识来回应数据请求。其次，关于本体推理的研究集中在推理机的选择和联合运用上。李红梅，丁晟春[39]通过对 Jena、Pellet、Jess 三种推理机的对比使用，发现 Jena 能够较好的解析本体，Pellet 具有更好的推理性能，Jess 具有通用型，从而得出利用 Jena 叠加 Pellet，Jess 作为专用推理机的补充的联合推理方法。Luo Zhong、Mingzhu Zheng 等[40]利用 Jena 推理机实现了对计算机图形学领域本体的推理，并开发出了 CG 本体模型检索系统。

总体来讲，领域本体语义查询的主要方法是应用本体技术，通过本体查询语言和推理规则改进传统的查询方法，从而提高查询的质量和效率。同时也可以看出，领域本体的语义查询虽然在应用上有很大价值，但大多实现的是领域内小规模的查询系统实验，大规模的应用还处于起步阶段。

1.2.4 铁路领域本体的应用与研究综述

本体在铁路领域的应用和研究，在国内外的文献中都相对较少，国内大多集中在铁路院校。这说明本体在铁路领域的应用和研究还不广泛。

1. 国内研究综述

国内铁路领域本体的应用和研究主要集中在工务工程（线路工程、桥梁工程、隧道工程、车站工程)、车体构成的关键技术等方面。

（1）铁路选线

铁路选线设计的复杂性和创新性，使得选用方案的科学性难以论证，因而很多研究都关注选线设计方法的变革。线路方案的智能化设计就是这种变革的重要组成部分，但其实用性问题一直没有得到解决。为此，韩春华，易思蓉等在文献[41]中提出基于 GIS 的铁路选线智能环境（GBRLIE），使用本体描述统一数值和符号方法，提出基于本体的选线知识表示方法，引入 GIS 实现数据源的有效管理和利用，统一规划选线设计的知识描述体系，构建综合解决方案。

韩春华，易思蓉等在铁路选线中设计的领域本体包括 3 类：一是构成铁路线路实体概念的组合体，即线路本体；二是构成铁路线路所处环境的总体，即地理本体；三是构成认识一定地理环境中铁路线路优劣的总体，即线路评价本体。其中线路本体主要包括线路的几何构成和结构物构成。从几何构成上，线路由地面线和设计线组成，它们又分别由一系列三维坐标构成。在选线设计作业中，设计线又分别由平面设计线和纵断面设计线构成，分别通过平面交点和变坡点描述。铁路主要技术标准作为线路的属性描述，机车交路表示较为复杂，且对主要控制点已经确定条件下局部方案影响不大，故未列入，而路段设计速度对线路纵坡和曲线半径有较大制约作用，在此纳入主要技术标准中。

该方法论证了本体在 GBRLIE 中的作用和重要性，给出了本体与知识和数据的关系，研究了基于 UML 和面向对象技术的领域本体表示方法，并用该方法表示了铁路选线领域的线路几何本体。但如何确定这些概念描述的深度与细节程度，如何就这些概念的关系、范围、约束等达成共识，需要综合线路、各相关专业以及地理信息等领域专家的意见，协同本体表示、应用的现实性和有效性，综合分析确定。

（2）车体构成：转向架

设计重用是产品开发过程中具有普遍性的问题，重用已有的设计数据能够显著地提高产品设计的质量和效率。而重用设计必须理解设计原理，设计原理是对于产品信息及其设计过程的记录和解释。目前，设计原理信息的获得主要来自于相关的文档。文档管理是一种非结构化的信息管理方式，因此，设计人员很难找到所需信息。而且，文档中信息的完整性和一致性也很难得到保证。王昕，熊光楞[42]在文献综述和案例分析的基础上提出了一种基于本体的智能信息提取方法。该方法通过查询驱动的用户界面和知识推理，动态地预测设计人员所关心的问题，并给出相应的回答。并以铁路货车转向架设计为例说明了智能信息提取的实现。

若本体能够满足信息查询的需求，则称其是完备的。本体的一致性指在本体的知识表达中不能有自相矛盾或循环论证等问题存在。在知识模型的建立过程中，为了保证完备性和一致性，他们用本体工程的方法来建立设计原理知识模型。确定应用背景是转向架设计重用，通过证明完备性定理测试本体的完备性，定义本体的完备性条件并根据能力问题加以证明。

初步研究表明，设计原理的知识模型可以保证设计原理信息的完整性和一致性，减少模型的冗余，并且可在不同领域的设计支持系统中得到方便的重用。该设计通过反复交互的方法进行信息查询，突破了文档管理被动搜索的缺点，有助于设计师充分理解设计原理。与文档管理和关键字搜索相比，这种基于本体的设计原理信息提取方法具有完整性和一致性等优点，可以作为 KBDSS（Knowledge-Based Design Support System）的技术基础之一。

（3）线路、车站信息等

Semantic Web 在信息查询方面具有一般的 Web 无法比拟的优越性，后台带有语义信息的知识库为谓词推理引擎提供了用武之地。相比普通的基于关键词查询的搜索引擎，基于推理的引擎功能要强大得多，其准确性也要高得多。

顾慧翔、俞勇在文献[43]介绍了利用基于领域本体的知识库和一阶谓词推理引擎构建的语义互联网（Semantic web）应用：铁路信息查询系统。系统中事实（铁路信息系统中的行车路线、车站信息、用户偏好）和推理规则（基于用户偏好的行车选择方案）就采用 Ontology 描述。该系统通过引入 W3C 提出的资源描述框架和 Ontology，将互联网的标记信息进行语义标注构建事实库。该系统构建了铁路领域的本体集，依此将从互联网上获取的信号映射到实例，形成语义化的知识库。在此基础上，客户端接收来自用户的查询请求，将其传送至服务器端。并将其提交给一阶逻辑推理引擎，结合事实库和规则库进行处理得到最终的查询结果，客户端以文本和图形两种方式显示给用户。

本系统作为 Semantic Web 在特定领域的应用范例，体现了应用 Semantic Web 的一些优点：建立了铁路领域的核心 Ontology，铁路领域的核心 Ontology 主要包含火车、车站、中间站和终点站 4 个概念，然后根据这些概念将

Internet 上的信息利用 RDF （s）这种知识描述语言详尽地描述出来，从而可以被其他 Web 上的应用代理共享使用；不用改变程序逻辑，只需修改知识库就可以更新和扩充系统，使之推广到其他应用领域。

（4）铁路客运 GIS 中建立时空本体

徐薇、黄厚宽等[44]认为一个完整的时空统一本体能够被形式化地表示成由时空对象（objects）、有限的状态（states）、邻居（neighbors）和时空过程（process）构成的四元组。分析了地理信息系统（GIS）的时空关系特性，基于细胞自动机建模理论提出了面向地理信息系统的时空本体和时空语义粒度方法，探讨了基于本体和语义的地理信息系统综合的结构，并在铁路地理信息系统试点工程中初步实现了铁路客运 GIS 时空本体的建立和浏览，采用双方向综合方法获得了本体的共享与重用。

（5）铁路客流预测：数据挖掘

徐薇、黄厚宽在文献[45]中对使用本体理论的时空数据挖掘进行了研究。他们给出了基于本体的时空数据挖掘方法，设计了一个新颖的基于本体的时空预测模型。这个模型使用时空自相关的两个尺度：时空邻接矩阵和时空连续性尺度。他们使用这个模型来预测中长期铁路客流的粗略粒度，结果表明，采用这种基于本体的时空预测方法可以取得良好的预测精度。

2. 国外研究综述

国外在铁路某一专业领域应用本体的情况很少见，大多应用在整合铁路系统、整合铁路信息和知识等方面。

（1）铁路管理软件整合：中间件、知识发现

铁路管理软件领域目前的发展趋势是朝着高度模块化系统的方向发展，这些高度模块化的系统由一些不同的小组件共同工作以迎合经营者的需要。Stijn Verstichela 等[46]认为为了给列车和铁路领域构建一个整合的管理系统，来自不同操作者和工厂的不同应用需要协作，这就需要一个中间件设施。中间件允许信息在不同层次上被聚合和分析。他们讨论了中间件中基于本体的信息查询，通过目录功能，本体驱动的中间件可以用来提供智能发现。最后将本体应用于中间件来使领域结构化，设计了应用的框架模型，同时给出了创建的本体的一部分 OWL 描述。

（2）UECML 语言建模：知识表示

Grégoire Pépiot 等在文献[47]中介绍了一个标准语言 UECML 的原则，这个语言应用于能力导向的企业建模。它统一了企业能力建模语言，目的是为能

力导向的企业建模提供一个中立的界面。因此，它基于以前的语言，用标准企业建模语言 UEML 并提供新的框架去表示过程，资源，能力和企业实体。最后提供了一个使用 UECML 实现的案例：将 UECML 应用于一个生产铁路交通工具的企业。

(3) 语义异构：铁路系统

Richard Lewis 等在文献[48]中描述了在一个大的领域中，如铁路系统，整合信息和知识的需求。他们认为不同操作系统之间的语义异构，例如，环境检测系统，可以通过语义网络来解决。通过案例研究的方法，研究远程状态监测系统数据如何使用本体与多学科的背景信息相结合，使复杂的查询能够得到满意的结果，用来支持领域决策制定。

通过以上总结可以看出，国内铁路领域本体的应用和研究主要集中在线路工程、车站工程、车体构成的关键技术等方面。而国外在铁路某一专业领域应用本体的情况很少见，大多应用在整合铁路系统、整合铁路信息和知识等方面。在所查文献中，构建铁路领域或高速铁路领域统一本体的案例非常少见。

1.3　研究内容与研究框架

1.3.1　研究内容

本书主要对由多专业构成的领域本体的构建方法论、进化方法及其语义扩展检索和推理检索进行研究，对提出的建立在"范畴表和主题词表"基础上的多专业领域本体构建方法、领域本体概念语义相似度计算方法、语义扩展检索模式和推理进行理论和实验验证，并以高速铁路领域为背景进行了实证研究。本书从系统的角度对多专业领域本体构建和应用中所涉及的主要问题进行分析和阐述，提出了自己的见解。本书主要从以下几个方面进行了研究：

1. 多专业领域本体构建方法论

本书面向由多专业构成的领域，在对已有本体构建方法和由多专业构成的领域知识特点深入研究的基础上，探讨了多专业领域本体构建思路，提出了一种建立在"范畴表和主题词表"基础上的多专业领域本体构建方法 MM-

DOB（Multiple Majors Domain Ontology Building）。此方法先基于叙词表或范畴与主题词表构建各专业领域本体，然后集成为一个统一的领域本体。

在由各专业领域本体集成为统一的领域本体时，根据由多专业构成的领域的实际情况，提出一种多专业领域本体集成方法 MMDOI（Multiple Majors Domain Ontology Integration）和一个三层的多专业领域本体集成框架。

2. 高速铁路领域本体的进化

本书采用以结构化数据 DBpedia 为基础实现本体进化的技术路线。此技术路线相比于大部分采用基于非结构化的文献、维基百科等领域语料库，用中文或英文分词工具来进行模式匹配实现本体进化的方法要方便和更有效率。DBpedia 是三元组形式的庞大数据集，它是从维基百科结构化和半结构化的数据中提取出来的，能直接作为本体数据使用，所以用 DBpedia 作为动车组领域本体进化的来源。

3. 多专业领域本体模型和概念语义相似度计算方法

针对集成后的统一的领域本体，在对现有的本体模型和领域本体深入研究的基础上，提出了多专业领域本体模型的八元组表示方法和多专业领域本体概念的九元组表示方法及领域本体的形式化描述方式。

概念语义相似度计算是语义扩展检索中用户查询词扩展必不可少的一种方法，基于文中给出的领域本体概念模型，构建了计算领域本体概念之间语义相似度的 MD4（Fourfold Matching-Distance Model）模型，并给出了该模型的详细算法。

4. 语义扩展检索与推理

在基于本体的语义扩展检索研究中，需要解决三个问题：一是文档的语义预处理；二是用户查询语义扩展模式分析；三是文档语义特征向量与用户查询语义扩展向量的语义相似度计算。

对文档从领域角度进行信息语义标引，必须首先获取该领域的相关知识，在领域专家和本体创建者的共同合作下，定义并创建领域本体。在构建的多专业领域本体基础上，本书建立了基于本体的语义标引模型，模型以初始文档集为起点，以文档语义向量的存储为终点。语义标引的最终目的是获得文档的语义向量，对本体解析后可以遍历本体中的概念对一篇文档进行标引，关键是如何确定标引概念对应的权重，即这个概念相对于这篇文档的重要性。过去的研究表明，词频和位置在反映标引词和文献主题的关系上起着重要的作用，本书采用非线性函数和"成对比较法"相结合的方法，综合考虑位置和词频两个因素，最终给出标引概念的权重。在此基础上，本书实现了对文档的语义标引，做好了语义扩展检索的前期准备工作。

扩展检索是通过查找检索条件中的相关概念，从而得到相关知识项。本书针对多专业领域本体的特点和其检索对象对用户查询语义扩展模式进行了分析，提出了五种语义扩展检索模式：同义扩展模式，下位扩展模式，上位扩展模式，关系扩展模式，语义相似度扩展模式。

计算文档语义特征向量和用户查询语义扩展向量的语义相似度，本书首先计算两两概念之间的语义相似度，然后计算两个向量之间的语义相似度。此方法更有利于语义检索的实现，提高了检索的查全率和查准率。

基于关系的蕴涵知识发现推理的主要思想就是在领域本体的概念层次与属性关系的基础上，采取规则推理策略，在本体库中进行模式匹配。在蕴涵知识发现推理中，可以判断一个个体是否是某个或多个类的实例、判断某个类中所有的实例、判断两个实例之间的关系、判断与某个实例有特定关系的实例、类（属性）的层次体系结构推理等。知识推理被认为是本体知识工程的高级阶段，实现的好坏在很大程度上取决于能否对领域本体知识库中的语义关系进行准确分析，提炼出推理规则，并采用合适的本体规则描述语言进行形式化和优化。本书对多专业领域本体语义关系进行了解构，并根据解构的语义关系定义了推理规则，并利用 JRL 规则描述语言对推理规则进行了形式化描述。

5. 高速铁路领域本体构建及语义检索与推理原型验证系统

在本书提出的多专业领域本体构建方法 MMDOB 的指导下，构建了高速铁路领域各专业本体，并对其进行了集成；在前面研究的基础上，本书设计和开发了一个面向高速铁路知识的语义检索和推理系统 HSRK-SRRS（High-speed Railway Knowledge-Semantic Retrieval and Reasoning System），对本书提出的基于"范畴表和主题词表"的多专业领域本体构建方法、语义扩展检索方法和领域蕴涵知识发现推理进行了实验验证。

1.3.2 研究框架

从研究内容和目标出发，本研究将按照以下路线来展开，如图 1-1 所示。

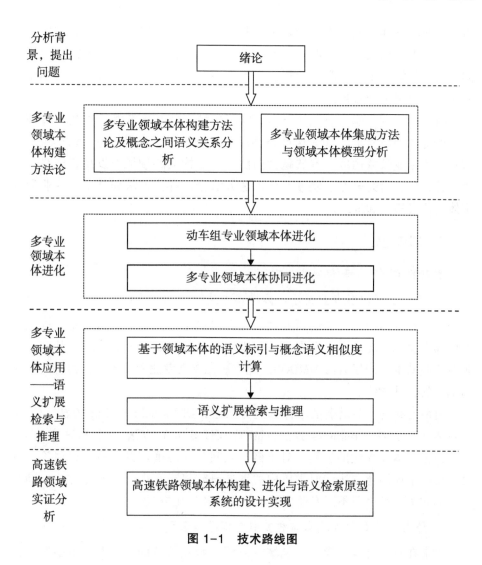

图 1-1 技术路线图

1.4 研究目标与创新之处

1.4.1 研究目标

　　高速动车组技术的蓬勃发展使高速铁路领域知识急剧增长，然而现有的领域资源缺少统一的知识描述，不能满足用户对领域知识的查询和传播，基于语义 Web 技术的本体描述方法和工具使领域知识的形式化表达和共享成为可能，领域本体已经成为了知识组织和知识管理的重要工具。随着领域内知识的不断增长以及应用需求的变化，所采用的领域本体也需要随之变化更新。同时为满足知识工程师和领域用户查询领域知识的需要，进行本体查询模式构建的研究也十分必要。

有一些领域，如农业领域、高速铁路领域、航空领域等，这些领域都由不同的专业领域构成，如高速铁路领域由工务工程、牵引供电、动车组、运营管理等专业领域构成。本选题面向由多专业构成的领域，以高速铁路领域为实证背景，研究多专业领域本体构建方法论、进化方法和基于多专业领域本体的语义检索和推理。

1.4.2 创新之处

本书的主要贡献和创新之处在于：

1. 提出了一种多专业领域本体构建方法

目前对本体构建方法的研究大多是针对单本体，本书从由多专业构成的领域知识实际情况入手，提出了一种建立在"范畴表和主题词表"基础上的多专业领域本体构建方法 MMDOB。此方法先建立专业领域本体，再将其集成为统一的领域本体。

目前已有的一些著名的本体构建方法论，如 Uschold & King 方法、Gruninger & Fox 方法、Bernaras 方法、METHONTOLOGY 方法、SENSUS 方法等，只是给出了本体构建的流程，对于概念之间关系的确定并没有进行讨论。本书提出的本体构建方法中对本体中关系的研究将丰富现有的本体方法；同时本书的方法论给出了不同专业领域本体集成和进化方法。

2. 给出了多专业领域本体和其概念模型的表示方法

本书在对现有本体模型和领域本体深入研究的基础上，面向由多专业构成的领域，提出了领域本体模型的八元组表示方法和领域本体概念的九元组表示方法，并给出了其形式化描述方式。

3. 提出了一种计算领域本体概念之间语义相似度的 MD4 模型

在基于本体的知识检索领域，概念的相似度计算是进行概念语义扩展的重要步骤。目前基于概念距离计算概念相似度的算法大多只是针对上下位关系，而忽略了其他关系，这就导致了算法不能完整反映出概念的语义，从而影响了概念相似度计算的准确性。本书在提出的领域本体概念模型表示的基础上，构建了计算领域本体概念之间语义相似度的 MD4 模型，并给出了该模型的详细算法。实验结果表明，该计算模型能够比较准确地反映概念之间的语义关系，为由多专业构成的领域本体概念之间的语义关系提供了一种有效的量化方法。

4. 以高速铁路领域为背景的实证研究

对本书所提出的方法和算法，以高速铁路领域为背景进行了实证研究；尤其是由多专业构成的领域本体的构建方法和集成方法的验证，可以为其他领域提供借鉴作用。同时，高速铁路领域统一本体的构建为高速铁路领域的知识理解和共享提供了基础。

1.5 本章小结

本章主要介绍了课题的背景和意义，对国内外相关研究现状进行了综述，并介绍了课题的研究内容、研究框架，以及课题的研究内容和创新之处。

 参考文献

[1] 金芝. 知识工程中的本体论研究［C］//陆汝钤. 世纪之交的知识工程与知识科学. 北京：清华大学出版社，2001：447-465.

[2] N Guarino. Formal Ontology and Information Systems［C］. In Proceedings of the 1st International Conference on Formal Ontologies in Information Systems. Trento, Italy：IOS Press, 1998：3-15.

[3] 丁晟春，李岳盟，甘利人. 基于顶层本体的领域本体综合构建方法研究［J］. 情报理论与实践，2007，30（2）：236-240.

[4] F. NATALYA, D. NOY, L. DEBORAH. A guide to creating your first ontology［OL］. http：//protege. Stanford. edu/publications/ontology 101, 2002.

[5] H. BAEK, M. KOO, A. KANG. A study on the ontology building methodology for diseases of mind diagnosis［J］. Journal of Systems and Information Technology, 2015, 17（2）：102-112.

[6] I. NORA, A. RAJEBAH, S. HEND, A. KHALIFA. Semantic Relationship Extraction and Ontology Building using Wikipedia：A Comprehensive Survey［J］. International Journal of Computer Applications, 2010, 12（3）：6-10.

[7] 文必龙，张莉. 石油勘探开发领域本体的构建方法研究［J］. 计算机工程与应用，2009，45（34）：1-5.

［8］ 宋佳，王盼卿. 装备领域本体构建方法研究 ［J］. 微计算机信息，2009，5（3）：17-18.

［9］ 孟玲. 基于本体的数字图书馆语义知识库构建研究 ［J］. 图书馆学刊，2015，8（3）：105-10.

［10］ 张云中. 一种基于 FCA 和 Folksonomy 的本体构建方法 ［J］. 图书情报工作，2011，12：16-22.

［11］ C. BIZER, T. HEATH, T. B. Lee. Linked Data-The Story So Far ［J］. International Journal on Semantic Web and Information Systems, 2009, 3：1-22.

［12］ About WordNet ［OL］. http：//wordnet. princeton. Edu, 2010-10-22.

［13］ F. M. SUCHANEK, G. KASNECI, G. WEIKUM. YAGO：A Large Ontology from Wikipedia and WordNet ［J］. Web Semantics：Science, Services and Agents on the World Wide Web, 2008, 6（3）：203-217.

［14］ M. LEY. The DBLP Computer Science Bibliography ［OL］. http：//www. informatik. uni-trier. de /~ley /db /welcome. html, 2010-10-20.

［15］ What is Freebase? -Freebase ［OL］. http：//wiki freebase. com /wiki W/ hat_ is_ Freebase% 3F, 2010-09-13.

［16］ Introduction to HowNet ［OL］. http：//www. keenage. com/zhiwang/e_ zhiwang. html, 2005.

［17］ S. AUER, C. BIZER, J. LEHMANN, et al. DBpedia：a nucleus for a web of open data ［C］. The Sixth International Semantic Web Conference and Second Asian Semantic Web Conference, Busan, South Korea, 2007：715-728.

［18］ C. PAPATHEODOROU, C. VASSILIOU. A. Discovery of Ontologies for Learning Resources Using Word-based Clustering ［C］. Pro. of the world conference on Educational multimedia, Hypermedia and Telecommunications. Chesa Peake：AACE, 2012：1523-1528.

［19］ R. CIMIANO, R. BOYCE, F. DEUS, et al. Towards the Self-annotating Web ［C］. Pro. of WWW. 2014：462-471.

［20］ 谌贻荣，陆勤，李文捷，等. 中文核心领域本体构建的一种改进方法 ［J］. 中文信息学报，2010，24（1）：48-53.

［21］ 程晓，郑德权，杨宇航，等. 面向半结构化文本的领域本体关系抽取 ［C］. 第十届全国计算语言学术会议，中国山东烟台，2009.

［22］ E. SOYSAL, I. CICEKLI, N. BAYKAL. Design and evaluation of an ontology based information extraction system for radiological reports ［J］. Computers in Biology and Medicine, 2010, 40（11）：900-911.

［23］ H. A. SANTOSO, S. C. HAW, Ontology extraction from relational database：Concept hierarchy as background knowledge ［J］. Knowledge-Based Systems, 2010, 24（3）：457-464.

［24］ 孙全红，张贞贞. 基于树结构的 Web 表格信息抽取方法［J］. 华北水利水电学院学报，2011, 32（3）：108-110.

［25］ 宫继兵，唐杰，杨文军. 通用抽取引擎框架：一种新的 Web 信息抽取方法的研究［J］. 计算机科学，2011, 38（1）：198-202.

［26］ F. ZABLITH, G. ANTONIOU, M. DAQUIN. Ontology Evolution：a Process Centric Survey［J］. The Knowledge Engineering Review, 2012, 30（1）：45-75.

［27］ P. PLESSERS, O. D. TROYER, S. CASTELEYN. Understanding ontology evolution：A change detection approach［J］. Web Semantics：Science, Services and Agents on the World Wide Web, 2007, 5（1）：39-49.

［28］ 张子振. 基于背景知识的本体进化框架设计［J］. 吉首大学学报，2010, 31（5）：60-62.

［29］ Y. DING, Y. SUN, B. CHEN, et al. Semantic Web Portal：A Platform for Better Browsing and Visualizing Semantic Data［M］. Active Media Technology. Springer Berlin Heidelberg, 2010：448-460.

［30］ V. UREN, Y. LEI, E. MOTTA. Semsearch：Refining Semantic Search［M］. The Semantic Web：Research and Applications. Springer Berlin Heidelberg, 2008：874-878.

［31］ Q. ZHOU, C. WANG, M. XIONG, et al. SPARK：Adapting Keyword Query to Semantic Search［M］. The Semantic Web. Springer Berlin Heidelberg, 2007：694-707.

［32］ W. LI, R. SUNDERRAMAN, P. KATZ. A Visual Web Query System for Neuron Bank Ontology［C］. Proc. of the Workshop on Visual Interfaces to the Social and Semantic Web（VISSW）, PaloAlto, US. 2011：1613-0073.

［33］ M. KALENER, J. DANG. Skmt：A Semantic Knowledge Management Tool for Content Tagging, Search and Management［C］. Semantics, Knowledge and Grids（SKG）, Eighth International Conference on IEEE, 2012：112-119.

［34］ R. ALISTARIR, R. SMART, B. DAVA. NITELIGHT：A Graphical Tool for Semantic Query Construction［R］. Eprints. ecs. Soton. ac. uk, 2008.

［35］ K. AMBRUS, S. MOLLER, Handschuh. Konduit VQB：A Visual Query Builder for SPARQL on the Social Semantic Desktop［R］. Workshop on Visual Interfaces to the Social and Semantic Web, 2010.

［36］ 田宏，马朋云. 基于 Jena 的城市交通领域本体推理和查询方法［J］. 计算机应用与软件，2011, 22（5）：130-133.

［37］ 孙倩，刘洪岩，王玥，等. 基于 SWRL 的梨树病害领域本体的隐含关系挖掘［J］. 山东农业科学，2015, 29（4）：68-72.

［38］ D. BEIMEL, M. PELEG. Using OWL and SWRL to represent and reason with situation-based access control policies［J］. Data & Knowledge Engineering, 2011, 70（6）：

596-615.

[39] 李红梅, 丁晟春. 面向复杂产品设计的本体推理研究 [J]. 现代图书情报技术, 2014, 9: 8-13.

[40] L. ZHONG, Z. MINGZHU, Y. JINGLING, et al. The Jena-Based Ontology Model Inference and Retrieval Application [J]. Intelligent Information Management, 2012, 4 (4): 157-160.

[41] 韩春华, 易思蓉, 吕希奎. 基于 GIS 的铁路选线智能环境及领域本体建模方法 [J]. 中国铁道科学, 2006, 27 (6): 84-90.

[42] 王昕, 熊光楞. 基于本体的设计原理信息提取 [J]. 计算机辅助设计与图形学学报, 2002, 14 (5): 429-432.

[43] 顾慧翔, 俞勇. 基于领域本体和知识推理的语义互联网应用 [J]. 上海交通大学学报, 2004, 38 (4): 583-585.

[44] 徐薇, 黄厚宽, 秦勇. 时空本体研究及在地理信息系统中的应用 [J]. 铁道学报, 2005, 27 (4): 119-124.

[45] Wei Xu, Hou-kuan Huang. Research and Application of Spatio-temporal Data Mining Based on Ontology [C]. Proceedings of the First International Conference on Innovative Computing, Information and Control (ICICIC'06), 2006 IEEE Computer Society.

[46] Stijn Verstichela, Sofie Van Hoecke, Matthias Strobbe, Steven Van den Berghe, Filip De Turck, Bart Dhoedt, Piet Demeester, Frederik Vermeulen. Ontology-driven middleware for next-generation train backbones [J]. ScienceDirect, science of computer programming, 2007, 66: 4-24.

[47] Grégoire Pépiot, Naoufel Cheikhrouhou, Jean-Marie Furbringer, Rémy Glardon. UECML: Unified Enterprise Competence Modelling Language [J]. Science direct, computers in industry 2007, 58: 130-142.

[48] Richard Lewis, Florian Fuchs, Michael Pirker. Using Ontology to Integrate Railway Condition Monitoring Data [R]: 149-155.

第 2 章   本体工程理论概述

本章将对本体、本体映射与集成、本体进化、语义查询和推理等技术和相关理论进行详细介绍，为多专业领域本体建模、本体进化、语义查询和推理系统设计提供理论和技术支持。

2.1   本体的定义

"本体论"（Ontology）最早是哲学中的基本概念，它是研究"是"之所以为"是"的理论，被用于解决语言中的二义性问题。在哲学中，本体论是一种存在的系统化解释，将本体论的这种含义用到计算机领域中，人们赋予本体论更具体的意义。在计算机领域中，本体论是对概念化对象（conceptualization）的明确表示和描述。在人工智能界，最早给出 Ontology 定义的是 Neches 等人，在文献[1]中，他们将 Ontology 定义为"给出构成相关领域词汇的基本术语和关系，以及利用这些术语和关系构成的规定这些词汇外延的规则的定义"。1993 年，Gruber 给出了 Ontology 的一个最为流行的定义[2]，即"Ontology 是概念模型的明确的规范说明"。后来，Borst 在此基础上，给出了 Ontology 的另外一种定义[3]："Ontology 是共享概念模型的形式化规范说明"。Studer 等对上述两个定义进行了深入的研究，认为 Ontology 是共享概念模型的明确的形式化规范说明[4]。这包含 4 层含义：概念模型（conceptualization）、明确（explicit）、形式化（formal）和共享（share）。"概念模型"指通过抽象出客观世界中一些现象（Phenomenon）的相关概念而得到的模型。概念模型所表现的含义独立于具体的环境状态。"明确"指所使用的概念及使用这些概念的约束都有明确的定义。"形式化"指 Ontology 是计算机可读的（即能被计算机处理）。"共享"指 Ontology 中体现的是共同认可的知识，反映的是相关领域中公认的概念集，即 Ontology 针对的是团体而非个体的共识。Ontology 的目标是捕获相关领域的知识，提供对该领域知识的共同理解，确定该领域内共同认可的词汇，并从不同层次的形式化模式上给出这些词汇（术语）和词汇间相互关系的明确定义。

本体方法目前已经成为计算机科学中的一种重要方法，在语义 Web、搜索引擎、知识处理平台、异构系统集成、电子商务、自然语言理解、知识工程、信息抽取与检索、多 agent 系统、物理系统的定性建模、数据库设计、地理信息科学与数字图书馆等领域有重要应用。尤其是目前随着对语义 Web 研究的深入，本体论方法受到了越来越多的关注，人们普遍认为它是建立语义 Web 的核心技术。

设想在 WWW 上利用搜索引擎搜索关于美国首都 Washington 的信息，以"Washington"为关键字进行搜索，搜索返回的文档集中含有大量无关文档——搜索引擎无法区分"Washington"与"Washington"大学、"Washington"总统、"Washington"州等——导致查准率下降；同时搜索返回的文档集中丢失了大量相关文档——搜索引擎不知道"Washington"与"the capital of USA"是同一个个体——导致召回率下降。信息检索的两个基本评价指标是查准率和召回率[5]，提高查准率和召回率的一个重要方法就是引入语义，而本体是使信息具有语义性的关键技术，它提供了一套对特定领域知识的共享和共同认识，帮助人们在语法和语义上与机器实现准确的交流；它是对领域的形式化与结构化的描述，是人和机器、程序间知识交流的语义基础。

总之，本体是一种能够在语义层上描述信息系统的概念建模工具，人们可以用自己兴趣领域的知识为素材构建本体模型，运用本体组织和管理某个领域的知识，并利用计算机对其进行查询和推理。

2.2 本体的建模原语

Perez 等人归纳了本体的 5 个基本的建模元语，它们是类、关系、函数、公理和实例[6,7]。

（1）类（classes）的含义十分丰富，可以是宇宙万物的真实存在，也可以是抽象的行为和概念，它代表了所有对象的集合，本体中的类通过层次得以分类。

（2）关系（relations）代表了领域内概念与概念之间的相互制约的作用，可以形式的表示为 R：C1×C2×…×Cn 的 n 维笛卡儿乘积的子集合。例如，part-of 表示了概念之间的整体与部分的关系。

（3）函数（functions）是一种有特殊意义的关系，该关系的第 n 个元素可以被前 n-1 个元素唯一决定。函数可以形式化的表示为 F：C1×C2×…×Cn-1 →Cn。换言之，函数概念外在的相互关系用抽象的公式语法表示出来，例如，FatherOf 关系作为函数的存在，它表示了前者与后者的父子关系。

（4）公理（axioms）代表的是永真式，它阐明了约束和规则，从而明确定义了概念及其之间的关系。

（5）实例（instances）从类的特定对象的语义意义上表示一类概念的基本元素。实例作为本体中的最小对象，不可再细分。能够再细分的都是类而不是实例。

2.3 本体的描述语言

描述本体的语言多种多样，用自然语言可以描述本体，用逻辑框架、图的形式和语义网络也可以来描述本体，他们各有自己的优点和缺点，例如用自然语言表示本体虽然形象和容易理解，但在描述上经常存在二义性。本体的描述语言的开发是一个逐渐发展的过程，主要可分为基于谓词演算的本体描述语言、基于图的本体描述语言和基于 Web 的本体描述语言[8]。

2.3.1 基于谓词演算的本体描述语言

这类语言一种比较的早的本体描述语言，这类表示语言的特点是能够将本体概念模型整合为连贯的逻辑框架，便于计算机读取和自动处理。主要缺点在于形式化的表示方法对于某些知识很难准确地表达出来。在基于谓词演算的本体表示语言中，以下这几种语言比较有代表性，它们是 KIF（Knowledge Inter-change Format）、Ontolingua、CycL、Loom、F-logic（Frame logic）。

2.3.2 基于图的本体描述语言

还有一种重要的本体表示语言，它是基于图的本体描述语言，其具有形象直观的表示特点。例如，WordNet 就是一种典型的基于图的本体描述语言，用网络节点表示本体实体，边表示概念及概念属性之间的关系。但基于图的本体描述语言没有逻辑基础表示，很可能产生表达不一致的描述问题[9]。其他的图描述语言还有 CG（Conceptual Graphs）和 CR（Conceptual Representation）等。

2.3.3 基于 Web 的本体描述语言

语义网络的快速发展要求本体描述语言满足基于 Web 的表示要求，这类描述语言非常流行且广泛使用，基于 XML（eXtensible Markup Language）的语法结构是这些描述语言的共同特点。Web 知识的表示和共享是他们应用的目的。如 RDFS（RDF Schema）、OWL（Web Ontology Language）、OIL（Ontology Interchange Language）、DAML+OIL（DARPA Agent Markup Language+OIL）、SHOE（Simple HTML Ontology Extension）、OML（Ontology Markup Language）、XOL（XML-based Ontology exchange Language）。其中 OWL 是一个相对折中的能够满足各方面需求的本体描述语言，是 W3C 的推荐标准。OWL 分为 OWL Lite，OWL DL，OWL Full 三种表达能力递增的子语言来满足不同需求的应用。

2.4　本体构建

一个本体定义了一个领域的公共词汇集，利用这个公共词汇集，可实现信息共享和知识共享。领域内存在着一些基本概念，本体一般包含这些基本概念及基本概念间关系的计算机可理解的定义。

2.4.1　构建本体原因

为什么要构建本体？下面给出 5 条主要的原因[10]：

1. 在智能 agent 之间形成关于所关注领域的一致的理解

这是构建本体最常见的目标之一[11][12]。例如，我们可以设想有几个网站都包含着医学信息并能够提供医学电子商务服务。如果这些网站有共同的本体作为基础，采用本体中定义的术语来构造网站的内容，那么智能 agent 就能够从这几个不同的网站提取和聚集信息，并利用这些信息来回答用户查询或者为其他的应用所使用。

2. 方便领域知识重用

这是近年来本体研究的主要驱动力之一。设想某个研究组织详尽地构建了某本体，那么其余的研究者们可以简单地重用该本体来满足需要；更进一步，如果我们需要构建一个更大的本体，可以采用集成现有相关本体的方法来获得该本体；也可以使用一个通用本体，如 UNSPSC 本体，将之扩展以满足我们刻画所感兴趣领域的需要。

3. 使领域内隐含的假设变得清晰

这使得当关于领域的知识改变时，简单地修改这些假设成为可能。设想采用编程语言来对这些关于世界的假设编码，会导致难以查找、理解和修改这些假设。对领域知识明确的详细说明有助于新用户学习掌握该领域中术语的含义。

4. 分析领域知识

对术语做明确的详细说明后，我们就有可能分析领域知识。如果需要重用存在的本体或者扩展它们，对术语做形式化分析是很重要的。

5. 使得领域知识和操作知识得以分开

这是本体的另一个常见的用途。例如，某个任务是按照订单的要求来使用部件组装产品，我们可以设计并实现一个程序来完成这个组装任务，该程序与究竟是什么产品和部件无关。接下来，我们可以构建一个关于 PC 机部件的本体，应用该程序按照订单的要求来完成 PC 机的组装；我们也可以构建一个关于电梯部件的本体，应用该程序按照订单的要求来完成电梯的组装。

2.4.2　本体构建方法论

目前，关于本体构建的方法还不成熟，没有一套完整的统一的方法论。现有的方法论都是诞生于具体的项目之中，为具体的项目服务的，出于对各自学科领域和具体工程的不同考虑，构建知识本体的过程各不相同。已经开发出的典型本体以及在这些本体开发过程中所产生的方法论有企业本体（相关商业企业间术语和定义的集合）及 Uschold & King 方法[13]、TOVE 本体（虚拟企业本体）及 Gruninger & Fox 方法[13]、KACTUS（解决技术系统生命周期过程中的知识复用问题）及 Bernaras 方法[14]、CHEMICALS 本体（化学知识本体）与 METHONTOLOGY 方法[15]、SENSUS 本体（为机器翻译提供概念结构，该本体系统用于自然语言程序）及方法[16]等。

文献[11]中指出，对于本体构建的方法而言，没有一个是"完全正确"的（即绝对优于其余方法的），也无法找到这样一个"完全正确"的本体构建方法。提出了一种迭代的本体构建方法：从一个粗糙的、初始阶段的本体出发，对该本体不断进行修订、精炼、细节填充。该文还给出了本体构建的基本原则和一个简单的本体构建方法的步骤。

文献[17][18]综述了 1998 年之前一些本体开发的方法论，认为：

（1）许多本体构建都以一个具体任务为起点，这样易于知识的获取和本体功能的描述。

（2）本体构建大致可划分为阶段法（如 Grüninger & Fox 及 Uschold & King 等）和原型演化法（如 METHONTOLOGY 等）。

（3）在构建过程中可分为"非形式化描述本体"和用正规描述语言"形式化描述本体"前后两个阶段。

（4）希望通过累积的方法来构建本体，即先构建一个基础本体，然后做进一步开发。

（5）本体构建还没有一套作为"科学"或"工程过程"的完整方法论，成功很大程度上依赖于具体项目。

文献[17][18]指出目前的本体构建方法还未能像软件工程那样成为一种成熟的工程方法论，根据 IEEE 软件生命周期过程开发标准[18]对部分本体构建方法进行分析比较，得出的基本结论是：

（1）与 IEEE 标准相比，没有一种方法论是完全成熟的。METHONTOLOGY 采用了生命周期的方法，是相对最成熟的一个。

（2）没有提出统一的方法论，只有适合自身项目的方法。

（3）存在几乎完全与众不同的方法论如 SENSUS。这说明可能会同时存在多个被广泛接受的方法论，标准不一定唯一。

（4）对于由同一个基础本体（如 SENSUS）构建出的领域本体，由于高层概念的共享，本体系统之间具有互操作能力。

（5）分析总结现有的各种方法论可作为发展标准方法论的起点；传统软件开发标准可作为指导方针来参考使用。

2.4.3　本体构建的工具和原则

本体的构建过程很费功夫，本体构建工具的使用可以节省很多人力，目前人们开发出了很多本体构建工具来进行本体开发，比较成熟的本体构建工具有 Protégé（美国斯坦福大学开发），KAON（德国 Karlsruhe 大学开发）和 Ontolingua（斯坦福大学知识系统实验室（KSL）开发）等[20]。其中，Protégé 因其简单易用、多种支持和不断升级的品质得到了国内外众多研究者的青睐，其用户数量不断增长，越来越成为本体构建的首选工具。

Protégé 是一个免费开源的本体编辑器和智能系统框架，它为领域模型的构建提供了很多工具和应用。它有像 Windows 窗口一样的可视化操作界面，使用用户能够方便的录入并创建本体模型。它支持本体保存为 OWL、RDF 等多种格式文件，还能利用 OWL Viz、OntoGraf 等多种可视化插件将本体的概念层次关系以直观的图形显示出来，同时它提供了基于 Java 的应用程序的编程接口。Protégé 操作桌面是一个能够完全定制的用户界面，用户能够在一个工作空间创建和编辑一个或多个本体，对本体进行合并操作、重命名多个实体和在本体之间迁移公理来完成本体重构，自带的本体推理机如 Racer、FaCT++ 能够检测本体的一致性，Protégé 还内置有简单的演示实例，便于用户快速掌握和学习。对与中国用户来说，它还支持中文构建本体。目前，最新的 Protégé 版本为 Protégé4.3。

本体的构建大多面向特定领域，基于特定领域的研究者构建本体的方法路线也不同，于是产生了很多服务于各自研究领域的本体构建标准，这些标准中，得到一致认可的指导本体构建的原则是 Gruber 在 1995 年提出的 5 项本体构建原则[21]：

（1）明确性和客观性：本体应该用自然语言有效说明所定义术语的意思，给出明确而客观的定义。

（2）完全性：本体所给出的定义必须是完整的，能完全表达所描述术语的含义。

（3）一致性：术语本身的含义与术语的推论是兼容的，没有矛盾的，与此同时，公理的定义与自然语言中使用的文档也是一致的。

（4）最大单调可扩展性：已存在的概念定义和内容不随添加通用、专用术语的动作而改变，即定义的新概念与原有的本体概念互不影响。

（5）最小编码偏好与最小承诺：最小编码偏好是概念的描述不会依靠单一的知识表示方法，允许系统采用不同的符号层表示；最小承诺是本体建模过程中，建模对象的约束要尽可能少，能够以一致和相容的方式与共享术语达成共识。

2.5　本体映射与集成

2.5.1　本体集成与本体映射概念辨析

在本体研究领域，本体集成的概念涉及本体匹配、本体映射、本体联结、本体融合及本体协同等相关概念。这些概念没有统一而权威的定义，卢胜军，真溙[22]分析总结了国内外相关概念的定义，按照概念覆盖范围由小到大的顺序，从4个层面对本体集成重要概念进行了详细剖析。在一些文献中，本体映射和本体集成经常混淆，所以本书只对这两个概念进行辨析。

按照揭示本质含义的角度不同，可将本体映射（Ontology Mapping）的不同定义分为以下两类比较典型的观点。

（1）本体映射是不同本体中的元素之间的语义关系。德国奥尔登堡大学商业信息系统系、华盛顿大学、荷兰阿姆斯特丹自由大学等研究机构的学者认为本体映射是属于不同本体的元素间的相同或相似的语义关系[23]；而数字企业研究协会（Digital Enterprise Research Institute，DERI）、SEKT 与 KW 等人认为各种语义关系都可以属于映射的范畴口[24]。比较而言，后者的定义包括所有类型的语义关系，摆脱了仅把映射定义为相同或相似的语义关系的局限。

（2）本体映射是揭示上文提及的语义关系的过程。这类观点以马来西亚多媒体大学 C. C. Kiu 及我国中南大学黄烟波等人为代表，如 C. C. Kiu 借鉴了 M. Klein 的观点，认为"本体映射是发掘两个或更多现有本体中相应本体元素，诸如概念、属性、关系、实例等之间最紧密的语义和本质关系的过程"[25]，体现了执行本体映射操作的基本思想。

通过上述分析可以看出，本体映射本质上反映不同本体中的元素之间的语义关系，而本体映射过程则是发掘不同本体中的元素之间的语义关系的过程。需强调的是，本体映射应该包括不同本体中的元素之间所有类型的语义关系。国内外大部分文献都将本体映射局限于发掘不同本体中的元素间的等同关系，这是当前本体映射的主要研究内容，然而本体映射还应涉及其他类型的语义关系，如上下位关系、不相交关系及其他更为具体的语义关系等，已有一些学者开始探讨这部分本体映射的方法。

本体集成（Ontology Integration）表示通过合并两个或更多源本体产生一

个新本体的过程。M. Klein 认为本体集成是"从两个或更多具有交叠部分的现有本体中产生一个新的本体，交叠部分可以是虚拟的或真实的"[25]。H. S. Pinto 等将本体集成的定义限定为"复用不同主题领域的其他可用的本体构建一个新本体"[26]。本体集成的核心是通过复用本体构建新本体，本体集成是一个比较宽泛的概念，既可以复用不同主题领域的其他可用的本体构建一个新本体，又可以合并同一主题领域的不同本体，产生一个统一的本体。因此，一方面强调"归并、合并"的特点，把它定义为"结合两个或多个主题领域的本体构建一个该主题领域的新本体"；另一方面强调本体集成的一体化、综合的特点，把它定义为"结合两个或多个本体构建一个新本体"。

本体映射是本体集成的核心步骤，其结果是产生虚拟的集成，在本体集成中新本体将会统一并取代初始源本体。本体集成是一个内涵较多、覆盖范围较为广泛的概念，它既包含仅采用本体元素间的映射构建出新本体的虚拟的集成，即本体映射，又包含在本体映射的基础上添加额外的元素和公理形成不完全的集成，即本体联结，也包含多个同主题领域的本体的真正集成，即本体融合。

2.5.2　本体映射理论及方法

1. 本体映射概念

本体映射是解决不同本体间知识共享和重用问题的方法，它的目的是找出不同本体中实体之间的语义关联，并且将其形式化地表达出来。

本体映射是指对于两个本体 A 和 B，用一种方式使本体 A 中的每个概念（节点）能在本体 B 中找到相应的相同或类似的概念（节点），反之亦然[27]。目前对本体映射的研究主要从本体本身的定义出发。Gruber 定义的本体[28]由五个元组表示：$O=(C,I,R,F,A)$。C 代表概念集合，即抽取出来用来描述事物对象的集合，I 表示概念的实例元素，即对象。R 为概念集合上的关系集合，F 为概念集合上的函数集合，A 表示公理集合，即约束概念、关系、函数的一阶逻辑谓词集合。根据该定义，本体的映射类型有概念—概念、属性—概念、属性—属性、情境和约束等。

本体间的映射中最简单的映射关系是 $1:1$，也就是说当本体 A 中的某个元素 a 与本体 B 中某个元素 b 所蕴涵的意义相同时，则认为本体 A 中的元素 a 与本体 B 中元素 b 之间存在 $1:1$ 的映射。除了简单的映射关系外，还存在 $1:\times$，$\times:1$，$\times:\times$ 的映射，及特殊的映射 $1:null$ 及 $null:1$ 的映射，即给定一本体中的某元素，在另一本体中找不到与该元素所蕴涵的意义相同的元素。

来自同一个公司不同部门的雇员本体和员工本体，在雇员本体中有名字、籍贯、薪水、体重四个概念，四个概念的值域分别为 String、省、美元、kg，在员工本体中有姓名、籍贯、工资三个概念，三个概念的值域分别为 String、省份、元。，雇员和员工这两个本体描述的是一个概念，名字与姓名，籍贯与籍贯，薪水与工资形成 1∶1 的映射关系，体重则在员工本体中找不到与之对应的元素，故这是一个雇员到员工的 1∶null 的映射关系。而且名字，姓名等的值域还形成了一定的映射关系，如美元与元之间的映射还存在数量变换的关系。

Marc Ehrig 等人[29]给出了一个形式化的本体映射函数 $map: O_{i1} \rightarrow O_{i2}$：

$map(e_{i1j1}) = e_{i2j2}$，如果 $sim(e_{i1j1}, e_{i2j2}) > t$

其中 $sim(e_{i1j1}, e_{i2j2})$ 是实体 e_{i1j1} 和 e_{i2j2} 的相似度，t 是阈值，表示将本体 O_{i1} 中的实体 e_{i1j1} 映射到本体 O_{i2} 中的实体 e_{i2j2}，二者在语义上是等价的。

Karlsruhe 大学的 KAON 工程总结了本体映射框架 MAFRA[30]，该框架指出本体映射的过程应当包含以下几个部分：

（1）范化：这一步的工作是克服数据在语法、结构、语言上的异样性，统一到一致的表达形式（如 RDF 或 OWL），即去掉语法异构而着眼于解决语义差异。在此过程中有标记实体、去掉由此引起的无用词、首字母缩略词的扩展三个任务要完成，得到的结果是一个标准化词典。

（2）相似性的计算：这一步是映射的发现。计算源本体和目标本体的实体之间的相似性，包括类、属性、关系的相似度，这方面有很多不同的算法。一般一个匹配算法会找到多个候选结果，每个候选结果都有一个介于 0～1 的数值表示它的相似程度。

（3）语义映射的执行：基于上面计算的相似度，建立实体之间的映射，源本体的每个实体与目标本体中与它相似度最高的实体对应，映射关系有 1∶1 或 1∶×。

（4）根据领域约束，领域专家对映射结果进行修正：目前来说，不需要人的干预而完全自动地实现本体之间的映射几乎是不可能的。因为本体内的一些潜在的语义关系并没有以形式化的方式显式地表示出来，必须由人借助已有的知识和经验才能识别出这些信息。因而，本体映射所用到的匹配方法应该提供一个可能匹配的候选结果列表，然后由人来决定是接受、拒绝，还是需要改变后再接受。在此过程中，人还能加入一些系统没有发现的映射关系[31]。但是系统可以通过机器学习或别的技术实现对结果的自动修正和完善，这也是目前本体映射研究的难点和焦点。

2. 本体映射方法及系统

本体映射中用到的方法一般分为基于模式的方法和基于实例的方法。基于模式的方法一般是从名称相似性、类型相似性、描述相似性等方面来考虑。基于实例的方法一般利用数据实例信息来计算概念间的相似度。它既可单独使用也可和模式级方法一起使用。目前，科研人员提出一些实现方法，如本体代数方法和本体聚类方法。有的映射系统和工具已经在具体领域中被应用。

（1）本体代数方法

该方法是利用斯坦福大学设计的本体代数来进行本体映射。本体代数包括三个操作符，即集合交、集合并和集合差。创建本体代数的目的是提供一种用来咨询存在大量语义且互斥的知识资源的能力。通过建立关联（跨领域链接的规则）来实现知识的互操作，并且需要定义由一些属性的抽象数学实体组成的上下文，即具有良好结构的本体封装单元[32]。

Mitra、Wiederhold 和 Kersten 使用本体代数和关联本体来实现本体间的互操作。它的输入是本体的图。其中一元操作符包括过滤、抽取，二元操作符包括集合并、集合交、集合差：

　　①集合并操作符通过关联来链接两个源本体图生成一个统一的本体图，集合并体现了统一本体的一致性。

　　②集合交操作符是用来生成关联本体图。它包括利用关联生成器和两个本体间的关联规则生成结点和边。集合交决定了知识库所要处理的相似概念部分。

　　③集合差操作符可以用来辨识两个本体之间的差别，并定义一个本体的条目和关系。它们不受另一个本体中的条目和关系的影响。这一操作允许局部本体维护器来决定一个本体的范围，使得它和别的领域本体间的映射关系是独立的，从而可以在不更新其他映射关系的情况下独立进行操作。

（2）本体聚类方法

Visser 在 KRAFT 项目中提出把本体映射分成多个"一对一"的映射来实现，这些映射包括：

　　①类映射：源本体类名和目标本体类名之间的映射。

　　②属性映射：源本体一系列属性的值与目标本体一系列属性的值进

行映射，源本体属性名和目标本体属性名的映射。

③关系映射：源本体关系名和目标本体关系名的映射。

④复合映射：复合源本体表达式与复合目标本体表达式之间的映射。

在此基础上，Visser 和 Tamma 建议用"本体聚类"的概念来集成异构源。本体聚类以不同 Agent 所理解的概念相似性为基础，用层次的形式来表达。

（3）SF 方法

SF（Similarity Flooding）方法的基本思想是利用相邻概念结点间相似的传递性。也就是说如果两个概念结点的邻近结点是相似的，那么它们也趋向于相似[22]。该方法首先把模式信息转化成有向图，然后通过简单的名字匹配和结构匹配得出各个结点之间的初始化相似系数。然后进行迭代计算，最后得出最终的相似系数。

（4）OntoMorph 系统

创建 OntoMorph 系统的目的是推进本体的合并和知识库翻译的快速生成[33]。它由 ISI（Information Science Institute）创建，并通过整合两个有力的机制来描述本体转换。第一个机制是语句重写。它通过有指导模式的重写规则进行句法重写，并进行基于模式匹配的语句简要说明的转换。第二个机制是语义重写，它通过语义模型和逻辑推理来调整语句重写。

在语句重写过程中，输入带词位的令牌表达式，然后表示为句法树。句法树在内部被表示为一个令牌序列，它们的结构仅仅在逻辑上存在。模式语言能够用一种直接而简洁的方式进行匹配并解释任意嵌套的句法树。重写规则应用于执行模型。

在语义重写过程中，OntoMorph 是 PowerLoom 知识表示系统的顶层。PowerLoom 是 Loom 系统的后续版本。使用语义输入规则，并利用 PowerLoom 精确建立源知识库来进行语义描述。

（5）GLUE 系统

由华盛顿大学设计的 GLUE 系统用机器学习的方法来完成不同本体之间的匹配任务，其思想是在实例的基础上进行多策略学习[34]。GLUE 中包括多个学习器（Learner），并把多个学习器的结果进行组合。它主要是面向实例的。用户先给出一些映射实例，然后用这些实例训练学习器并发现其中特有的匹配规则。但它没有考虑概念间属性的映射。GLUE 系统采用朴素贝叶斯（Naive Bayes）的学习技术来训练学习器。一个具体实例可以看成由许多属性值组成的文本。在学习训练的过程中，文本可以被进一步地分解。

（6）MAFRA 系统

MAFRA（A Mapping Framework for Distributed Ontologies）是语义 Web 上的一种分布式本体映射框架，是一个相互作用的、渐增的动态框架。它采用多策略过程，使用不同的算法来计算相似度。目的是自动地检测包含在两个不同本体中实体的相似性。它要求所有本体化成一种规范的表示方式，这样可以消减语法的不同，使源本体和目标本体间的语义不同更加明显，并使用语义桥（Semantic Bridge）的概念。所有的语义桥可以组织成一个语义桥本体（Semantic Bridge Ontology SBO）。

（7）IF-Map 系统

IF-Map（An Ontology-Mapping Method based on Information-Flow theory）系统以信息流理论为基础，映射框架中设立了多个局部本体、全局本体和参考本体网[35]。局部本体表示不同的存在本体，供不同的组织使用，并有各自的实例。参考本体是对共享知识的一致性理解但没有具体的实例。全局本体是一个逻辑上存在的本体，并不真正地存在。

（8）OMEN 系统

OMEN（Ontology Mapping Enhancer）使用一个元规则集来捕获本体结构的影响及本体关系的语义[36]。它使用贝叶斯网（Bayesian Network）来表明映射本体间概念的潜在影响。它可以通过获得曾丢失的匹配和使已存在的错误匹配无效来增强本体间的映射。

3. 本体映射分类

本体映射的映射方法可分为基于语法的映射、基于概念实例的映射、基于概念定义的映射、基于概念结构的映射、基于规则的映射、基于统计学的映射、基于机器学习的映射。本节将对这些映射方法进行逐一介绍。

（1）基于语法的映射

基于语法的方法是指进行概念相似度计算时，不考虑概念的语义，常用的有计算概念名的编辑距离（Edit Distance）和两个结点间的基距离（Basic Distance）。

在比较概念名时，可以用"编辑距离"算法比较两个概念名的字符串。这又称为 Levenshtein distance，由 Levenshtein 在 1966 年提出，用来比较两个字符串（后来扩展到语句）的相似度。编辑距离是字符串转换所需的最小数目的单元编辑操作，包括字符的插入、删除、替换及相邻字符的调换。通过这种方法计算两个概念间相似度的映射方法有 Diogene 的本体映射方法[37]和本体比较方法[38]。

Sekine[39]提出了一种简单的统计方法来匹配两个本体，该方法适于按关系组织的本体。两个结点间的基距离定义为：

$$dist(N_1,N_2) = 1-2m/(n_1+n_2)$$

其中，n_1、n_2分别表示结点 N_1 在本体 O_1、结点 N_2 在本体 O_2 中的词的个数，m 为重叠的词的个数。

（2）基于概念实例的映射

该方法是指在进行本体映射时利用概念的实例作为计算概念间相似度的依据。典型的如华盛顿大学的 GLUE 系统。

华盛顿大学 AnHaln Doan 等[40]提出了一种在语义 Web 环境下进行本体映射的方法。他们的 GLUE 系统通过机器学习对概念的实例进行分类，然后利用实例在概念中出现的联合分布概率来计算概念间的相似度，并结合领域约束和启发知识确定映射关系。

GLUE 系统中本体映射的架构由三个模块组成：分布估计、相似度估计和标记调整。分布估计模块的输入为两个本体 O_1 和 O_2，包括其结构和数据实例。用机器学习方法计算一对概念 $(A \in O_1, B \in O_2)$ 的联合分布从而求得 $P(A,B)$，$P(A,\bar{B})$，$P(\bar{A},B)$ 和 $P(\bar{A},\bar{B})$ 作为该模块的输出，同时也是相似度模块的输入。通过相似度函数的计算，得到相似度矩阵。将相似度矩阵、领域约束和启发知识输入到调整模块，经过调整，就可以得到输出——O_1 和 O_2 的映射关系。

（3）基于概念定义的映射

基于本体中概念定义的方法是指进行映射时主要依据本体中概念的名称、描述、关系、约束等内容。如 M. Andrea Rodriguez 和 Max J. Egehofer 提出了一种利用概念定义计算概念间相似度的方法[41]。他们所提出方法的基本思想是，本体中概念由 3 个部分组成：表示概念的同义词集、概念的语义关系集和刻画概念的特征集，对这 3 个部分相互进行匹配，比较来自不同本体的概念，得到 3 个相似度值 S_w、S_u、S_n，然后对 3 个值进行加权平均就能得到两个概念的语义相似度，进而确定它们之间的映射关系。

这样，一对概念的相似度满足：

$$S(a^p,b^q) = w_w \cdot S_w(a^p,b^q) + w_u \cdot S_u(a^p,b^q) + w_n \cdot S_n(a^p,b^q)$$

其中，w_w、w_u、w_n 分别表示 3 个部分 S_w、S_u、S_n 在语义相似度中所占的权重，w_w、w_u、$w_n \geq 0$，且 $w_w+w_u+w_n=1$。

（4）基于概念结构的映射

基于概念结构的方法是指在映射时参考概念间的层次结构，如结点关系（父结点、子结点、孙结点）、语义邻居关系等。由于结点的层次关系中蕴涵了大量的潜在语义，很多映射方法都利用了这一点。在 M. Andrea Rodriguez 和 Max J. Egehofer 提出的方法中，实体类 3 个组成部分中的语义关系集就是利用了实体类与其他实体间的关系。Sekine 的映射方法也利用了这一点。

概念之间的语义关系有多种，其中最常见的是 Hyponymy（上位关系 is-a）和 Meronymy（部分与整体的关系 part-whole）。这些语义关系可以用语义邻居来表示，以该概念为中心向周围辐射，设定一个语义半径 r，r 的取值大小反映了范围内概念之间的亲疏关系。

Sekine 认为，对于一个分类而言，其层次结构很重要。在该映射方法中，除了结点本身，还参考了其父结点（father）、子结点（child），孙结点（grandchild）。结点间的距离满足：

$$D(N_1, N_2) = c^{parent} \cdot dist^{parent}(N_1, N_2) + c^{itself} \cdot dist^{itself}(N_1, N_2) +$$
$$c^{child} \cdot dist^{child}(N_1, N_2) + c^{gchild} \cdot dist^{gchild}(N_1, N_2)$$

其中，$c^{parent} + c^{itself} + c^{child} + c^{gchild} = 1$

Sekine 以 WordNet 和 EDR 为参考本体，按父、己、子、孙结点间距离的比例系数不同进行了 8 组实验。实验表明孙结点的影响微乎其微，但是父结点和子结点在层次结构中占有重要位置，进行本体映射时，父结点和子结点的信息不可忽略。

（5）基于规则的映射

基于规则的方法是指在本体映射中定义一些启发式规则，如"如果两个概念的子概念都相同，那么这两个概念是相似的"等。这些启发式规则是由领域专家手工定义的。其实，这些规则的抽取来自于概念的定义和结构信息。属于这一类映射方法的有 Ehrig[42] 的方法。

该方法首先由领域专家编码相似规则。专家定义的相似规则是一些启发式规则，如"如果两个概念的属性相同，那么这两个概念是等价的"，"如果这两个概念的子概念都相同，那么这两个概念是相似的"，这样的规则共有 17 条（$R_1 \cdots R_{17}$）。对于一对实体 $e_{i_1j_1}$ 和 $e_{i_2j_2}$，根据每条规则计算得到一个相似值 $sim_k(e_{i_1j_1}, e_{i_2j_2})$，然后用集成的方法把根据各个规则得到的相似度进行综合。确定每个规则相似度权重的方法有 S 型函数法和基于神经网络的机器学习法。这样可以根据下面的公式计算得到一对 $e_{i_1j_1}$ 和 $e_{i_2j_2}$ 的相似度：

$$sim_k(e_{i1j1}, e_{i2j2}) = \sum_{k=1}^{n} w_k sim_k(e_{i1j1}, e_{i2j2})$$

ACM 和 ITTALKS[138]以两个本体为例进行映射实验时采用了启发式方法，其思想是：一个结点的子结点与另一结点映射的百分比能反映该结点与另一结点的映射关系。例如：假设这个百分比（传播阈值 propagation threshold）为 60%，A 有 10 个子结点 $A_i(i=1,2,\cdots10)$，如果 A_1、A_2、A_3 与 B_1 匹配，A_4、A_5 与 B_2 匹配，A 的其他子结点与 B 的其他子结点匹配，则不能得出 A 与 B_1 匹配的结论。如果至少有 6 个子结点映射到 B_1 且值不为空，则可以得出结论：A 与 B_1 匹配。

（6）基于统计学的映射

该方法是在映射过程中采用了统计学的方法，如 Prasad[43]采用的贝叶斯方法和 GLUE 系统在计算概念实例联合分布概率时所用的统计方法。

Prasad[43]在以 ACM 和 ITTALKS 本体为例的映射实验中用到了统计学中的贝叶斯方法。首先假定所有的叶子结点彼此独立，此时两个概念的相似度为 $P(A_j|B_i)$，当 A 中的概念 A^*，同时满足一定条件时，认为 A^* 与 B_i 存在映射关系。

GLUE 系统的分布估计模块，采用如下的公式求联合分布概率：

$$P(A,B) = [N(U_1{}^{A,B}) + N(U_2{}^{A,B})] / [N(U_1) + N(U_2)]$$

其中，U_i 表示分类 O_i 的实例集，$N(U_i)$ 表示实例集大小，即实例个数：$N(U_1{}^{A,B})$ 表示集合 U_i 中既属于 A 又属于 B 的实例个数；$P(A,B)$ 表示一个随机的实例既属于概念 A 又属于 B 的概率；$P(A,\bar{B})$ 表示一个实例属于 A 但不属于 B 的概率。

在相似度估计模块中，根据分布估计，利用如下公式计算一对概念的相似度：

$$Jaccard - sim(A,B) = P(A \cap B)/P(A \cup B) = \frac{P(A,B)}{P(A,B) + P(A,\bar{B}) + P(\bar{A},B)}$$

得到分别来自 O_1 和 O_2 的一对对概念的相似度，从而形成一个相似度矩阵，然后利用相似度矩阵在领域约束和启发知识中寻找最佳映射关系。

（7）基于机器学习的映射

该方法是指在映射过程中采用了机器学习技术。如 GLUE 系统在计算概念的实例分布概率时，用机器学习的方法求实例集。GLUE 采用的是多策略的机器学习方法。它采用了两个基学习器：内容学习器和名字学习器。前者主要利用实例文本内容中的词频做预测，使用了朴素的贝叶斯学习分类器，后者利用从根概念名字到实例所属的当前概念名连接而成的名字字符串做预测。系统把两个基学习器的结果按一定权重组合起来得到元学习器。

2.5.3 本体集成分类与方法

1. 本体集成方法

用本体描述数据源可以通过三种途径来进行数据集成：单一本体方法、多本体方法和混合方法[44]。

（1）单一本体方法（Single Ontology Approach）

该方法用全局本体为所要表达的语义提供一个共享词汇表，如图 2-1 所示。在这个全局本体中，所有的信息源都与之相关。该方法适用于信息源集成后提供相近视图的领域中，它对信息源的变化敏感，信息源的改变引起本体所表达的领域概念的改变。这一缺点导致多本体方法的出现。

图 2-1　单本体方法

（2）多本体方法（Multiple Ontologies Approach）

该方法中每个信息源都有各自的局部本体，如图 2-2 所示。该方法中，由于缺少公共词汇表很难在不同数据源的本体间进行比较。为了解决这一问题，需要定义本体间的映射关系。

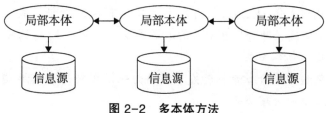

图 2-2　多本体方法

（3）混合方法（Hybrid Approaches）

与多本体方法类似，混合方法中每个信息源都有各自的局部本体，如图

2-3 所示。但是为了局部本体间的比较，每个局部本体的构建参照一个全局的共享词汇表，该词汇表中包括本领域的基本术语。该方法的优点是，很容易添加新的信息源，而无须修改什么，同时它也支持本体的构建和进化。再者，共享词汇表的使用使得来自于信息源的局部本体间可以进行比较从而避免了多本体方法的缺点。但是，该方法中已存在的本体很难被重用，必须重新构建。

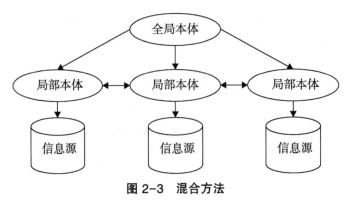

图 2-3　混合方法

2. 本体集成过程

在本体集成过程中，将两个或多个本体中的知识以一种统一的形式表示在新的本体中，如果原本体由于某种原因需要调整，其直接或间接引用的本体也需要进行相应的更新。由于本体引用链接的复杂性，一般采用引用的方式实现本体的集成和重用，集成方法主要分为三种[45]：

（1）生成新的本体

将待集成的两个本体 O_A，O_B 生成新的本体 O_{new}，这一本体引用 O_A，O_B 两个本体（$O_{new} \rightarrow O_A$，$O_{new} \rightarrow O_B$），从而实现本体的集成和重用。集成过程如下：

①检查本体 O_A 和 O_B 的一致性，建立本体之间的关系。

②找出本体 O_A，O_B 之间术语定义的等价或者包容关系，找出 O_A，O_B，V 术语定义集合中相对应的术语子集 V_A，V_B（V_A 和 V_B 中的术语有对应的等价和包容关系）。

③将这些等价或者包容关系转换为一阶谓词的表示形式，这些对应关系构成集成公理集合。

④根据映射转换关系生成本体，用一阶谓词表示的公理集 $O_A.A$ 和 $O_B.B$。

⑤对这些一阶谓词公式进行换名处理，在表示关系 $R(X_1, X_2, \cdots, X_n)$

以及表示目录实体 X 前加入所属本体的名称作为前缀，这样可以避免命名冲突。

⑥检查 $O_A.AY_{OB}BYA_tYA_u$（A_u 为集成的附加公理）的一致性，如果其是一致的，则生成一个新的本体 $O_{new}=(V_AYV_B,A_t,\{O_A,O_B\})$。它引用本体 O_A，O_B，A_t 就作为新生成本体的公理集。

⑦将集成公理集合 A_t 中的一阶谓词公式表示都转换为推理规则 <DEF—INFERENCE> 表示。一条表示等价关系的一阶谓词公式可以转换为两条推理规则表示（相当于正向和反向的两条蕴涵关系）。

（2）扩展本体

对于待集成的两个本体 O_A，O_B，通过扩展其中的一个本体 O_A，形成新的本体 O'_A，这一本体引用 $O_B(O'_A\rightarrow O_B)$，从而实现本体的重用和集成。集成过程如下：

①检测本体 O_A，O_B 的一致性，找出它们之间的联系，并找出 $O_A.V$，$O_B.V$ 中相对应的术语子集。

②发现待集成的两个本体 O_A，O_B 的重复部分：两个本体 O_A，O_B 之间在术语定义等价的前提下，其在公理定义上具有重复性，也就是说本体 O_A 中的公理集 $O_A.A$ 和本体 O_B 中的公理集 $O_B.B$ 都可以推导出某一公理集 A_N。这样公理集 A_N 可以看作两个本体 O_A，O_B 公理集的重复部分。

③将这些共有的部分集成为一个新的更有普遍性的本体。

术语定义的重复部分和公理定义上的重复部分都可以看作是两个本体之间的共有部分，也是更具有普遍性的部分。这也意味着其他本体相对于重用本体 O_A，O_B 而言，更有可能重用这一更具有普遍性的部分。这样就更好地支持了在 Web 上的本体重用。

（3）生成更普遍性的本体

对于待集成的两个本体 O_A，O_B，生成新的 O_N 为 O_A，O_B 的公共部分，同时改造本体 O_A，O_B，生成新的本体 O'_A，O'_B，它们都引用新生成的本体 $O_N(O'_A\rightarrow O_N,O'_B\rightarrow O_N)$，集成过程如下：

①检查两个本体的一致性，找出本体之间术语定义上的联系。

②将其中的等价关系作为术语定义之间的公共部分 V_N。

③根据本体的映射转换，生成公理集 $O_A.A$ 和 $O_B.B$，检测它们的一致性。

④根据术语定义上的联系找出公理集 $O_A.A$ 和 $O_B.B$ 之间的公共部分

A_N，可以生成一个新的本体 $O_N(V_N, A_N, \Phi)$。

⑤在本体 O_A，O_B 中去除以上部分，并加入对新生成的本体的引用，形成新的本体 O'_A，O'_B。其中 $O'_A = (O_A.V, O_A.A-A_N, O_A IY\{O_N\})$，$O'_B = (O_B.V, O_B.A-A_N, O_B IY\{O_N\})$。

⑥检查并验证 O'_A，O'_B 和 O_N 一致性。

通过以上三种方法实现本体之间的两两集成，对于多个本体，可以以本体两两集成为基本方式，逐步完成多个本体之间的集成。

2.6 本体进化

2.6.1 本体进化的概念

"进化"这个词在词典中的意思是"事物的逐渐发展变化，特指生物从低级、较简单的状态向高级、较复杂的状态演变"。本体进化也是本体自身不断丰富和完善的过程，因此可以概括本体进化的含义为：根据本体所描述的知识变化的应用需求，按照一定的理论方法原则，对本体内概念及概念关系进行变更和修改，从而达到完善和更新本体目的。需要说明的是，本体进化并不是向本体中无限制的添加概念，本体进化更注重对本体中概念质量的升华，根据时间和领域环境的变化适当淘汰一些过时的概念，可以使本体的描述更加精准和紧跟知识信息发展的步伐。与此同时，原本体在进化之前大多人工构建或复用已有本体，需要本体进化来对原本体构建进行扩展和完备，这也符合本体构建过程由初级到高级的发展规律。

2.6.2 引起本体变化的原因

领域知识的变化和更新是本体发生变化的根本动力，本体是将领域知识以形式化、规范化的概念模型表达出来的语义知识库，随着时间的推移和环境的变化，语义知识库要保持动态更新来适应领域的变化从而满足领域用户的需要。具体来说，本体变化产生的原因又可以从以下几种情况来说明[46]：

（1）领域的变化。毋庸置疑，领域信息知识通过本体进行描述，领域知识发展变化，所构建的本体知识库也要随之变化，不然本体就失去了表达领域信息知识的作用，所以领域的变化是本体发生变化的直接原因。例如，当动车组领域增加新的技术概念时，相应的领域本体也需要添加进新的概念术语来显示领域知识的发展。

（2）概念模型的变化。这种情况是本体自身自适应引起的变化原因，当本体被复用或用来描述其他知识信息的时候，本体中概念层次和语义结构需要根据新的任务或领域要求相应地发生变化。假设若一个本体中表达汽车减震器的概念，用来表达高速列车减震器时，就需要对概念的定义和属性约束进行调整，以符合新的描述需求。

（3）表示的变化。表示的变化是基于本体描述语言的变化，各个国家的语言形式化表示和语法结构各不相同，当描述本体中实体的语言发生翻译转换的时候，就会发生定义实体描述显式的改变。所以，当表示的变化发生的时候，本体的表达需要进行翻译转换，从而保证本体语义的一致。

2.6.3 本体进化的一般步骤

本体进化的过程是复杂而烦琐的，由若干个步骤组合而成，目的都是完成本体的进化，但目前的研究还没有统一的规范，从以上情况出发，研究可以以一种系统的最优化方式来划分本体的进化过程，目前广泛接受的理论是将本体进化分为六个过程来指导本体的变化，它们是变化的捕获、变化的表示、语义的变化、变化的传播、变化的执行和变化的确认[47]，其过程如图 2-4 所示。

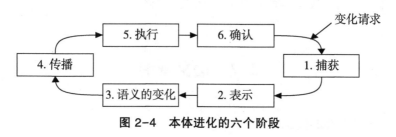

图 2-4 本体进化的六个阶段

1. 变化的捕获

本体进化过程的初始步骤的目的是，根据变化请求捕获新的变化，这些变化可能来本体自身结构的变化，也可能来自用户使用模式的变化，还可能来自数据集的修改产生的变化。

2. 变化的表示

捕获这些新的变化后，需要用适当的形式，正式而明确地表达出来。

3. 语义的变化

这一阶段的任务是要在保持本体一致性的情况下，以一种系统化的方式解决本体中语义的额外变化。新的变化加入本体后，对已有的公理推断很可能产生相互矛盾的知识表达，通过对本体的推理检查，能够发现本体中语义的不一致性，从而指导本体语义变化的操作。这一阶段的操作也可以预防新一轮本体进化过程中新变化对本体语义一致性的影响。

4. 变化的传播

吸收新的变化会使本体的其他部分或与之依赖的其他本体发生额外的变化。这些额外的变化被称为派生变化。这就是为什么，在变化的传播阶段，决定是否将直接和间接的变化应用到本体是十分重要的。此时人工的干预即本体工程师和领域专家的决定至关重要。

5. 变化的执行

为了避免对本体不必要的变化操作，最好能够事先制定一份写有本体和与其相依赖的本体的所有可能变化结果的列表，将这个列表提交给本体工程师和领域专家，由他们最终决定是否执行变化或取消变化的执行。

6. 变化的确认

变化的确认阶段是本体工程师或领域专家对执行或取消本体变化的事实进行确认，这一阶段是本体进化过程的终结，并可以根据对整个本体进化过程和预算的评估来决定是否开启下一轮本体进化。

2.7　语义查询

2.7.1　语义查询的概念

语义查询又称为语义检索、概念匹配，它是基于本体的关键词匹配查询技术，相比与传统的关键词匹配相比，它不再拘泥于用户所输入的查询请求的字面本身，而是能够通过分析和推理，找到所检索信息的意义，把握用户查询语句背后的真正意图，从而查找出最符合用户需要的结果[48]。

2.7.2　语义查询语言 SPARQL

SPARQL（Simple Protocol And RDF Query Language）是一种 RDF 格式的

查询语言，它基于 RDFDB QL、RDQL 和 SeRQL 创建，是 W3C 推荐的 RDF 查询语言标准，能处理任何映射成 RDF 格式的数据源。SPARQL 实现查询功能的方法是通过图模式的匹配。三元组模式是最简单的图模式，与 RDF 的三元组类似，不同的是三元组模式允许查询变量出现在主语、谓语或宾语的位置上[49]。SRARQL 的语法形式与结构化查询语言 SQL 较为相似，但两者所依赖的知识库不同，前者是以本体提供的术语结构为查询来源，后者是以关系数据库提供的有组织的表格集为查询的来源。SPARQL 的语句结构由声明、查询表单、数据集和术语约束四部分组成：

（1）声明：每个 SPARQL 查询开始前，都要先声明所要进行查询的出处，它用国际化资源标识符 IRI 来指向所查询的资源实例，查询匹配将被限制在特定的图上，它的表示形式是用网址的方式，例如 http://www.semanticweb.org/untitled-ontology-1，在查询中可以自定义一个简单的词来代表这个地址作为查询语句的声明。

（2）查询表单：SPARQL 可以利用 SELECT、CONSTRUCT、DESCRIBE 和 ASK 四种查询表单来返回一个 RDF 图。其中，SELECT 的查询结果可以全部或部分返回变量及变量绑定的值，语法 SELECT ＊是一种简化的写法，它给出了查询所有变量的命令。CONSTRUCT 可以和定义的图模板相匹配，用查询结果置换出图模板中的变量，并将三元组集合到一起，构成一个 RDF 图。ASK 可以用来检测一个查询模式中本体知识库是否有对应的结果返回，通过回答"yes"或"no"来表示返回结果。DESCRIBE 用来查询本体知识库中的 RDF 数据的结构，它可以将查询结果中的资源标识与 IRI 标识的资源组合成一个 RDF 图[50]，返回对其的描述。相比较来说，SELECT 查询表单在 SPARQL 查询中经常使用，能满足大多数本体查询的需要。

（3）数据集：SPARQL 采用了 FROM 子句和 FROM NAMED 的子句对 RDF 数据集实现描述，它们允许以引用的方式指定 RDF 数据集进行查询，这代表了数据集包含的图是从 IRI 获得的。多个 FROM 和 FROM NAMED 子句可以获得的是合并的 RDF 图和<IRI,graph>对的集合。

（4）术语约束：通过 SPAQRL 查询返回的结果都是 RDF 术语绑定了变量的数据集合，SPARQL 可以通过关键字 FLITER 对查询结果进行约束，关键字 FLITER 采用正则表达式 regex 检查平面字面量，其使用的字符串和数据类型 y 约束有 xsd：str、xsd：string、xsd：boolean 等。

2.7.3 基于本体的语义检索

传统的信息检索方法或搜索引擎，无论是关键字符的匹配，还是结合布尔逻辑运算提供更为复杂的查询表达方式，都是以关键词匹配为基础的。这种方法有两种缺陷：

（1）检索结果只是在字面上符合用户的要求，实际内容往往偏离用户的需要；

（2）用户输入的查询稍有偏差，检索系统就无法确定用户的真正需要，因而无法提供正确的结果。

为了解决这些问题，研究者尝试从语义的角度进行考虑，提出了各种新的方法和技术，也取得了很多的成果。通常的研究主要从自然语言处理、基于概念的方法以及基于本体的思路三个方面来实现语义在信息检索中的集成和应用。本书研究的是多专业领域本体，所以只对基于本体的语义检索进行综述。

最早在 1994 年 Voorhees 就曾提出基于本体的查询扩展[51]，使用了本体中的概念进行查询扩展，并得出最有效的方式是利用本体中的同义词和特定的子类关系进行扩展。此后基于本体的查询扩展研究侧重于两个方面：基于结构化的方法和基于注释的方法。前者着重从本体的结构信息中抽取出相似度衡量的依据，而后者则通过计算本体术语的定义中的重叠次数来衡量语义相似度。

Maki 在 2003 年提出了基于本体结构的方法[52]，基本的思想是利用本体中的路径来进行用户查询的扩展。在本体的结构图中，每一个概念的节点都与其他节点有着连通的路径，因此对用户查询进行扩展的时候，可以选择与该节点连通的路径上的概念。在对概念选择的时候，Maki 提出利用一系列的关系边和概念节点之间相似度的方法来进行排序，优先选择与被扩展概念相似度大者。而计算相似度的方法依赖于本体的结构，例如，进行比较的概念之间路径的数量、长度以及路径中存在关系种类数、路径中节点种类等，都可以作为衡量的标准。

2004 年，Navigli 在[53]中提出了基于本体注释的查询扩展方法。该方法假定了在本体中相似的概念或术语也具有相似的定义，使用了 WordNet 中的概念并对其进行扩充了注释。在计算扩展概念之间的相似度时，对概念的注释中出现的普通单词或短语进行统计，以此来决定两个概念是否相似。

Philip Nour 在 2000 年使用了基于本体的方法在项目开发经验库中建立关

于经验的索引[54]，项目管理者使用者可以通过该索引在经验库中查找信息，并规划当前的项目，例如，查找关于"测试中等大小软件系统的方法"，将会得到"测试"的子概念"黑盒测试"和"白盒测试"，以便于从经验库中获得以前的经验[55]。G. Soldar 在 2001 年提出了语义检索模型的体系结构，以便于从科学数据中提取语义[56]；Khan 和 McLeod 设计并实现了一个用本体构造的基于概念的模型用于文本检索[57]。

AT & T 建立了一个应用本体技术的信息检索系统 FindUR 系统[58]，通过使用描述逻辑系统规定的描述逻辑语法，表达了 Wordnet[59] 中定义的词汇间的同义、上义和下义关系，获得简单的背景知识，并调用推理系统来完成推理任务，得到某个词汇的同义词集合、上义词集合以及下义词集合，从而可以实现查询扩展。但该系统从本质上仍然是基于语法的，因其并没有使用本体中的词汇去标记文档，只是强调利用本体来实现查询扩展，而查询输入的词汇本身也并非是依据本体中的词汇来建立。

中科院计算所智能信息处理开放研究实验室建立的基于本体论和多主体的信息检索服务器[60]是一种利用多智能主体和本体理论设计的信息检索服务器，集成了界面主体、预处理主体、管理主体、信息处理主体和具有移动性的信息搜集主体，并利用本体对文档进行领域分类，同时对用户的查询信息进行规范。文献[61]介绍了一个基于本体的信息检索主体 MELISA，用于在医疗专业领域检索参考文献。但这两项研究都没有使用形式化的本体语言来建立本体，没有考虑本体的推理问题，对本体的应用还是很粗略的。

宋峻峰[62]提出的基于本体的信息检索模型采用了描述逻辑作为构造本体的本体语言，使用本体中定义的词汇来标记文档，生成基于本体的文档逻辑视图和用户信息需求逻辑视图，从而可以实现语义层次的检索，使检索性能大大改善。但是该文只考虑了概念间和个体间的等价关系，忽略了本体所能提供的许多有用的关系，如概念间的包含关系、概念间的不相交关系、个体与概念间的成员关系等；同时对本体的构建采用的是较简单的描述逻辑，知识表达能力较弱。对于如何在较复杂的关系下实现更有效的信息检索、如何在较强的描述逻辑下保证推理的效率等问题有待于进一步研究。

此外，基于案例（Case-Based）[63][64]的信息检索也采用了本体中的领域概念的分类和层次结构以及 part-of 关系；在基于本体的检索和发现体系结构的地理信息系统[65]中，本体的建立首先要构建一个共享的词表中的基本术语，这些术语用来描述上下文的信息以及信息资源的内容，此后即可构建出一个相应的本体[66]。基因本体[67][68]也被应用于生物工程领域，为基因的标注提供了语义支持。

在现有的基于本体的信息检索研究中，无论是采用结构化的方法描述文档，还是采用自动标注的方法进行处理，都是在本体的概念层次基础上进行的，这些方式较常规的文档处理方法如标引词抽取、页面标签标引、同义词相关词典等已经有了很大的进步，能够有助于提取文档的语义内容方面，在用户查询扩展方面，基于本体的方法也取得了很大的进展。

总的来说，语义检索主要是基于概念匹配的检索方法，把传统方法中从用户查询和文档抽取出来的关键词替换为含有语义的概念，以此把关键字/词级的检索提升到概念级的检索，并采用同义字典和近义字典对概念的语义进行补充，这种方式去除了无意义的关键字干扰，从一定程度上对有意义关键词的语义提取起到积极作用；部分语义检索的研究也考虑到了概念和概念之间的关系，利用概念的层次结构等刻画概念两两之间的距离和相似度，这种方式对早期的检索效果有较大提升，具有相当的参考价值和实践意义。

然而，这些方法的侧重点要么是针对文档中出现的语义概念，要么是对用户查询所涉及的本体概念，而没有充分利用到本体中的属性和其他关系，并且缺乏对这种概念以及概念的属性两两之间的相似性进行比较的计算机制，这样直接导致了在检索过程中的语义相似度计算方面，仍然延续传统的计算方法，仅仅对概念的出现次数和频率进行考虑，从实质上忽略了文档和用户查询中蕴含的其他有价值的信息。如果能够把这些出现在文档和用户查询中的概念、关系以及属性等信息综合考虑，并使它们的价值在检索过程中得到体现，就能够更进一步把语义检索的作用发挥出来，这正是本书研究的目的所在。

2.8　本体推理

2.8.1　面向语义 Web 的本体语言

本体语言起源于历史上人工智能领域对知识表示的研究，主要有以下语言作为代表：KIF[69]、OCML[70][71]、Frame Logic[72]、LOOM[73][74]，等等。近年来，语义 Web 逐渐成为一个热点究领域，语义 Web 的基础之一是本体，为了构建面向语义 Web 的本体，研究者们提出了许多面向语义 Web 的本体语言，主要有 XOL[75]、SHOE[75]、OML[75]、RDF（S）[75-77]、OIL[75][78]、DAML+OIL[75][78] 和 OWL[78][79][80][81]，可以按表达能力由弱到强的顺序给上述语言排序：XOL、RDF（S）、SHOE、OML、OIL、DAML+OIL 和 OWL。

这些语言都采用 XML 作为语法基础（有些一开始不是，但现在也可以使用 XML 作为语法基础了）。其中，XOL 和 SHOE 的形式化基础是框架，OML 的形式化基础是概念图，但框架和概念图都缺乏精确的语义[82]。而 RDF（S）的表达能力非常有限，只能算做"原始"的本体语言。为了获得表达能力更强大、能够更精确刻画语义的本体语言，在继承 RDF（S）的语法和表达能力的基础上，OIL、DAML+OIL 和 OWL 都对 RDF（S）进行了扩展。OIL 是欧洲的研究者们开发的一种本体语言；DAML+OIL 是由美国 & 欧盟特别主体标记语言委员会开发的，它是 DAML-ONT（由美国 DARPA 主体标记语言项目组开发）与 OIL 相结合的产物。

OWL 是 W3C 制定的面向语义 Web 的本体语言，它采用 DAML+OIL 作为起点，是语义 Web 领域对适合语义 Web 应用的本体语言进行研究的最新成果；OWL 建立在 XML/RDF 等已有标准的基础上，通过添加大量的基于描述逻辑语义的原语来描述和构建各种本体。OWL 的一些特点将它和纯粹的描述逻辑区分开，使得它适合语义 Web 的要求，这些特点如下：

（1）OWL 使用 URI 命名机制。

（2）OWL 使用 RDF 数据类型和 XML Schema 数据类型作为数据类型。

（3）OWL 以 RDF/XML 作为语法。

（4）OWL 可以使用注释，虽然注释不表示知识，但可以方便阅读。

（5）OWL 可以使用本体属性来说明本体的版本，并导入已经构造好的本体，这样可以利用过去的工作成果，并在新建的本体中说明新建本体中的术语和导入本体中的术语间的关系。

描述逻辑是一系列以类为基础的知识表示语言。它们的特征是基于简单的类（概念、一元谓词）和角色（二元关系），使用不同的构造器以构造复杂的类和角色。描述逻辑研究的一个重点是关键推理问题的可判定性，需要为描述逻辑提供合理、完备、可行的推理机制。OIL 的形式化基础是描述逻辑 SHIQ（D），DAML+OIL 的形式化基础是描述逻辑 SHOIQ（D）[82]。W3C 定义的 OWL 语言有三个子集：OWL Lite、OWL DL、OWL Full。OWL Lite 的表达能力最有限，局限于对概念的层次分类和简单的约束等进行描述，推理效率高；OWL DL 在保证推理的完备性和可判定性的前提下，有尽可能强的表达能力；OWL Full 有最强的表达能力，与 RDF 保持最大限度的兼容，但不对推理做任何保证。其中 OWL Lite 的形式化基础是描述逻辑 SHIF（D），OWL Lite 的推理问题的计算复杂度是 EXPTIME，有实用的推理算法，比如 FaCT 系统和 RACER 系统就都为 OWL Lite 提供了实用的优化的推理算法；OWL DL 的形式化基础是描述逻辑 SHOIN（D），OWL DL 的推理问题的计算复杂度是 NEXPTIME，尚未找到实用的推理算法。考虑到知识表达能力和推理效率的折中，我们一般选择 OWL DL 或 OWL Lite 作为构建本体时所使用的本体语言，在本书中我们选择 OWL Lite 作为多专业领域本体的描述语言。

图 2-5 刻画了上述面向语义 Web 的本体语言之间的关系。

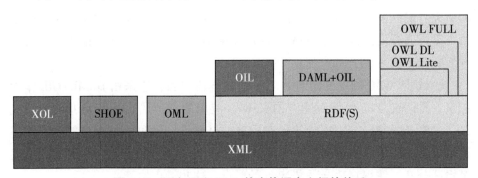

图 2-5　面向语义 Web 的本体语言之间的关系

2.8.2　本体推理

Berners-Lee 给出了基于 XML[83] 和 RDF/RDFS[84] 语义网的层次关系，并在此基础上构建了本体和逻辑推理规则，使计算机能够理解和处理基于语义的知识表示和推理。

RDF[84] 与 OWL[85] 语言是谓词逻辑的特例。RDF 与 OWL 提供了一个非常适合特定用途的语法并定义了一个合理的逻辑子集，因此，可以以公认的语义通过逻辑公理的形式进行推理。描述逻辑（DL）[85] 不仅为 OWL 提供形式语言系统，而且也有助于推理问题的解决。OWL Lite 和 OWL DL 遵循描述逻辑，是谓词逻辑的一个子集，可构造一个有效的推理系统。OWL Lite 的本体推理问题可归约到 SHIF（D）的知识库可满足性问题，其计算复杂度为 $E_{XP}T_{IME}$。OWL DL 可归约到 SHOIN（D）的知识库可满足性问题，其计算复杂度为 $NE_{XP}T_{IME}$[86]。目前，作为 SHIF（D）语言的实用推理机 FACT[87] 和 RACER[88] 能为 OWL Lite 提供推理服务。

Horn logic[83]是另一个具有有效推理系统的谓词逻辑子集，包含一个规则系统，具有如下形式：$A_1,\cdots,A_n \rightarrow B(A_i$ 与 B 都是原子公式)。

（1）如果 $A_1,\cdots,A_n$ 为真，那么 B 也为真。这个叫演绎规则（deductive rules）。

（2）如果条件 $A_1,\cdots,A_n$ 为真，那么就可执行动作 B。这个叫反应规则（reactive rules）。

本体描述了特定领域资源之间的关系，推理则借助一定的规则，通过已知的关系推出潜在而未知的关系。目前有许多不同的推理引擎可以对描述逻辑进行推理，如 FACT、OWLJessKB、DAMLJessKB、Racer、SWRLJESS。

语义网规则语义 SWRL（Semantic Web Rule Language）是以语义方式呈现规则的一种语言[89]，符合 W3C 规范，其规则由 RuleML 演变而来。SWRL 在 OWL 基础上补充了规则的定义。它综合了本体语言 OWL 的子集 OWL DL（描述逻辑）与 OWL Lite，以及一元与二元 Datalog RuleML 规则标记语言的语言。

JESS 全名为 Java Expert Systems Shell[90]，是 Java 语言延伸的套件，在 Java 程序使用中可添加新的部分。JESS 非常小巧、灵活，并且是已知规则引擎中最快的。

2.8.3　描述逻辑推理

通过 SPARQL 能够查询出本体中已经直接定义的知识，但本体中还存在着大量隐含的知识，它们无法通过查询直接获得，这就需要本体的推理来解决，同时本体推理还能够检查本体中逻辑规则和语法定义的一致性。

描述逻辑知识库可分为 TBox 和 ABox，TBox 表示的是领域内已经定义好的词汇库，ABox 是根据词汇指定的个体声明集[91]。前者一般固定不变，而后者表示词汇的外延信息，会随着环境发生变动。描述逻辑推理可以分为 TBox 推理和 ABox 推理，如图 2-6 所示。

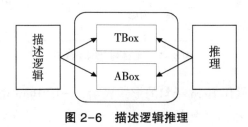

图 2-6　描述逻辑推理

1. TBox 推理

在根据已经定义的概念来定义新的概念时，需要判断一个新的定义的概念是否有意义或者是否自相矛盾。关于概念的大部分推理都可化简为概念的可满足性包含关系，TBox 将这种包含关系组织为概念的层次体系，其常见的推理包括可满足性、包含、等价和不交。

2. ABox 推理

ABox 中包含概念断言和角色断言[92]。从逻辑的角度看断言应该是一致的，否则可以得到任何结论。比方说，在 ABox 中包括断言 Mother（Lucy）和 Father（Lucy），根据家族关系 TBox，就会发现这些断言是不一致的。ABox 推理能判断个体是否为类的实例即实例检查、另一种典型的推理是检索问题，即查询概念描述的所有实例，进而实现问题。

早期的描述逻辑使用比较简单的结构包含算法，目前广泛采用的是 Tableau 算法，根据不同的描述逻辑构子，它能够定义相应的算法展开规则。如基于 Tableau 算法的 Racer 和 Pellet 推理机可以对 TBox 进行推理。

2.8.4 OWL 推理

OWL 推理一般采用基于规则的推理机推理，如 Jena、Kowari 和 Sesame 等支持 OWL lite，Pellet 支持 OWL DL。服务于 OWL 推理的推理机框架结构一般包括负责读取本体文件的本体解析器、具有解析用户查询请求的查询解析器、执行推理过程的推理引擎、将结果进行包装的结果输出部分和面向开发用户的 API 五个模块[93]，如图 2-7 所示。

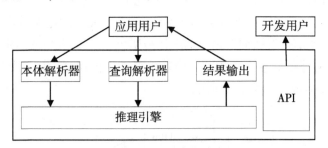

图 2-7　本体推理机框架

推理规则一般采用 Horn 子句的形式表示，一阶 Horn 逻辑是语义 Web 规则层的基础。每个 Horn 子句都可以写成一个蕴含式，它的前提是为规则头的一个合取式，结论为一个单个的规则头。使用 Horn 子句的推理可以采用前向链和反向链进行。

SWRL 采用 Horn 子句形式的规则对 OWL 的公理进行了扩展，可以将

Horn 子句形式的规则与 OWL 知识库相结合。SWRL 是语义 Web 规则语言（Semantic Web Rule Language）的简写，它是在 OWL DL 和 OWL Lite 的基础上建立起来的扩展规则，其可以直接写入本体文件，协助本体推理机的推理。

规则的形式包含一个 head（规则头）和一个 body（规则体），两部分各包含一个原子的集合或者为空集。如果 body 部分的所有原子成立，则 head 也成立，一个空的 body 永远成立，一个空的 head 永远不成立。规则中原子的形式可以为 C（x）、P（x，y）、sameAs（x，y）或 differentFrom（x，y）等。其中 C 是一个 OWL 描述，P 是一个 OWL 属性，而 x，y 为变量、OWL 个体或 OWL 数值。由于规则可以用来模拟角色值映射（role value map），所以 OWL DL 采用规则扩展后是不可判定的。SWRL 是对 OWL 的扩展，用于 SWRL 的 OWL 本体是 swrl. owl。

2.9　本章小结

本章从本体的基本模型、本体的进化、本体的语义查询和本体的推理四个方面阐述了本体工程的相关理论知识。其中具体介绍了本体的定义和分类方法、本体的描述语言和构建工具，本体的映射与集成、本体进化的概念、原因及一般步骤，本体查询语言 SPARQL，描述逻辑 TBox、ABox、本体推理机框架组成和 SWRL 规则。为后面章节对高速铁路领域本体构建、进化和查询奠定了扎实的理论基础。

 参考文献

［1］ Neches R, Fikes R E, Gruber T R, et al. Enabling Technology for Knowledge Sharing ［J］. AI Magazine, 1991, 12 （3）: 36-56.

［2］ T R Gruber. Towards principles for the design of ontologies used for knowledge sharing ［J］. International Journal of Human-Computer Studies, 1995: 907-928.

［3］ Borst W N. Construction of Engineering Ontologies for Knowledge Sharing and Reuse ［D］. PhD thesis, University of Twente, Enschede, 1997.

［4］ Studer R, Benjamins V R, Fensel D. Knowledge Engineering, Principles and Methods ［J］. Data and Knowledge Engineering, 1998, 25 （122）: 161-197.

［5］W M Shaw Jr, R Burgin, P Howell. Performance standards and evaluations in IR test collections: Cluster-based retrieval models ［J］. Information Processing & Management, 1997, 33（1）: 1-14.

［6］邓志鸿, 唐世渭. Ontology 研究综述 ［J］. 北京大学学报（自然科学版）, 2002, 38（5）, 730-738.

［7］A. G. PEREZ, V. R. BENJARMINS. Overview of Knowledge Sharing and Reuse Components: Ontologies and Problem-Solving Methods ［C］. Proceedings of the IJCAI-99 workshop on Ontologies and Problem-Solving Methods (KRRS), 1999: 1-15.

［8］谢琪. 基于本体方法构建中医药概念信息模型的方法学示例研究 ［D］. 北京: 中国中医科学院, 2009.

［9］张其文, 臧凤奎, 李明. 本体语言的联系及其逻辑基础分析 ［J］. 科学技术与工程, 2009, 35（4）: 50-54.

［10］N F Noy, D L McGuinness. Ontology Development 101: A Guide to Creating Your First Ontology ［R］. Stanford Knowledge Systems Laboratory Technical Report KSL-01-05 and Stanford Medical Informatics Technical Report SMI-2001-0880, March 2001.

［11］T R Gruber. A translation approach to portable ontologies ［J］. Knowledge Acquisition, 1993, 5（2）: 199-220.

［12］M A Musen. Dimensions of knowledge sharing and reuse ［J］. Computers and Biomedical Research, 1992, 25: 435-467.

［13］M Uschold, M Gruninger. Ontologies: principles, methods, and applications ［J］. Knowledge Engineering Review, 1996, 11（2）: 93-155.

［14］A Bernaras, I Laresgoiti, J Corera. Building and reusing ontologies for electrical network applications ［C］. In: Proc of the European Conf on Artificial Intelligence. Budapest, Hungary: John Wiley and Sons, 1996: 298-302.

［15］M Fernandez-Lopez, A Gomez-Perez, A Pazos-Sierra, et al. Building a chemical ontology using methontology and the ontology design environment ［C］. IEEE Intelligent Systems and Their Applications, 1999, 14（1）: 37-46.

［16］K Knight, et al. Filling knowledge gaps in a broad-coverage MT system ［C］. The 14th Int'l Joint Conf on Artificial Intelligence, Montreal, Canada, 1995.

［17］李善平, 尹奇铧, 胡玉杰, 郭鸣, 付相君. 本体论研究综述 ［J］. 计算机研究与发展, 2004, 41（7）: 1041-1052.

［18］D Jones, T Bench-Capon, P Visser. Methodologies for ontology development ［C］. In Proceedings of ITi and KNOWS Conference of the 15th IFIP World Computer Congress. London, UK: Chapman and Hall Ltd, 1998, 62-75.

［19］ Software Engineering Standards Committee of the IEEE Computer Society. IEEE Std 1074-1997, IEEE Standard for Developing Software Life Cycle Processes ［R］. New York: IEEE Computer Society, 1997.

［20］ 樊小辉, 石晨光, 闵建华. 舰炮维修领域本体构建及应用 ［J］. 四川兵工学报, 2011, 39 (8): 120-122.

［21］ T. R. GRUBER. Towards Principles for the Design of Ontologies Used for Knowledge Sharing ［J］. International Journal of Human-Computer Studies, 1995, 43: 907-928.

［22］ 卢胜军, 真溱. 本体集成相关的基本概念研究 ［J］. 情报理论与实践, 2008, 31 (3): 443-446.

［23］ Doan A, Madhavan J, Domingos P, et al. Learning to Map between Ontologies on the Semantic Web ［C］. Proceedings of 11th International World Wide Web Conference, Honolulu, Hawaii, USA, 2002.

［24］ Bruijn J D, Polleres A. Towards an ontology mapping specification language for the Semantic Web ［R］. Report No. DERITR-2004-06-30. Digital Enterprise Research Institute (DERI), 2004.

［25］ Kiu C C, Lee C S. Ontology Mapping and Merging through ontoDNA for learning object reusability ［J］. Educational Technology & Society, 2006, 9 (3): 27-42.

［26］ Pinto H S, Gomez-Perez A, Martins J P. Some issues on ontology integration ［C］. Proceedings of the UCAI99, Workshop on ontologies and Problem-Solving Methods (KRR5), Stockholm, Sweden, 1999.

［27］ Su Xiaomeng, Gulla J A. Semantic Enrichment for Ontology Mapping ［C］. NLDB, 2004: 217-228.

［28］ GruberCTR. A Translation Approach to Portable Ontologies ［J］. Knowledge Acquisition, 1993, 5 (2): 199-220.

［29］ M. Ehrig, Y Sure. Ontology Mapping-An Intergrated Approach ［C］. Proceedings of 1st European Semantic Web Symposium, Heraklion, Greece, Springer, LNCS, 2004, 5: 10-12.

［30］ Alexander Macedche, Boris Motik. MAFRA-A Mapping Framework for Distributed Ontologies ［J］. Web Intelligence and Agent System, 2003, 1: 235-248.

［31］ E. Rahm, P. Bernstein. A Survey of Approaches to Automatic Schema Matching ［J］. The International Journal on Very Large Data Bases (VLDB), 2001, 10 (4): 334-350.

［32］ McCarthy J. Notes on formalizing context ［OL］. URL: http://www-formal.stanford.edu/jmc/context3/context3.html.

［33］ Chalupsky H. OntoMorph: A translation system for symbolic knowledge ［OL］. URL: http://www.isi.edu/~hans/ontomorph/presentation/ontomorph.ppt.

［34］ A. Doan, Jayantn Madhavan, Pedro Domingos. Learning to Map between Ontologies on the Semantic Web ［C］. Proc World-Wide Web Conf. ACM Press, May 2002: 662-673.

［35］ Kalfoglou Y, Schorlemmer M. Information-flow-based ontology mapping ［C］. In Proceedings of the 1st International Conference, Springer, 2002: 1132-1151.

［36］ P. Mitra, N F Noy, A R Jaiswal. OMEN: A Probalilistic Ontology Mapping Tool ［C］. Workshop on Meaning coordination and negotiation at the Third International Conference on the Semantic Web (ISWC-2004), Hisroshima, Japan.

［37］ Diogene's Ontology Mapping Prototype ［OL］. http: //diogene.cis.strath.ac.uk/prototype.html.

［38］ Alexander Maedche, Stefen Staab. Measuring Similarity between Ontologies ［C］. In: Proceedings of the European Conference on Knowledge Acquisition and Management, EKAW, 2002.

［39］ Satoshi Sekine, Kiyoshi Sudo, Takano Ogino. Statistical Matching of Two Ontologies ［C］. In: the Proceedings of the SIGLEX99: Standerdizing Lexical Resources, Marylan d, USA, 1999: 69-73.

［40］ AnHai Doan, Jayant Madhavan, Pedro Domingos et al. Learning to map between ontologies on the semantic web ［C］. In: Proceedings of the Eleventh International World Wide Web Conference, Honolulu. Hawmi, USA, 2002.

［41］ A Rodriguez, M Egehofer. Determining Semantic Similarity Among Entity Classes from Different Ontologies ［J］. IEEE Transactions on Knowledge and Data Engineering, 2003, 15 (2): 442-456.

［42］ Marc Ehrig, Steffen Staab. Quick Ontology Mapping ［C］. In: ISWC 2004, LNCS 3298, 2004: 683-697.

［43］ Sushama Prasad. A Tool For Mapping Between Two Ontologies Using Explicit Information ［C］. Proceeding of AAMAS 2002 Workshop on Ontologies and Agent Systems, 2002-07.

［44］ H. Wache, T. Vo¨gele, U. Visser, et al. Ontology-based Integration of Information-A Survey of Existing APProaches ［C］. In: Proceedings of IJCAI-01 Workshop: Ontologies and Information Sharing, Seattle, WA, 2001: 108-117.

［45］ 郭文英. 基于 SWRL 推理的语义关联发现及其在本体映射与集成中的应用 ［D］. 杭州: 浙江大学, 55-57.

［46］ L STOJANOVIE. Methods and Tools for Ontology Evolution ［D］. Phd thesis, Univesrity of Karlsruhe, 2004.

［47］ 蔡丽宏, 马静, 吴一占, 等. 基于 OWL 的本体半自动进化研究 ［J］. 情报学报, 2011, 35 (1): 56-60.

［48］ 姜华. 基于本体的 Web 语义查询技术研究 ［J］. 情报科学, 2008, 26 (11): 1685-1688.

［49］张宗仁，杨天奇. 基于自然语言理解的 SPARQL 本体查询［J］. 计算机应用，2010，39（12）：3397-3400.

［50］张伟奇. 基于关系数据库的 RDF 存储引擎［D］. 天津：天津大学，2011.

［51］E. Voorhees. Query expansion using lexical-semantic relations［C］. In Proceedings of the 17th annual international ACM SIGIR conference on Research and development in information retrieval, Dublin, Ireland, 1994, 61-69.

［52］W. Maki, L. McKinley, A. Thompson. Semantic distance norms computedr fom an electronic dictionary (wordnet)［J］. Behavior Research Methods, Instruments, & Computers, 2004, 36：421-431.

［53］R. Navigli, P. Velardi. An analysis of ontology-based query expansion strategies［C］. In Workshop on Adaptive Text Extraction and Mining (ATEM 2003), in the 14th European Conference on Machine Learning (ECML 2003).

［54］P. Nour, H. Holz, F. Maurer. Ontology-based Retrieval of Software Process Experiences［C］. Proceedings of the ICSE-2000 Workshop, "Software Engineering over the Internet", 2000.

［55］N. Guarino, C. Masolo, G. Vetere. OntoSeek：Content-based Access to the Web［J］. IEEE Intelligent Systems, 1999, 14（3）：70-80.

［56］G. Soldar, D. Smith. Retrieving Semantics from Scientific Data：A Domain Specific Approach Using RDF［C］. Proceedings of the IASTED International Symposia on Applied Informatics, Innsbruck, Austria, February 2001.

［57］L. Khan, D. McLeod. Audio structuring and Personalized retrieval using ontologies［C］. In：Proceedings of IEEE advances in digital libraries, library of congress, Bethesda, MD, May 2000：116-126.

［58］B. Franz, M. Deborah, N. Daniele, et al. The description logic handbook：Theory, implementation and applications［M］. Cambridge, UK：Cambridge University Press, 2003：1-100, 436-459.

［59］George A M. WordNet：A lexical database for English［J］. Communications of the ACM, 1995, 38（11）：39-41.

［60］武成岗，焦文品，田启家，等. 基于本体论和多主体的信息检索服务器［J］. 计算机研究与发展，2001，38（6）：641-647.

［61］J. M. Abasolo, G. M. MELISA. An ontologybased agent for information retrieval in medicine［C］. Proceedings of the First International Workshop on the Semantic Web (SemWeb2000), Lisbon, Portugal, 2000：73-82.

［62］宋峻峰，张维明，肖卫东，唐九阳. 基于本体的信息检索模型研究［J］. 南京大学学报，2005，41（2）.

[63] A. Gomez-Perez. Evaluation of Taxonomic Knowledge in Ontologies and Knowledge Bases [C]. Proceedings of KAW'99.

[64] M. Tallis, J. Kim, Y. Gil. User Sutdies of Knowledge Acquisition Tools: Methodology and Lessons Learned [C]. Proceedings of KAW'99.

[65] M. Lutz, U. Einspanier, E. Klien, S. Hübner. An Architecture for Ontology-Based Discovery and Retrieval of Geographic Information [C]. 2004, Ulm, Germany Semantic Web Services and Dynamic Networks (SWSDN2004) Workshop. In: Dadma, P., Reichert, M. (Hrsg.): Informatik2004-Informatik verbindet, Beiträge der 34. Jahrestagung der Gesellschaft für Informatik e. V. (Gl), Band 2: 574-584.

[66] U. Visser, H. Stuckenschmidt. Interoperability in GIS-Enabling Technologies [C]. In: Ruiz, M., M. Gould & J. Ramon (eds.): 5th AGILE Conference on Geogrpahic Information Science, 2002: 291-297.

[67] H. F. Liu, Z. Z. Hu, C. H. Wu. DynGO: a tool for visualizing and mining of Gene Ontology and its associations [C]. BMC BIOINFORMATICS 6: Art. No. 201 AUG 9 2005.

[68] M. Ashburner, etc. Gene ontology: tool for unification of biology [J]. Nature Genetics, 2000, 25 (1): 25-29.

[69] R Genesereth, R Fikes. Knowledge interchange format [R]. Technical Report, Logic-92-1. Computer Science Dept., Stanford University, 3.0 edition, 1992.

[70] E Motta. Reusable Components for Knowledge Models: Case Studies in Parametric Design Problem Solving [M]. Volume 53 of Frontiers in Artificial Intelligence and Applications, IOS Press, 1999.

[71] E Motta. An overview of the OCML modeling language [C]. The 8th Workshop on Knowledge Engineering: Methods & Languages (KEML98), Karlsruhe, Germany, 1998.

[72] L Farinas, A Herzig. Interference logic = conditional logic+frame axiom [J]. International Journal of Intelligent Systems, 1994, 9 (1): 119-130.

[73] R MacGregor, R Bates. The Loom knowledge representation language [R]. Technical Report ISI/RS-87-188, University of Southern California, Information Science Institute, Marina del Rey (CA, USA), 1987.

[74] R MacGregor. The evolving technology of classification-based knowledge representation systems [M]. In J F Sowa, editor. Principles of Semantic Networks. Morgan Kaufmann, Los Altos, 1991: 385-400.

[75] A G Pérez, O Corcho. Ontology Languages for the Semantic Web [J]. IEEE Intelligent Systems, 2002, 17 (1): 54-60.

[76] O Lassila, R R Swick. Resource Description Framework (RDF) Model and Syntax Specification. W3C Recommendation [OL]. 1999. http://www.w3.org/TR/REC-rdf-syntax/.

［77］ D Brickley, R V Guha. RDF Vocabulary Description Language 1. 0: RDF Schema ［OL］. W3C Recommendation, 2004. http: //www. w3. org/TR/rdf-schema/.

［78］ I Horrocks, P F Patel-Schneider, F V Harmelen. From SHIQ and RDF to OWL: The making of a web ontology language ［J］. Journal of Web Semantics, 2003, 1 (1): 7-26.

［79］ M Dean, G Schreiber. OWL Web Ontology Language Reference ［OL］. W3C Recommendation, 2004. http: //www. w3. org/TR/owl-ref/.

［80］ P F Patel-Schneider, P Hayes, I Horrocks. OWL Web Ontology Language Semantics and Abstract Syntax ［OL］. W3C Recommendation, 2004. http: //www. w3. org/TR/owl-semantics/.

［81］ Zhang Wei-ming, Song Jun-feng. OWL DL: description logic's syntactic variant for the Semantic Web ［C］. IADIS International Conference WWW/Internet 2004, 2004, Madrid, Spain. 949-952.

［82］ F Baader, D L McGuinness, D Nardi, P F Patel-Schneider, et al. The Description Logic Handbook: Theory, Implementation and Applications ［M］. Cambridge, UK: Cambridge University Press, 2003.

［83］ http: //www. w3c. org/XML/ ［OL］.

［84］ http: //www. w3c. org/RDF/ ［OL］.

［85］ Sean Bechhofer, Frank van Harmelen, Jim Hendler, Ian Horrocks, Deborah L. et al. OWL Web ontology Language Reference ［OL］. W3C Recommendation, 10 February 2004. http: //www. w3. org/TR/2004/REC-owl-ref-20040210/.

［86］ I. Horrocks and P. F. Patel-Schneider. Reducing OWL entailment to description logic satisfiability ［C］. In the 2003 International Semantic Web Conference (ISWC 2003), 2003: 17-29. Springer.

［87］ I. Horrocks. Using an expressive description logic: FaCT or fiction ［C］. In Proc. of the 6th Int. Conf. Principles of Knowledge Representation and Reasoning (KR'98), 2001: 199-204.

［88］ V. Haarslev and R. Moller. Racer system description ［C］. In Proc. of the Int. Joint Conf. on Automated Reasoning (IJCAR'2001), volume 2083 of Lecture Notes in Artificial Intelligence, 2001: 701-705. Springer.

［89］ Golbreich, C., Dameron, O., Gibaud, B., Burgun. A Web ontology language requirements ［C］. w. r. t expressiveness of taxononomy and axioms in medicine, ISWC 2003, Springer.

［90］ Friedman-Hill E. Jess: the Java Expert System Shell ［OL］. Sandia National Laboratories, http: //herzberg. ca. sandia. gov/jess/, 2001.

［91］ 杨龙, 张公让, 王力, 等. 基于知识库分割的多知识库整合方法 ［J］. 计算机工程

与应用，2014，30（7）：129-132.

[92] 马丽，马世龙，眭跃飞等. 一种 RBAC 的描述逻辑表示方法 [J]. 计算机科学，2010，9（3）：29-35.

[93] 徐德智，汪智勇，王斌. 当前主要主要本体推理工具的比较分析与研究 [J]. 现代图书情报技术，2006，12：12-15.

第3章　多专业领域本体构建方法论及概念之间语义关系分析

本章研究多专业领域本体构建方法论，在对已有本体构建方法和由多专业构成的领域知识特点深入研究的基础上，探讨了多专业领域本体构建思路，在3.2节给出了指导多专业领域本体构建的方法MMDOB（Multiple Majors Domain Ontology Building）和原则。3.3节对多专业领域本体构建方法MMDOB中概念之间语义关系确定和描述进行了讨论，第4章对MMDOB中的重要环节多专业领域本体集成进行了研究。

构建本体的方法是当前研究中的热点问题。由于本体的构建多是面向特定领域，如果没有好的方法路线指导，就难以在不同领域本体的构建中保持一致，也不利于本体的规模化和规范建设。因此，关于本体构建方法的研究对于本体的应用具有至关重要的作用。

现行的本体构建方法都不是经权威标准化机构认证的方法。M. Uschold[1]试图制定出一套构建本体的方法，但正如他在文章中指出的，他们并不是要给出一套规范性的指南，只是要表示这种方法在他们的研究环境下能很好地发挥作用。K. Mahesh[2]和Bateman[3]都给出了各自的本体构建原则。这些原则都是研究人员在各自的系统开发经验之上提出的。实际上，几乎每一个系统的开发都会导致一些不同的本体构建方案产生。

出于对各自学科领域和具体工程的不同考虑，构建本体的过程各不相同。目前尚没有一套标准的本体构建方法。一般认为，Gruber在1995年提出的5条规则是比较有影响的[4]：

（1）明确性和客观性：本体应该用自然语言对术语给出明确、客观的语义定义。

（2）完整性：所给出的定义是完整的，能表达特定术语的含义。

（3）一致性：知识推理产生的结论与术语本身的含义不会产生矛盾。

（4）最大单向可扩展性：向本体中添加通用或专用的术语时，通常不需要修改已有的内容。

（5）最少约束：对待建模对象应该尽可能少列出限定约束条件。

目前大家公认在构建领域本体的过程中，需要领域专家的参与和协作。

3.1　国内外主要的本体构建方法

国内外在本体构建方法上，研究最多的是以下两种方式：一种是从知识工程的角度，探讨本体的构建方法，可称为本体工程；另一种是探讨利用现有的词表资源，直接向本体转化的方法[5]。

3.1.1　本体工程

本体工程的主要特点是强调构建本体时要按照一定的规范和标准。相对于一般的系统，本体更强调共享、重用，可以为不同系统提供一种统一的语言，因此本体构建的工程性更为明显。目前为止，本体工程中比较有名的典型本体以及在这些本体开发过程中所产生的方法论有企业本体及 Uschold & King 方法、TOVE 本体及 Gruninger & Fox 方法、KACTUS 及 Bernaras 方法、CHEMICALS 本体与 METHONTOLOGY 方法、SENSUS 本体及方法等。下面对这些方法进行介绍[6]。

1. TOVE 法

TOVE 法，又称 Gruninger & Fox "评价法"。TOVE 是指多伦多虚拟企业（TOronto Virtual Enterprise），专用于构建 TOVE 本体[7][8]（是关于企业建模过程本体），由多伦多大学企业集成实验室（Enterprise Integration Lab）研制，使用一阶谓词逻辑进行集成。TOVE 本体包括企业设计本体、工程本体、计划本体和服务本体。TOVE 流程见图 3-1[9]。

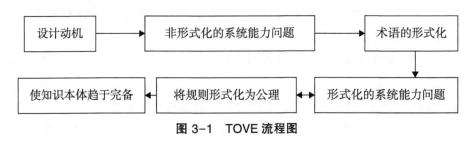

图 3-1　TOVE 流程图

（1）定义直接可能的应用和所有解决方案。提供潜在的非形式化的对象和关系的语义表示。

（2）将系统"能够回答的"问题作为约束条件，包括系统能解决什么问题和如何解决。这里的问题用术语表示，答案用公理和形式化定义回答，由于是在本体没有形式化之前进行的，所以又被称为非形式化的系统能力问题。

（3）术语的形式化：从非形式化系统能力问题中提取非形式化的术语，然后用本体形式化语言进行定义。

（4）形式化的系统能力问题：一旦本体内的概念得到了定义，系统能力问题就脱离了非形式化，演变为形式化的能力问题。

（5）将规则形式化为公理：术语定义所遵循的公理用一阶谓词逻辑表示，包括定义的语义或解释。

（6）调整问题的解决方案，从而使本体趋于完备。

2. METHONTOLOGY 法

METHONTOLOGY 法，专用于构建化学本体[10][11]（有关化学元素周期表的本体），该方法已被马德里大学理工分校人工智能图书馆采用。它的流程包括：

（1）管理阶段：这一阶段的系统规划包括任务的进展情况、需要的资源、如何保证质量等问题。

（2）开发阶段：分为规范说明、概念化、形式化、执行以及维护五个步骤。

（3）维护阶段：包括知识获取、系统集成、评价、文档说明、配置管理五个步骤。

目前，用这种方法开发的本体有：

（Onto）2Agent：是基于本体的 Web 代理，是使用参考本体作为知识源，在一定的约束条件下进行新知识获取的工具[12]；

化学本体（Chemical Ontology）：是基于本体的化学教育代理，允许学生在学习的基础上自测本身在该专业领域内所达到的水平；

Ontogeneration：使用化学领域本体和语言本体来生成西班牙语的描述，并把这些描述作为对学生关于化学领域问题查询的答案。

3. 骨架法

骨架法（Mike Uschold & King）[13]，又称 ENTERPRISE 法，专门用来构建企业本体（ENTERPRISE ontology，是关于企业建模过程的本体）。

建立在企业本体基础之上，是相关商业企业间术语和定义的集合，该方法只提供开发本体的指导方针。目前企业本体项目由爱丁堡大学人工智能研究所（AIAI-the Artificial Intelligence Applications Institute）及合作伙伴-IBM, Lloyd's Register, Logica UK Limited 和 Unilever 共同承担。"骨架法"流程见图 3-2：

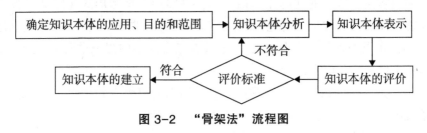

图 3-2 "骨架法"流程图

（1）确定本体应用的目的和范围：根据所研究的领域或任务，建立相应的领域本体或过程本体，领域越大，所建本体越大，因此需要限制本体的领域范围。

（2）本体分析：定义本体内所有术语的意义及术语之间的关系，该步骤需学科专家的参与，对该领域了解得越多，所建本体就越完善。

（3）本体表示：一般用语义模型表示本体。

（4）本体的评价：建立本体的评价标准是清晰性、一致性、完善性、可扩展性。清晰性就是本体中的术语应被无歧义的定义。一致性是指术语之间关系逻辑上应一致。完整性，本体中的概念及关系应是完整的，应包括该领域内所有概念，虽然很难达到，但应不断完善。可扩展性，本体应用能够扩展，在该领域发展过程中能加入新的概念。

（5）本体的建立：对所有本体按 iv 中的标准进行检验，符合要求的以文件的形式存放，否则转回 ii，如此循环往复，直至对所有步骤的检验结果均达到要求为止。

4. KACTUS 工程法

KACTUS 工程法[14]是基于 KACTUS 项目而产生的，KACTUS 是指"关于多用途复杂技术系统的知识建模"工程（modeling Knowledge About Complex Technical systems for multiple Use），是欧洲 ESPRIT 框架下的研发项目之一，属于 ESPRIT-III 所支持的项目。支持 EXPRESS 和 Ontolingua 语言。

KACTUS 的目的是要解决技术系统生命周期过程中的知识复用问题，KACTUS ontology 用 CML 语言（CommonKADS Conceptual Modeling Language）描述，CML 是"知识辅助机制设计系统（KADS-Knowledge Aided Mechanical Design System）"的工程语言。

（1）应用说明：提供应用的上下文和应用模型所需的组件。

（2）相关本体范畴的初步设计：搜索已存在的本体，进行提炼、扩充。

（3）本体的构造：用最小关联原则来确保模型既相互依赖，又尽可能一致，以达到最大限度的系统同构。

5. SENSUS 法

SENSUS 法是开发用于自然语言处理的 SENSUS 语言本体的方法路线，由美国 USC/ISI 研制开发。ISI 自然语言研究小组旨在为机器翻译提供广泛的概念结构。SENSUS 为机器翻译提供概念结构，用该方法开发的 SENSUS 本体系统用于自然语言程序，目前 SENSUS 语言本体共包括电子科学领域的 7 万多个概念。为了能在 SENSUS 基础上构造特定领域的本体，必须把不相关的术语从中蓠除。

构建 SENSUS 本体的方法路线如下[15]：

（1）定义 "叶子" 术语（暂时还不属于 SENSUS 本体的术语）。

（2）用手工方法把叶子术语和 SENSUS 术语相连。

（3）找出叶子节点到 SENSUS 根节点的 "路径"。

（4）增加和 SENSUS 本体中的域相关但是还未出现在 SENSUS 本体中的概念。

（5）用启发式思维找出全部特定域的术语：某些有两条以上的路经过的节点必是一棵子树的父节点，那么这棵子树上的所有节点都和该域相关，是要增加的术语。对于高层节点则通常有多条路径经过。

现在，使用 SENSUS 法所构建的本体有用于军事领域的本体，包括武器、原油、飞机等。

6. IDEF5 法

IDEF5 是美国 KBSI 公司（Knowledge Based Systems Inc.）开发的用于描述和获取企业本体的方法，英文叫作 "IDEF5 ontology Description Capture Method"。IDEF 是 "Integration DEfinition for Function Modeling" 的首字母缩写，是指 KBSI 开发的一系列 "面向功能建模的集成定义" 项目。该系列项目已经由 IDEF0 发展到了 IDEF9。建模技术也由传统的面向对象技术发展到了如今的本体构建技术及形式化语言描述。IDEF5 通过使用图表语言（IDEF5 schematic language）和细节说明语言（IDEF5 elaboration language），获取关于客观存在的概念、属性和关系，并将它们形式化，作为本体的主要架构。

IDEF5 图表语言是一种图形化的语言，其用途是为了使学科领域专家可以表达基于本体的最为通用的信息。IDEF5 细节说明语言是一种结构化的文本语言，用来详细描述本体中的元素。

IDEF5 构建本体的 5 个主要步骤，分别是定义课题、组织队伍，收集数据，分析数据，本体初步开发，本体优化与验证[16]。

在本体的构建过程中，研究人员首先要对叙词集合（Descriptors，类似于数据词典）进行编目并以此作为建立领域模型的基础。这一模型中的概念是用叙词集合中的叙词来表示的。为了构建本体，必须要完成三项任务：一是对术语进行编目。二是获取用这些术语描述这一领域时的限制条件。三是建立一个模型，当在模型中加入一条特定的描述时，就会产生"适当的"附加描述声明。

KBSI 的研究人员认为：任何领域的本质特征都可以通过三个元素得到揭示：

（1）包含在特定领域里的特征对象和过程的词表；

（2）词表中基本术语的严格定义；

（3）术语间逻辑联系的特征表示。

本体是特定领域的一套完整的精确定义、规则和术语含义约束的词表，这是为了确保知识复用时的一致性。IDEF5 的方法提供了一种结构化的技术，利用这种技术，领域专家可以有效地开发和维护领域本体。IDEF5 构建本体的方法在于获取现实世界客观对象的断言（Assertions，即定义），以及它们的属性和它们之间的内在联系（Interrelationships）。

7. 七步法

斯坦福大学医学院开发的七步法，主要用于领域本体的构建[17]。七个步骤分别是：

第一步　确定本体的专业领域和范畴。

先要明确几个基本问题：

（1）所构建的本体将覆盖哪个专业领域？

（2）应用该本体的目的？是为了更好地挖掘本领域的深层信息。

（3）本体中的信息能回答哪些类型的问题？

（4）该本体的用户与系统维护者是哪些人？

这些问题的答案随着本体设计过程的深入可以随时调整，但是在任何特定的时间段里，他们对于限制模型的范畴都是有帮助的，所以需要相对稳定。

（5）确定领域本体可以"回答"的专业问题，即系统能力问题（Competency questions）。

第二步　考查复用现有本体的可能性。

如果自己的系统需要和其他的应用平台进行互操作，而这个应用平台又与特定的本体或受控词表结合在一起，那么复用现有的本体就是最行之有效的方法。许多本体都有电子版本，而且可以输入个人使用的本体开发系统中。即便一种知识表达系统不能直接以某种特殊的格式来工作，将本体由一种格式转换为另一种格式并不困难。在 Web 上可以找到很多现成的本体文库。

第三步　列出本体中的重要术语。

应该列出一份所有术语的清单，清单中的术语是需要解释给用户的。首先，需要一份最全的术语清单，此时暂不考虑概念间会有属性及表达上的重复。接下来的两个重要步骤是完善等级体系和定义概念属性（slots），这两个步骤是密不可分、互相交织的，二者必须同时进行。这两个步骤在本体的设计进程中最为重要。

第四步　定义类（Class）和类的等级体系（Hierarchy）。

完善一个等级体系有几种可行的方法：

（1）自顶向下法：由某一领域中最大的概念开始，而后再将这些概念细化。

（2）自底向上法：由底层最小类的定义开始，它们是这个等级体系的细枝末节，然后将这些细化的类组织在更加综合的概念之下。

（3）综合法：综合上两种方法。首先定义大量重要的概念，然后分别将它们进行恰当地归纳和演绎，并将它们与一些中级概念关联起来。

每位研究者要采取什么方法主要依赖于个人对这一专业领域的理解程度和观点。如果开发人员对某一专业领域具备一套自上而下的系统认识论，那么利用自顶向下的方法就会事半功倍。由于"中层概念"在领域的概念中应该更具代表性，所以综合法对许多本体的开发者而言最便捷。如果想要收集到更多更广泛的实例，那么自底向上的方法更加适合。最终，无论选择哪种方法，都要从"类"的定义开始。

第五步　定义类的属性。

只有类的体系根本不足以提供系统能力问题所需的答案信息。一旦定义好了一些类，就必须开始描绘概念间的内在结构。

首选从来自第三步的术语列表中选择好类。绝大多数剩下的术语可能是这些类的属性（properties）。通常，有几种对象属性的类型能够成为一个本体中的属性：

（1）"内在"属性（"intrinsic" properties），例如某种花卉的颜色。

（2）"外在"属性（"extrinsic" properties），例如某种花卉的产地。

（3）如果对象是结构化的，那么它的一部分，可以是既具体又抽象的元素。

（4）与其他个体的关系。此处的"关系"是指某个类中的个体成员与其他类之间的关系。任意一个类的所有下位类都会继承其上位类（母类）的属性。

第六步　定义属性的分面（Facets）。

一个属性可能由多个"分面"组成。一个属性的"分面"，就是属性取值的类型（Value Type）、容许的取值（Allowed Values）、取值个数（Cardinality 集的势，基数）和有关属性取值的其他特征。

第七步　创建实例。

定义某个类的下属实例需要：

（1）确定一个类；

（2）创建该类的一个实例；

（3）添加这个类的属性值。

D Jones 等[18]综述了 1998 年之前一些本体开发的方法论，认为：

（1）许多本体构建都以一个具体任务为起点，这样易于知识的获取和本体功能的描述；

（2）本体构建大致可划分为阶段法（如 Gruninger & Fox 方法以及 Uschold & King 等）和原型演化法（如 METHONTOLOGY 等）；

（3）在构建过程中可分为"非形式化描述本体"和用正规描述语言"形式化描述本体"前后两个阶段；

（4）希望通过累积的方法来构建本体，即先构建一个基础本体，然后做进一步开发；

（5）本体构建还没有一套作为"科学"或"工程过程"的完整方法论，成功很大程度上依赖于具体项目。

8. 国内的本体构建方法

刘凤华、朱欣娟等人[19]提出了基于需求分解的本体模型构建方法，该方法在构筑面向应用的领域本体中，将研究用户的需求放在首要的位置。需求分解的思想来自于系统工程开发设计的 V 模型，将 V 模型思想应用于知识系统的需求分析，分析用户的需求问题，在基于框架的表达方法中，约束体现为对概念对象的特征描述，因此概念对象和约束可以合成为对系统静态知识描述的概念本体，而任务本体则体现了知识系统的动态本体。

李景、苏晓鹭等人[20]，提出了构建领域本体的知识工程方法，该方法在确定本体领域范围后，列出领域中所有的重要术语，再利用叙词表和学科分类等知识等已有资源，来定义类和类的层次结构，进而形成一定的语义关联，再定义类的属性插件和插件分面，最后创建类的实例。

王洪伟、吴家春、蒋馥[21]提出了基于描述逻辑的本体模型，并用该模型指导建成了 CRM 领域中客户知识的本体库，它包括 173 个术语（包括 128 个类，45 个属性），78 个术语定义（公理），27 个实例及 52 个实例声明等。

王昕、熊光楞[22]提出了一种基于本体的设计原理信息提取方法。该方法以设计原理的知识模型为基础，通过查询驱动的用户界面，可以动态的预测设计人员所关心的问题，并给出相应的回答。为了保证完备性和一致性，该方法采用本体工程的方法来建立设计原理知识模型。其步骤包括：确定应用背景；用自然语言描述本体所要回答的问题（即能力问题，competence question）；用一阶谓词逻辑表达对象、属性及其相互关系；用一阶谓词逻辑表达能力问题。在前面的基础上对本体所要回答的问题进行形式化的描述；用一阶谓词逻辑表达定义和约束。对术语的定义以及语义约束进行表达，相当于知识库中的规则部分；通过证明完备性定理来测试本体的完备性。定义本体的完备性条件并根据能力问题加以证明。

3.1.2　基于叙词表的本体构建

叙词表由叙词及叙词之间的关系组成，采用参照符号显示并清楚地区分叙词间的基本语义关系。叙词表中包括 3 种关系，分别是等同关系（Equivalence Relationship）、等级关系（Hierarchical Relationship）、相关关系（Associative Relationship）[23]。叙词语言对语义关系的揭示方法，主要通过各种语义参照符号来反映和联系，其语义参照系统见表 3-1。"Y、D、S、F、Z、C"一系列语义关系符号显示出叙词之间同义、属分、相关关系，形成了叙词表的语义关系网。

叙词表转换为本体的难度依赖于叙词表本身的特点，如果词表专业强且严格定义了语义关系，转换过程就相对容易。叙词表转换为本体需要对同义关系、属分关系或相关关系进行调整，以符合本体中的各种语义关系。

表 3-1　叙词表的语义参照关系

语义参照关系	参照项	中文符号	英文符号	作用
同义关系	用	Y	USE	从非叙词指引到叙词
	代	D	UF	从叙词指引到非叙词

语义参照关系	参照项	中文符号	英文符号	作用
属分关系	属	S	BT	从下位叙词指引到上位叙词
	分	F	NT	从上位叙词指引到下位叙词
	族	Z	TT	从下位叙词指引到最高位叙词
相关关系	参	C	RT	从某一叙词指出其相关叙词

许多学者提出对现有的词表如字典、叙词表、分类表等进行共享重用，在此基础上构建 Ontology，并在实践中进行了尝试。由于叙词表较其他词表而言，具有更清晰的语义结构，便于从中抽取概念及关系，目前已有十多种叙词表被用各种方法转换为 Ontology。从构建方法的差异性可分为两大类：一类是直接对现有的词表采用 XML/RDFS 语法进行形式化描述，不对词表作任何调整，如 Eman 提出采用本体语言 OWL 对叙词表进行描述输出[24]，国内毛军提出采用 RDFS 定义叙词[25]以实现从叙词表到本体的转换；另一类是基于本体论思想，对词表的概念进行增删，调整概念之间关系，对词表进行改进以生成新的本体。如联合国粮农组织成立了农业本体论服务项目小组，采用自动本体学习系统，通过机器学习自动抽取概念间关系将 Agrovoc 叙词表转换为农业本体[26]。Qin 和 Paling 采用 Ontoligua system 探索将 GEM（教育资料网关）中的受控词表转换成 Ontology[27]。阿姆斯特丹大学的 Wielinga 等运用艺术和建筑叙词表（AAT）的受控词汇表描述古代家具本体等[28]。

叙词表和本体都在基于知识理解的基础上构建，都涉及知识的分类及语义关系的构建，二者有融合的前提。但二者构建目的不同，存在着一定的差异，叙词表作为规范化的术语词表，是为提高计算机检索效率而制定的。本体以概念和概念之间关系的建立为核心，注重计算机的形式化描述，以计算机能够理解的语义内容为前提。若使叙词表较为准确地转换为本体，必然考虑其特点，需要在进一步的数据清洗及语义关系调整的基础上进行，这样才有一定的实际意义[29]。

3.1.3 小结

从目前的情况来看，领域本体的建设处于探索性研究阶段，在这个过程中存在着很多问题，对不同问题的认识和解决会得出不同的方法论。现在将其主要问题分析如下：

1. 需求不充分

本体的普遍概念和积极作用已经为广大研究者所共识，但是，究竟本体建设、特别是某个领域的本体建设的具体需求是什么？还很难描述清楚。没有充分的需求，直接导致本体建设过程的无计划性，在建设过程中可能需要重新计划，从头开始。

2. 缺少本体进化的方法

本体进化有着必然性和重要性，但是在实践过程中，如何维护本体，促进本体的进化，并没有得到很好的研究和支持。

3. 忽视本体的共享和重用

领域本体构建的目的不是为某一个系统提供服务，而是为不同系统提供进行交流的语义基础。并且，本体建设的过程，也是人类知识机器化积累的一个过程。因此，共享和重用是本体的本质要求，在领域本体的建设过程中，如何保证这一点就是个非常重要的问题。

而且目前已有的本体构建方法论大多都是针对单本体的情况，对于由多专业构成的领域，其本体的构建必然由多个专业领域协同完成。

目前已有的一些著名的本体构建方法论，如 Uschold & King 方法、Gruninger & Fox 方法、Bernaras 方法、METHONTOLOGY 方法、SENSUS 方法等，只是给出了本体构建的流程，对于概念之间语义关系的确定并没有进行讨论；叙词表只给出了概念之间有相关关系，转换为本体时还需要给出关系类型和名称。

针对由多专业构成领域的实际情况，本书提出的多专业领域本体构建方法论给出了多专业领域本体构建的详细流程，首先构建各专业领域本体，再将其集成为统一的领域本体。多专业领域本体构建方法论中对概念之间语义关系确定和描述的研究将丰富现有的本体方法，同时在专业领域本体集成时考虑了本体进化两种情况的解决方法，一种是随着由多专业构成的领域自身的发展，增加了某个专业范畴表和主题词表；另一种是随着专业领域的发展，该专业领域的范畴表和主题词表进行了扩充。同时，还考虑了一个专业领域新增或删除概念时，多个专业领域之间语义关系的进化问题。

3.2 多专业领域本体构建方法论

3.2.1 多专业领域本体构建思路

本体一般可作为机器翻译、语义检索、数据交互等应用的语义基础，或者单纯的作为一个知识库而存在[30]。但是纵观现在的研究发现，开发人员在本体构建之初，往往由于应用目的不明确，仅仅将本体构建而非本体应用作为最终目的，出现本体涉及的范围边界模糊、收集的概念颗粒度不适当、本体的系统能力问题定义不清、公理规则的定义缺乏针对性等问题。这些问题一方面会导致本体构建时，资源不能合理分配，另一方面会严重影响本体对应用系统的嵌入。

本体的构建需要有正确的方法论来指导，对于由多专业构成的领域，本体的构建必然由多专业协同完成。多专业领域一般都具有自己的范畴表和主题词表，例如高速铁路领域。因为原有的铁路范畴表对高速铁路领域并不适用，所以在铁道部的支持下，组织高速铁路各个专业领域的专家重新构建了适用于高速铁路文献资料分类的《高速铁路范畴表与主题词表》，其中一级范畴10个，二级范畴64个，三级范畴208个，共计对应2488个主题词，同时还构建了《高速铁路基础数据表》。目前与高速铁路相关的入库文献资料和数据已超过3万篇。

基于以上分析，首先要明确多专业领域本体构建的目的是为了实现文献的语义组织和语义检索，其次领域本体的概念和概念之间等级关系的选取以现有的范畴表与主题词表为基础并使用本体工程化的思想来构建。工程化思想的核心有两点：标准化的表达方式和规范化的工作步骤，同时将本体开发、本体维护和本体进化结合起来考虑。在本体构建过程中，尤其要强调领域各方面专家的参与，因为即使通过工程化的方法构建的方法论也需要专家的确认和评价。

3.2.2 多专业领域本体构建方法 MMDOB

从本体的概念和作用我们可以看出，本体建设应该是工程化生产。工程思想的核心有两点：标准化的表达方式和规范化的工作步骤。软件工程就使得软件生产从程序员的个人劳动提高成为有组织的、可控制的工程，从而大幅度的从根本上提高了软件开发的效率和质量。相比于一般的软件，本体更强调共享、重用，它本身的出现就是为了给不同系统之间提供一种统一的语言，因此它的工程性更为明显。目前，本体工程这个思路虽然已经被大家所接受，但是并没有出现成熟的方法论作为支持。上述的各种方法论也是诞生在具体的本体建设项目之中，在相应的项目中得到实践。这些方法之间并没有太大的差别，并且都和软件工程中常见的开发过程相类似。本书参考这几种方法，制定了自己的一套方法论。

　　根据所分析的由多专业构成领域的实际情况，参考已有的本体构建方法，本章提出了一种基于范畴表和主题词表的多专业领域本体构建方法 MMDOB（Multiple Majors Domain Ontology Building），如图 3-3 所示。在领域本体构建过程中使用本体工程化的思想来指导，按照规范化的工作步骤来进行本体构建，同时每一步都要求有规范化的文档，并用标准化的表达方式来表达。

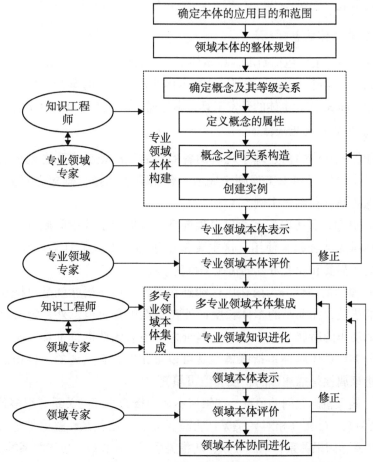

图 3-3　基于范畴表和主题词表的多专业领域本体构建流程

本章提出的基于范畴表和主题词表的多专业领域本体构建方法 MMDOB 由以下 9 个步骤构成。

1. 确定本体的应用目的和范围

多专业领域本体原型的构建，现阶段的主要目的是进行多专业领域知识语义检索。建立一个完整或者完善的领域本体是一件非常困难的工作，甚至可能是一项巨大的工程。因此，明确领域本体的应用目的，对于限定其范围、增强其针对性，进而降低构建的难度、缩短构建的时间，具有重要的意义。

随着各知识领域的相互渗透，领域边界在逐渐淡化，某领域内容总是会涉及其他很多相关领域的内容，这样的扩充是无止境的。因此在本体构建之初，确定好本体的领域也是非常重要的，本书本体应用的领域是由多专业构成的领域自身。

2. 领域本体的整体规划

在这一步，主要包括制定领域本体所应达到的目标、概念范围，确定本体的评价标准，确定一些相关原则，选择本体开发工具，选择表示本体的语言等。本书选择 protégé 作为本体的开发工具，本体描述语言选择 OWL Lite。

3. 专业领域本体构建

专业领域本体的构建基于现有的各专业领域的范畴表和主题词表，由专业领域专家协助、知识工程师来完成，包括概念选择、概念之间关系构造、定义概念的属性和创建实例。

（1）概念及其等级体系通过自顶向下、自底向上或中间展开的方式，也可以根据需要结合起来使用，这主要依据于知识工程师对某一领域的理解、本体构建的需要和现有资源的情况来确定。

（2）概念的属性分为内在属性和外在属性。内在属性就是对概念自身内在特征的描述，如动车的车体长度；外在属性则是对概念外在定义的特征的描述，如动车的所属国别。此外，本研究中还对属性进行了具体属性和抽象属性的分类。具体属性是指该属性是可以量化的，有具体的属性值。而抽象属性是指该属性是描述性的，没有值可填充。

（3）定义概念之间的关系，在领域本体中概念之间的关系有很多种，如同（近）义关系、反义（相对）关系、上位关系、下位关系、整体部分关系、部分整体关系、因果关系、果因关系、转指关系、方式关系、位置关系等。

（4）实例是概念的个体，继承所属概念的所有属性，并具有相应的属性值。

4. 专业领域本体表示

可以用自然语言、框架、语义网络表示本体，但通常情况下常常采用本体语言。通常，开发者利用现有的本体开发工具辅助本体构建，可直接转化成相应的本体表示语言的格式。

5. 专业领域本体评价

请对该专业较为熟悉的领域专家对专业领域本体原型进行评价，主要包括其中的概念、属性，以及关系的明确性和准确性，按照他的意见返回第三步进行修改。经过反复修改，最后基本构建该专业领域的本体原型。

6. 多专业领域本体集成

多专业领域本体集成通过领域内各个专业之间的关系将各个专业领域所建本体整合为一个整体，在整合之前首先要构造专业领域概念之间的关系，然后根据概念之间的关系进行领域本体集成。

该步骤离不开领域专家的参与，领域专家对该领域越了解，所建的专业领域概念之间的关系体系越合理、越完善。

在动态开放的环境中，领域知识和用户需求是不断发生变化的，所以专业领域知识进化有两种情况需要考虑，一种是随着由多专业构成的领域自身的发展，增加了某个专业范畴表和主题词表；另一种是随着专业领域的发展，该专业领域的范畴表和主题词表进行了扩充。

在第 4 章将对多专业领域本体集成进行详细讨论。

7. 领域本体表示

根据上一步的结果对整个由多专业构成的领域本体进行表示。

8. 领域本体评价

请领域专家对集成后的领域本体的概念体系及逻辑结构进行评价，并通过领域专家从专业角度进行审核和评价，返回第六步进行修改。经过反复修改，最后基本构建出多专业领域的本体原型。目前并没有统一的评价标准，而且真正有用的评价应该是从本体在实际应用中的效果得出的。

9. 领域本体协同进化

当某个专业领域本体进化时，实际受到影响的不仅仅是该专业领域本体自身。由于各专业领域本体之间可能通过一定的语义关系而联系，一个专业领域本体变动可能导致和该专业领域本体有关系的其他专业领域本体的变化，而且这种变化产生的影响是显著的，所以必然存在多专业领域本体协同进化问题。对于多专业领域本体之间语义关系的协同进化，有以下两种情况需要考虑：一种是某专业领域本体中增加了新概念；另一种是某专业领域本体中删除了某概念。

在 MMDOB 方法中，最重要的是第 3 步和第 6 步，而在第 3 步中概念之间语义关系的确定是重点和难点，3.3 节将对概念之间语义关系的确定和描述进行讨论，第 6 步多专业领域本体集成将在第 4 章进行详细讨论。

3.3　概念（类）之间语义关系确定和描述

目前本体从语义层次上，主要定义了四种基本关系：上下位类之间的关系（属种关系）、总类与分类之间的关系（整体与部分关系）、类与属性的关系（属性关系）、类与实例的关系（实例关系）。在实际本体的构建中，语义关系远远超过这四种，用户在构建本体时，还可根据具体应用过程构造适合特定应用的关系，但这些用户自定义关系的确定并没有统一的方法。因为类与属性的关系和类与实例的关系确定相对简单，所以本节仅对上下位关系、整体与部分关系、自定义关系的确定和描述进行讨论。

3.3.1　本体中主要关系类型

1. 属种关系

属种关系（kind-of）表示概念之间的继承关系，即父类与子类的关系，它将具有某种共同属性特征的资源归入一类，大类下设置多个子类。如果两个类具有属种关系，在语义检索时可以进行语义蕴涵检索，即来自子类的实例可推理出一定属于父类的实例，反之亦然。图 3-4 是高速铁路领域中属种关系的一个例子。

图 3-4　属种关系

2. 整体与部分关系

整体与部分关系（part-of）表示概念之间整体与部分的关系。在语义检索时，可以进行语义联想检索，即可以检索出一个概念同位关系概念的知识。图3-5是高速铁路领域中整体与部分关系的一个例子。

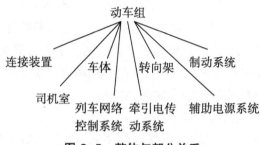

图3-5　整体与部分关系

3. 实例关系

实例关系（instance-of）表示概念实例与概念之间的关系，即个体作为类的成员与类建立关系，其中类的共同属性特征在个体中都有体现，个体也可定义自己的特有属性特征。图3-6是高速铁路领域中实例关系的一个例子。

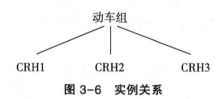

图3-6　实例关系

4. 属性关系

属性关系（attribute-of）表示某个概念是另一个概念的属性，即某个类所具有的属性特征。图3-7是高速铁路领域中属性关系的一个例子。

图3-7　属性关系

3.3.2 上下位关系确定和描述

上下位语义关系又称为属种关系、继承关系或等级关系。

1. 本体中的继承关系

本体通过概念之间的关系描述概念的语义，本体关系中最重要的关系是继承关系（子类/父类关系），在这样的关系中，包含着更复杂的子类/父类关系。文献[31]从集合的角度出发研究了子类之间，子类与父类之间的关系，从而形成了各种更加细致的继承关系。赵波，解敏等[32]通过几个例子和对例子的分析总结了4种不同的子类/父类关系。

例3.1 本科生是学生。

分析：在此例子中，有一个父类（学生），一个子类（本科生）。这是最一般的子类/父类关系。

例3.2 本科生、硕士研究生和博士研究生都是学生。

分析：在此例子中，有三个子类：本科生、硕士研究生和博士研究生，有一个父类学生。子类彼此不相交；且子类的并没有覆盖学生父类，因为学生还有小学生和中学生是其子类。

例3.3 客车与货车都是汽车。

分析：在此例子中，有两个子类：客车与货车，有一个父类汽车。因为客货两用车既是客车也是货车，所以这里的子类是相交的，两个子类的并覆盖了整个父类。

例3.4 动物可分为食肉动物，食草动物和杂食动物三种。

分析：在此例子中，动物是父类，食肉动物，食草动物和杂食动物是他的三个子类，子类间彼此不相交；且这些子类的并完全覆盖动物父类。

从以上的例子和分析可以看出，是从以下两个方面对类的子类/父类关系进行分析的：

（1）子类之间是否相交。

（2）子类的并是否覆盖父类。

这两种情况的不同组合形成4种不同的子类/父类关系，即4种概念分类，总结如表3-2所示。

表 3-2　4 种不同的子类/父类关系

本体分类关系	子类之间不相交	子类的并覆盖父类
不相交性分解的子类/父类关系（例2）	要求	不要求
覆盖性分解的子类/父类关系（例3）	不要求	要求
具有划分性质的子类/父类关系（例4）	要求	要求
一般子类/父类关系（例1）	不要求	不要求

由此可见，为了能够更加准确地描述现实世界，本体将子类/父类关系作了更加细致的语义细化，形成四种子类/父类关系：一般子类/父类关系，不相交性分解的子类/父类关系，覆盖性分解的子类/父类关系和具有划分性质的子类/父类关系。为了严格定义这些分类关系，赵波，解敏等给出了它们的形式化定义。

大写字母 A、B、C、……表示类（class）或概念（concept）。$ext(A)$ 表示类 A 的所有实例或概念 A 的外延，即 $ext(A)=\{a \mid a$ 是类 A 的实例$\}$。

定义 3.1[1]　如果类 A 称为类 B 的子类，当且仅当 A 的所有实例都是 B 的实例，即 $ext(A) \subseteq ext(B)$。

定义 3.2　如 $A_1,A_2,\cdots,A_n$ 是 B 的子类，称 $A_1,A_2,\cdots,A_n$ 是 B 的不相交性分解的子类当且仅当对于任意的 i，$j(i \neq j, i,j=1,2,\cdots,n)$，$ext(A_i) \cap ext(A_j)=\varphi$，且 $ext(A_1) \cup ext(A_2) \cup \cdots \cup ext(A_n) \subseteq ext(B)$。

定义 3.3　如 $A_1,A_2,\cdots,A_n$ 是 B 的所有的子类，称 $A_1,A_2,\cdots,A_n$ 是 B 的覆盖性分解子类当且仅当 $ext(A_1) \cup ext(A_2) \cup \cdots \cup ext(A_n)=ext(B)$。

定义 3.4　如 $A_1,A_2,\cdots,A_n$ 是 B 的所有子类，称 $A_1,A_2,\cdots,A_n$ 是 B 的一个划分当且仅当对于任意的 i，$j(i \neq j, i,j=1,2,\cdots,n)$，$ext(A_i) \cap ext(A_j)=\varphi$ 且 $ext(A_1) \cup ext(A_2) \cup \cdots \cup ext(A_n)=ext(B)$。

从表 3-2 和以上的定义可以看出，四种形式的子类/父类关系之间具有一定的体系结构，如图 3-8 所示。在图 3-8 中，箭头表示下层关系是上层关系的子关系，即具有划分性质的子类/父类关系是不相交性分解的子类/父类关系和覆盖性分解的子类/父类关系的子关系，不相交性分解的子类/父类关系和覆盖性分解的子类/父类关系是一般子类/父类关系的子关系，它们形成了一个偏序关系。

---

❶　引用的定义按章编号，本书的定义全文统一编号。

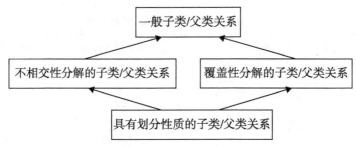

图 3-8　四种子类/父类关系的层次体系结构

2. 多专业领域继承关系分析及其 OWL 描述

因为由多专业构成的领域是专业性很强的领域，继承关系的划分要求严谨。对于多专业领域中的继承关系，本书的处理原则是尽量构建具有划分性质的子类/父类关系，如果不能构建划分性质的子类/父类关系，则构建不相交性分解的子类/父类关系。

以高速铁路领域中的动车组专业领域为例，动车组和转向架分别有以下几种分类方式：

动车组分类：

(1) 按力配置方式分 $\begin{cases}\text{动力集中式动车组} \\ \text{动力分散式动车组}\end{cases}$

(2) 按提供力方式分 $\begin{cases}\text{内燃动车组} \\ \text{电动车组}\end{cases}$

(3) 按速度等分 $\begin{cases}200\text{km/h 级动车组} \\ 275\text{km/h 级动车组} \\ 300\text{km/h 级动车组} \\ 350\text{km/h 级动车组}\end{cases}$

转向架分类：

(1) 按有力分 $\begin{cases}\text{动力转向架} \\ \text{非动力转向架}\end{cases}$

(2) 按箱定位方式分 $\begin{cases}\text{转臂式转向架} \\ \text{橡胶弹簧式定位转向架} \\ \text{拉板式定位转向架} \\ \text{拉杆式定位转向架}\end{cases}$

$$
（3）按中央挂置承方式分\begin{cases} 有摇动台转向架 \\ 无摇动台转向架 \\ 心盘集中承载转向架 \\ 非心盘承载转向架 \end{cases}
$$

以上动车组和转向架继承关系的分类方式都属于具有划分性质的子类/父类关系。

上述继承关系，都满足反自反性、反对称性和传递性。

性质 3.1　设 D 为本体 O 中的类，则类 D 不能是类 D 的子类，即继承关系是反自反的。

性质 3.2　设 D 和 E 都是本体 O 中的类，类 D 是类 E 的子类，反过来，如果类 E 也是类 D 的子类，则类 D 等于类 E，即继承关系是反对称的。

性质 3.3　设 D、E 和 H 都是本体 O 中的类，类 D 是类 E 的子类，类 E 是类 H 的子类，则类 D 是 H 的子类，即继承关系是传递的。

上述性质使得可用传统的谓词逻辑进行推理和基于语义检索等。

对于类似动车组和转向架这种有不同分类方式的概念，目前本书在处理的时候参考贾君枝的做法选择最通用的一种分类方式作为此概念的子概念，比如动车组最常用的分类方式是按照动力配置方式分为"动力分散式动车组"和"动力集中式动车组"，所以选择"动车组"的子概念为"动力分散式"和"动力集中式"。

具有划分性质的子类/父类关系用 OWL 语言描述如下（以动车组分类为例）：

```
//定义动车组概念
<owl:Class rdf:ID="动车组"/>
//定义动力集中式概念
<owl:Class rdf:ID="动力集中式">
  <owl:disjointWith>
    <owl:Class rdf:ID="动力分散式"/>
  </owl:disjointWith>
    <rdfs:subClassOf rdf:resource="#动车组"/>
</owl:Class>
//定义动力分散式概念
<owl:Class rdf:about="#动力分散式">
```

```
    <rdfs:subClassOf rdf:resource="#动车组"/>
    <owl:disjointWith rdf:resource="#动力集中式"/>
  </owl:Class>
  //描述动车组是动力分散式和动力集中式的并
  <owl:Class rdf:about="#动车组"/>
    <owl:unionOf rdf:parseType="Collection">
      <owl:Class rdf:about="#动力集中式">
      <owl:Class rdf:about="#动力分散式">
    </owl:unionOf>
  </owl:Class>
```

3.3.3　整体部分关系确定和描述

1. 本体中的整体部分关系

整体/部分 WP（whole/part）关系是现实世界中的一个非常重要的关系，在解剖学、生物医学等各种学科中，WP 关系无处不在，它反映了现实世界中一个对象和其组成部件之间的关系。随着本体论在计算机领域的深入应用，WP 关系已经被认为是本体分析中的一个重要形式分析基础[33]。

一个 WP 关系包括一个整体对象（类）和一个部分对象（类），所以 WP 关系是一种二元关系。在现实世界中，一个实体由许多部件构成，实体中的整体对象具有管理和控制部分对象的功能[34]，这是 WP 关系与其他关系的本质区别。所以在 WP 关系中，存在着许多其他关系没有的特征，在这些特征中，有的是每个 WP 关系都具有的，而有的仅仅是某些 WP 关系才有的。因此在文献[34-36]中，从两个方面研究 WP 关系的特征：所有 WP 关系都具有的特征，被称为 WP 关系的主要特征，仅存在于某些 WP 关系中的特征，被称为 WP 关系的次要特征。因为次要特征体现了不同 WP 关系的特点，所以次要特征通常作为对 WP 关系进行分类的标准[37]。

WP 关系的主要特征[36]包括：

显现特征：是整体对象的一种性质，它综合反映了所有部分对象的功能，不能由其组成的部分对象的任何性质计算得到。例如，汽车的性能。

合成特征：是整体对象的一种性质，它由构成整体对象的所有部分对象或某些部分对象的性质计算而来。例如，汽车的重量。

在类型层反对称：如果一个对象类 A 是对象类 B 的部分，反过来，如果对象类 B 是对象类 A 的部分，则 A＝B。

在实例层非对称：即在实例层是反对称和反自反的。

WP 关系的次要特征[36]包括：

封装性：即内部信息对外界是不可见的。

生命周期：对象的生命周期指一个对象从创建到消亡的过程。

传递性：即如果 A 是 B 的部分，B 是 C 的部分，则 A 是 C 的部分。

共享性：即一个部分对象（类）可以是 2 个或 2 个以上整体对象（类）的部分。

可分离性/不可分离性：可分离性是指部分对象可以脱离整体对象而单独存在，例如轮子可以脱离汽车单独存在，反之是不可分离的，例如心脏是不能脱离人体而存在的。

易变性/不变性：易变性即为在整体对象存在的生命周期里，部分对象可以被同一个类中的其他对象所替换。例如，一辆汽车的轮子可以被同类的其他轮子所替换，反过来，不变性即为在一个 WP 关系中，组成 WP 关系的整体对象和部分对象是永远不变的，即它们具有相同的生命周期，同时创建同时消亡，例如人的大脑和人。

2. 多专业领域整体部分关系分析

在多专业领域中，整体部分关系大多是整体由部分组成的关系。如在动车组专业领域中，动车组由司机室、车体、牵引电传动系统、辅助电源系统、列车网络控制系统、制动系统、连接装置和转向架组成；牵引供电专业领域中，接触网系统由接触网支柱、接触悬挂、接触网零部件、弓网受流、接触网设计、接触网施工、接触网运营维护组成，RAMS 评估由可靠性评估、可用性评估、可维护性评估和安全性评估组成。本书将高速铁路领域中的这种关系定义为"部件/整体"（component/integral）关系，这种"部件/整体"关系符合 WP 关系的主要特征，而且具有传递性。传递性往往是构成逻辑推理的基础，使得可用传统的谓词逻辑进行推理和基于语义检索等。

多专业领域中的"部件/整体"关系具有自反性、反对称性和传递性：

部件和整体关系用 P 表示，定义 Pxy 为：概念 x 是概念 y 的部分。

性质 3.4　概念 x 是自身的一部分，即 Pxx，也就是"部件/整体"关系是自反的。

性质 3.5　概念 x 和概念 y 互为部分，则 x 和 y 必是同一概念，即（Pxy & Pyx）→x＝y，也就是"部件/整体"关系是反对称的。

性质 3.6 若概念 x 是概念 y 的部分，概念 y 是概念 z 的部分，则概念 x 是概念 z 的部分，即（Pxy & Pyz）→Pxz。

本书在处理"部件/整体"关系时是按照自定义关系的方式来处理的，定义它们之间的关系为"包括"，例如动车组<包括>司机室、车体、牵引电传动系统、辅助电源系统、列车网络控制系统、制动系统、连接装置和转向架。

3.3.4 自定义关系确定和描述

在由多专业构成的领域中存在着大量的自定义关系，主要包括同义关系、因果关系、影响关系、转指关系、方式关系、位置关系等，除同义关系在 owl 中可以用"equivalentClass"表示外，其他关系需要借助领域专家给出具体关系名称。在本体描述语言 owl 中，它把自定义关系归入到属性中，认为是连接两个概念的特殊属性，即"objectProperty"属性。在多专业领域中，可定义多种自定义关系。如在动车组专业领域中有：车体设计<设计>车体，受电弓<供电>动车组，动车组维修<维修>动车组，列车风<影响>车体外形等。

3.4 本章小结

本章在研究本体的两大构建方法即本体工程和基于叙词表的本体构建的基础上，从由多专业构成的领域的实际情况入手，提出了一种基于范畴表和主题词表的多专业领域本体构建方法论 MMDOB。MMDOB 的基本思想是，首先构建各专业领域本体，然后再将其集成为统一的多专业领域本体，文中对 MMDOB 的构建流程进行了详细阐述。

概念之间语义关系确定和描述是构建专业领域本体和专业领域本体集成中的重要环节，本章分析了 MMDOB 中概念之间语义关系的确定和描述，给出了多专业领域概念之间上下位语义关系、整体部分关系和自定义关系确定和描述方法。

 参考文献

［1］ Uschold, Mike and Michael Gruninger. Ontologies：Principles, Methods and Applications ［J］. Knowledge Engineering Review, Vol. 11, 1996（2）：93~136.

［2］ Mahesh, K. and S. Nirenburg. Meaning Representation for Knowledge Sharing in Practical Machine Translation ［C］. Proceedings of the AI Resource Seminar：Special Track on Information Interchange, Florida, 1996.

［3］ John A. Bateman. Ontology construction and natural language ［C］. In: Proceedings of the International Workshop on Formal Ontology. Padova, Italy, 1993. Published by LABSEB-CNR. LADSEB-CNR Internal Report 01/93, edited by: N. Guarino and R. Poli. pp. 83-93.

［4］ GruberT.. Towards principles for the design of ontologies used for knowledge sharing ［J］. International Journal of Human-Computer Studies, 1995, 43 (5/6): 907-928.

［5］ 丁晟春, 李岳盟, 甘利人. 基于顶层本体的领域本体综合构建方法研究 ［J］. 情报理论与实践, 2007, 30 (2): 236-240.

［6］ 李景, 孟连生. 构建知识本体方法体系的比较研究 ［J］. 现代图书情报技术, 2004 (7): 17-22.

［7］ Fox, Mark.. SRKB Mailing List ［R］. 9th of June, 1995.

［8］ Gruninger, Michael. Designing and Evaluating Generic Ontologies ［C］. Proceedings of ECAI96's Workshop on Ontological Engineering, 1996, 53-64.

［9］ 杨秋芬, 陈跃新. Ontology 方法学综述 ［J］. 计算机应用与研究, 2002 (4): 5-7.

［10］ Fernández, Mariano. CHEMICALS: Ontologia de Elementos Quimicos ［R］. Proyecto Fin de Carrera, Fac. de Informática, Unpublished Project Manuscript, 1996.

［11］ Fernández, Mariano. Overview of Methodologies for Building Ontologies ［C］. Proceedings of IJCAi99's Workshop on Ontologies and Problem Solving Methods: Lessons Learned and Future Trends, 1999, 4.1-4.13.

［12］ A. Eberhart, OntoAgent: A platform for the declarative specification of agents ［C］. In: Proc. of the ISWC 2002.

［13］ M. Uschold and M. King. Towards a methodology for building ontologies ［C］. In Workshop on Basic Ontological Issues in Knowledge Sharing, held in conjunction with IJCAI-95, Montreal, Canada, 1995.

［14］ The KACTUS Booklet version 1.0. Esprit Project 8145 ［OL］. September, 1996. http://www. swi. psy. uva. nl/prjects/NewKACTUS/Reports. html.

［15］ ISI Natural language processing researchgroup ［OL］. Ontology Creation and Use: SENSUS. http://www. isi. edu/natural-1anguage/resources/sensus. html.

［16］ KBSI. IDEF5 Ontology Description Capture Overview ［OL］. 2000-06-23. http://www. idef. com/idef5. html.

［17］ Natalya F. Noy and Deborah L. McGuinness. Ontology Development 101: A Guide to Creating Your First Ontology ［OL］. 2001-08. http://protege. stanford. edu/publications/ontology_ development/ontology101. pdf.

［18］ D Jones, T Bench-Capon, PVisser. Methodologies for ontology development ［C］. In:

Proc of Iti and KNOWS Conf of the 15th IFIP World Computer Congress, London, UK: Chapman and Hall Ltd, 1998: 62-75.

[19] 刘凤华, 朱欣娟. 信息系统领域的本体模型研究 [J]. 西安工程科技学院学报, 2003 (1): 53-57.

[20] 李景, 苏晓鹭. 构建领域本体的方法 [J]. 计算机与农业, 2003 (7): 7-10.

[21] 王洪伟, 吴家春, 蒋馥. 基于描述逻辑的本体模型研究 [J]. 系统工程, 2003 (3): 101-106.

[22] 王昕, 熊光楞. 基于本体的设计原理信息提取 [J]. 计算机辅助设计与图形学学报, 2003 (3): 429-432.

[23] 朱良兵, 纪希禹. 基于 Topic Maps 的叙词表再工程 [J]. 现代图书情报技术, 2006 (9): 81-84.

[24] Eman Jayven. Owl Exports From a Full Thesaurus [J]. Bulletin of the American Society for Information Science and Technoloy, 2005, 32 (1).

[25] 毛军. 基于 RDF 的叙词表研究 [J]. 情报学报, 2003, 22 (2): 163-168.

[26] Asanee Kawtraku1. Automatic Term Relationship Cleaning and Refinement for AGROVOC [OL]. [2006-07-14]. http: //ftp. fao. org/docrep/fao/008/af240e/af240e00. pdf.

[27] Qinjian, Paling Stephen. Converting a controlled vocabulary into an ontology: the case of GEM [R]. Information research, 2001, 6 (2).

[28] B. J. Wiefinga, A. Th. Schreiber, J. Wielemaker, J. A. C. Sandberg. From Thesaurus to Ontology [OL]. http: //www. cs. vu. nl/guus/papers/Wielinga01a. pdf.

[29] 贾君枝. 《汉语主题词表》转换为本体的思考 [J]. 中国图书馆学报, 2007, 33 (4): 41-44.

[30] 丁晟春, 李岳盟, 甘利人. 基于顶层本体的领域本体综合构建方法研究 [J]. 情报理论与实践, 2007, 30 (2): 236-240.

[31] Gómez-Pérez A, Femández-López M, Corcho O. Ontological engineering with examples from the areas of knowledge management, e-commerce and the semantic web [M]. London: Springer-verlag, 2004.

[32] 赵波, 解敏, 夏幼明. 基于本体的子类/父类关系的分类体系形式化表示 [J]. 云南师范大学学报 (自然科学版), 2008, 28 (3): 27-30.

[33] Guarino N. Some organizing principles for a unified top-level ontology [M]. In Spring Symposium Series on Ontological Engineering, Stanford, AAAI Press, 1997: 57-63.

[34] Barbier F, Henderson-Sellers B, Parc-Lacayrelle A L, Bruel J M. Formalization of the whole-part relationship in the unified modeling language [J]. IEEE Transaction Software Engineering, 2003, 29 (5): 459-470.

[35] Henderson-Sellers B, Barbier F. What Is This Thing Called Aggregation [C]. In Proc.

TOOLS EUROPE', 1999: 236-250.

[36] Henderson-Sellers B, Barbier F. Black and White Diamonds [C]. In Proc. Second Int'l Conf. Unified Modeling Language (UML' 98), 1999: 550-565.

[37] Winston M, Chaffin R, Herrmann D. A Taxonomy of Part-WholeRelations [J]. Cognitive Science, 1987, 11: 417-444.

第4章 多专业领域本体集成方法与
领域本体模型分析

本章对3.2节提出的多专业领域本体构建方法 MMDOB 中的重要环节多专业领域本体集成进行研究，在4.2节给出了多专业领域本体集成方法，此方法可以指导将分别构建的各专业领域本体集成为统一的多专业领域本体，利用集成后的多专业领域本体可以对多专业领域的文献进行语义标引，文献语义标引将在第6章进行讨论。针对集成后的多专业领域本体，4.4节在本体模型的基础上给出了多专业领域本体模型及其概念模型，基于多专业领域本体概念模型可以计算多专业领域概念之间的语义相似度，作为语义扩展检索的一种语义扩展方式，6.4节给出了计算多专业领域本体概念之间语义相似度的 MD4 模型，在第7章给出了基于语义相似度扩展概念的算法。它们之间的关系参见图4-1。

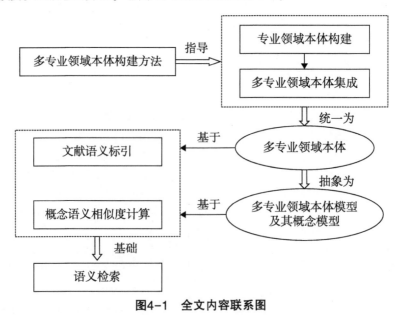

图4-1 全文内容联系图

本体集成是本体间以及基于本体的软件（或代理）间互操作的基础，是解决语义网中分散异质资源集成等复杂问题，实现信息与知识资源共享的根本方法之一。此外，本体集成还为构建、维护与扩展本体或知识库提供了新的思路与方法，能够广泛应用于本体工程、软件工程及知识工程等诸多领域。由于同一领域由不同的本体创建者创建了多个本体，并且这多个本体的语义不同，所以经常会出现某项任务的完成需要已有的同义领域的多个本体的支持，此时就需要对多个本体进行集成，目前对本体集成的研究主要是针对这种情况，而由多个专业构成的领域中的各个专业领域的范畴和主题词表之间的关系比较松散，已有的本体集成方法对多专业领域并不适用。本章对多专业领域本体集成方法进行研究，并针对集成后的领域本体分析了多专业领域本体模型及其概念模型的表示方法及多专业领域本体的形式化描述方式。

4.1　本体映射与集成

近年来，在本体映射的研究中，人们提出了多种映射方法。有的提出了整个映射过程的方法，有的重点讨论概念的映射，有的着重分析怎样计算实体类的相似度。

斯坦福大学的 Mitra，Wiederhold 和 Kersten[1] 使用本体代数和关联本体来实现本体间的互操作。通过建立关联（跨领域链接的规则）来实现知识的互操作。通过定义一些由抽象数学实体组成的上下文，构建具有良好结构的本体封装单元。本体代数包括三个操作符，即集合交、集合并和集合差。它的输入是本体的图。其一元操作符包括过滤、抽取，二元操作符包括集合并、集合交、集合差。他们还做了一个被称为 ONION（Ontology Composition）的系统。这是一个基于合理形式的架构，用于支持本体集成的可伸缩性。其前提是逻辑推论引擎尽可能从本体表现模型中分离。这使得不同推论引擎要进行协调。ONION 中的本体是用概念图来表示的，因此，本体的映射是基于图的映射。ONION 的主要创新在于使用本体的关联关系来进行本体间的互操作。此外，它用图形化表示本体，这样有助于把数据层和推论引擎分离。

Visser[2] 在 KRAFT 项目中提出本体聚类方法，把本体映射分成多个一对一的映射。这些映射包括：类映射——源本体类名和目标本体类名之间的映射；属性映射——源本体一系列属性的值与目标本体一系列属性的值进行映射，源本体属性名和目标本体属性名的映射；关系映射——源本体关系名和目标本体关系名的映射；复合映射——复合源本体表达式与复合目标本体表达式之间的映射。在此基础上，Visser 和 Tamma 建议用"本体聚类"概念来集成异构源。本体聚类基于不同代理所理解的概念的相似性，用层次的形式来表达。本体的最顶层是应用本体，用来描述特定的领域，不能重用。应用本体包括 WordNet 概念的一个相关子集。一个新的本体簇就是使用父本体已有概念而定义一些新概念的子本体。

InfoSleuth[3]参考本体能够支持由小的组成本体组成复杂本体，一个小的组成本体可以在多个应用领域使用。重用的本体可以是测量单元、化学知识、地理元数据等。本体间的映射是一个本体术语和另一些本体相关术语之间的关系。本体的映射由一个特殊的被称为"资源代理"的类来完成。一个资源代理封装了本体映射规则集，通过一个涉及一到多个本体（参考本体）的代理系统来展现这些信息。所有映射都被封装在一个资源代理中。所有本体通过 OKBC（Open Knowledge Base Connectivity）来表达，并通过一类特殊的被称为本体代理的类把它们保存在一个 OKBC Sevrer 中。

SF（Similarity Flooding）[4]方法主要利用了相邻概念结点间相似的传递性。如果两个概念结点的邻近结点是相似的，那么它们也趋向于相似。该方法首先把模式信息转化成有向图，其次通过简单的名字匹配和结构匹配得出各个结点之间的初始化相似系数，然后进行迭代计算，最后得出最终的相似系数。

Chimaera 系统[5]能够支持不同知识源本体的词的合，并支持本体一致性校验和维护。它包含了一个很大的命令和函数集合，通过结合本体的两个语义相同的术语，为本体的合并提供支持。

PROMPT[6]作为本体合并和修正的算法，能处理 OKBC 中兼容性格式的特定本体，对类名进行匹配。PROMPT 采用一个迭代的方法来自动更新、查找结果冲突以及为解决冲突给出建议。PROMPT 是知识获取工具 Protégé 2000 的一个扩展应用，为两个类和关系槽的合并提供了一个操作集。

Li[7]使用神经网络来确定两个 Schema 之间属性的相似性。Campbell 和 Shapiro[8]提出了一个在本体的代理间使用中介代理的方法。Bright 等使用辞典和基于路径的语义距离测量进行本体合并。

Lehmann 和 Cohn[9]的本体概念定义包含更多的典型实例说明，并且假定任意两个关系的集合可以定义为相等、包含、重叠和非连接。OBSERVER 结合内涵和外延的分析计算查询的查准率和查全率的上界和下界，在手工定义包含关系的基础上进行跨本体的转换。

Weinstein 和 Birmingham[10]通过比较本体概念，继承共享本体的概念结构，为计算描述兼容性提供了共同的背景。他们使用本体兼容性来比较以图表示的本体结构，并确定图中元素间映射的相似性。他们寻找的概念间关系基于局部概念能够继承共享概念的假设。

Wiederhold[11]从一般意义上讨论了本体之间的集成问题。一个本体表示了某一领域内的知识，他认为不同领域之间的差别主要表现在以下几个方面：实体以不同形式表示的差别，不同本体中范围表示方式的差别，值的单位不同而导致的编码差别，在不同实体中同一术语的含义不同而导致的上下文差别。他通过建立本体间等价关系映射的形式来解决上面所述的几种差异，继而实现本体之间的交集、并集、差集等操作。

A. Farquharn[12]描述了在 Ontolingua 中集成本体的方式，并支持本体之间的循环引用。通过复合方式构建新的本体，解决命名差异性问题。A. Farquharn 还探讨了在复合时实体之间的包容性，实体限制以及实体语义的多态性问题。

Decker[13]描述了一种领域知识表示集成方法，将用 Frame-Logic 以及用 Chronolog 时态逻辑表示的公式都转换为一阶谓词逻辑公式，然后采用集成这些一阶谓词逻辑公式的形式来集成领域之间的知识。对于采用不同形式表示的本体，在使用时通过将其转换为一阶谓词来实现本体之间的集成。

目前国内外对本体映射和集成的研究主要是对一个本体在不同领域的构成不同而进行研究的，并没有针对一个领域中不同专业领域之间的映射和集成进行研究，而本书正是针对这种情况进行研究的。

4.2　多专业领域本体集成方法

4.2.1　多专业领域本体集成方法 MMDOI

由于同一领域由不同的本体创建者创建了多个本体，并且这多个本体的语义不同，所以经常会出现某项任务的完成需要已有的同义领域的多个本体的支持，此时就需要对多个本体进行集成。目前对本体集成的研究主要是针对这种情况，很少有对由多个专业构建的领域本体的集成进行研究的。由多个专业构成的领域中的各个专业领域的范畴和主题词表之间的关系比较松散，已有的本体集成方法对多专业领域并不适用，所以本书给出了一个面向多专业领域的本体集成方法 MMDOI（Multiple Majors Domain Ontology Integration）。

定义 1 一个完整的本体应由概念、关系、函数、公理和实例等五类基本元素构成，可以把本体表示为如下形式：$O = \{C, R, F, A, I\}$，其中 C 代表概念，R 表示概念之间的关系，F 表示函数，是一种特殊的关系，A 表示概念或者概念之间的关系所满足的公理，I 代表领域内概念实例的集合。因为在多专业领域本体的集成中只涉及概念和关系的集成，其他知识不变，所以根据本体集成的需要，把由多专业构成的领域的每个专业本体简化为：$MDO = \{C, R\}$。

定理 1 设已经构建了 n 个专业领域本体：mdo_1、mdo_2、$\cdots$、mdo_n，这些本体由 OWL Lite 写成，分别可以用 uri_1、uri_2、$\cdots$、uri_n 来定位；$\forall i \in [1, n]$，$mdo\_i = \{c\_i, r\_i\}$，其中 c_i 是 mdo_i 的领域概念集，r_i 是 mdo_i 的领域关系集，那么：

（1）n 个专业领域本体的集成 $\underset{i=1}{\overset{n}{Integration}}(mdo\_i)$ 是：

$$\underset{i=1}{\overset{n}{Integration}}(mdo\_i) = \{\bigcup_{i=1}^{n} c\_i, (\bigcup_{i=1}^{n} r\_i) \cup IBR\},$$

其中 IBR（Integration Built Relation）是使用概念集 $\bigcup_{i=1}^{n} c\_i$ 中的概念，以 OWL Lite 写出的关系集，与 $\bigcup_{i=1}^{n} r\_i$ 不同（$\bigcup_{i=1}^{n} r\_i$ 反映的是 n 个领域本体的概念之间关系的并集），IBR 反映了 n 个专业领域本体集成在一起所新产生的概念之间的关系，且 $(\bigcup_{i=1}^{n} r\_i) \cup IBR$ 中的知识（即 OWL Lite 书写的公理和事实）须保持一致性。

（2）$\#(\bigcup_{i=1}^{n} c\_i) = \sum_{i=1}^{n} \#(c\_i)$，其中"#"表示集合的基数。

（3）每个专业领域本体中的 F、A、I 知识不改变。

对定理 1 的证明过程如下。

证明：n 个专业领域本体的集成 $\underset{i=1}{\overset{n}{Integration}}(mdo\_i)$ 是关于这 n 个专业领域的领域本体，且有 $\forall i \in [1, n]$，$mdo\_i = \{c\_i, r\_i\}$，所以可直接利用已经定义好的 n 个领域本体中的概念作为 $\underset{i=1}{\overset{n}{Integration}}(mdo\_i)$ 的概念，得

$$\underset{i=1}{\overset{n}{Integration}}(mdo\_i) = \{\bigcup_{i=1}^{n} c\_i, \text{于 } n \text{ 域的域概念集}\}。$$

关于 n 个专业领域的领域关系集包括两部分，一部分是 $\bigcup\limits_{i=1}^{n} r\_i$，反映的是 n 个专业领域本体的关系的并集；另一部分是 n 个专业领域本体集成在一起所产生的新的关系集 IBR，IBR 中的关系无法在单个专业领域本体中实现；$(\bigcup\limits_{i=1}^{n} r\_i) \cup IBR$ 中的关系须保持一致，否则表明关于 n 个专业领域的领域关系集是矛盾的。综上，定理的第一部分得证。

因为采用 URI 命名机制，所以每个术语都是惟一的，所以 $\#(\bigcup\limits_{i=1}^{n} c\_i) = \sum\limits_{i=1}^{n} \#(c\_i)$，定理的第 2 部分得证。

因为在多专业领域本体的集成中只涉及概念和关系的集成，F、A、I 知识不受影响，所以 F、A、I 知识不改变，定理的第 3 部分得证。

证毕。

根据定理 1，在多专业领域本体的集成 $Integration\limits_{i=1}^{n}(mdo\_i)$ 中，因为 $\bigcup\limits_{i=1}^{n} c\_i$ 和 $(\bigcup\limits_{i=1}^{n} r\_i)$ 可以利用现有的专业领域本体生成，所以多专业领域本体集成的关键是如何创建 IBR。基于这个思想，图 4-2 给出了面向多专业领域的本体集成方法 MMDOI 的过程。

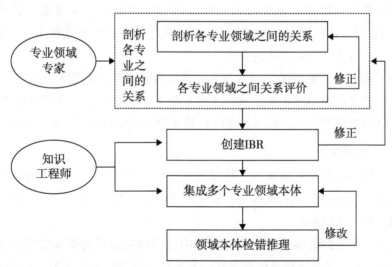

图 4-2　多专业领域本体集成方法 MMDOI

需要注意的是，在实际应用 MMDOI 方法的时候，常常不能一次完成多领域本体集成，需要多次反复使用 MMDOI 方法，逐步求精，最终获得质量较好

的 $\underset{i=1}{\overset{n}{Integration}}(mdo\_i)$。同时，需要保留建立 $\underset{i=1}{\overset{n}{Integration}}(mdo\_i)$ 时关于每一步骤的说明性档。下面对具体过程做详细的论述。

1. 剖析各专业之间的关系

组织各专业领域专家，深入理解现有的领域本体，剖析各专业本体之间的关系。因为各专业领域本体是在现有的"叙词表"或"范畴表和主题词表"的基础上构建的，而它们之间有一定的联系，所以需要组织各专业领域专家确定不同专业本体中概念之间的关系。关系主要包括同义关系、包含关系、祖先、兄弟关系、自定义关系等。

经过专家讨论，给出各个专业领域本体中可以建立联系的概念之间的关系及关系名称。例如，牵引供电专业领域本体中的"接触网系统"概念可以和动车组专业本体中的"受电弓"概念通过<供电>关系联系起来。可以用自然语言、框架等来表示概念之间的关系和关系名称，不同专业领域本体之间关系的确定可能需要多此反复才能最终确定。

考虑到本体进化，以现有的各专业领域本体为基础进行本体集成，可能面对的情况和相应的解决方法是：

（1）随着由多专业构成的领域自身的发展，增加了某个专业范畴表和主题词表，需要构建此专业的领域本体，此时我们需要先应用第 3 章提出的"多专业领域本体构建方法 MMDOB"来创建这个专业的领域本体，然后再继续构建多个专业领域的本体的集成。

（2）随着专业领域的发展，该专业领域的范畴表和主题词表进行了扩充，此时我们需要先应用第 3 章提出的"多专业领域本体构建方法 MMDOB"对该专业领域本体进行扩充，然后再继续构建多个专业领域的本体的集成。

2. 创建 IBR

深入理解各专业领域本体，依据上一步中专家给出的各个专业领域本体中可以建立联系的概念之间的关系及关系名称创建 IBR。此阶段的工作主要是由本体工程师来完成的。

在上一步得到了各个专业领域本体中可以建立联系的概念之间的关系及关系名称，n 个专业领域本体集成在一起所产生的 IBR 无法在单个专业领域本体中实现，我们新建一个统一资源标识符 uri_IBR 来定位 IBR，IBR 反映的是这 n 个领域本体集成所需的关系集。

为了创建 IBR，本体工程师必须深入理解所讨论的这 n 个专业领域本体和各个专业领域本体之间的关系，以确定需要在 *IBR* 中编码的知识。然后基于现有的 n 个专业领域本体的概念集 $\bigcup_{i=1}^{n} c\_i$ 和上一步专家给出的不同专业领域本体之间的关系，使用 OWL Lite 来对集成所需的知识进行编码。

具体的操作是，设在某个待集成的专业领域本体 *mdo_i* 中定义了概念 c，若在 *IBR* 中需要引用，则在 *IBR* 中可以利用 *uri_i#c* 来代表概念 c。当所有关于多专业领域本体集成所需要的引用和关系定义完成之后，即得到了最终的 *IBR*。此阶段的工作主要是由本体工程师来完成的。

3. 集成多个专业领域本体

此阶段主要由本体工程师来完成。使用 protégé 工具根据第 2 步中创建的 *IBR* 完成多个专业领域本体的集成，并使用 OWL Lite 形式化语言表示本体。

4. 领域本体检错推理

为了保证集成后的本体库结构的逻辑一致性和知识描述的正确性，需要对集成后的领域本体进行检错推理。

多个专业领域本体集成后需要保持正确性，使得多个专业领域本体的集成是无矛盾的。调用可以完成 OWL Lite 所书写领域本体之推理问题的推理系统（例如 FaCT 系统、Racer 系统）对 n 个专业领域本体的集成 $Integration_{i=1}^{n}(mdo\_i)$ 进行检错推理。如果检查结果为真，说明 $Integration_{i=1}^{n}(mdo\_i)$ 是无矛盾的；如果检查结果为假，说明这次的集成有不足之处，需要在修改 *IBR* 之后，对所得的 $Integration_{i=1}^{n}(mdo\_i)$ 再进行检查。此阶段的工作主要是由计算机自动完成的。

领域本体检错推理在本体形式化语言的描述逻辑基础上，运用 Tableau 算法对本体的概念层次，声明的实例以及实例间复杂的语义关系进行检测，以保证本体库结构的逻辑一致性和知识描述的正确性。冲突检测的基本步骤是按照知识层次的顺序（可以是类和属性体系以及实例体系）运用相关的 Tableau 算法规则检测出可能产生矛盾冲突的信息。但因为本体体系通常十分庞大，关系复杂，而且在本体的构建与使用过程中会不停地变化，本体冲突检测如果不借助基于 Tableau 算法的推理引擎，那么人工检测本体冲突的工作量将是巨大的，而且非常低效。

4.2.2 面向多专业领域的本体集成体系结构

1. 三种集成方法的比较

图 4-3 表示了本体集成的三种方法单本体方法、多本体方法和混合本体方法的进化关系。单本体方法最原始，多本体方法在单本体方法的基础上发展起来，混合本体方法吸取了前两种方法的优点，克服了它们存在的缺点，但也存在不足之处。

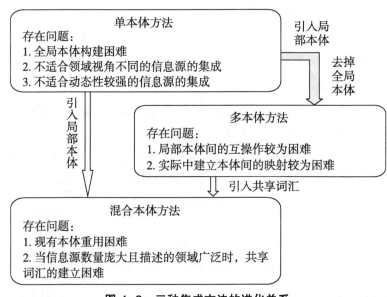

图 4-3　三种集成方法的进化关系

2. 多专业领域本体集成体系结构

根据由多专业构成的领域的实际情况，本书在混合本体方法的基础上提出了多层本体集成方法。该方法引入了各专业领域本体概念关系层，建立了层次化的集成框架，能够在很大程度上克服混合本体方法中现有本体重用困难和共享词汇建立困难的问题[14]。

在多层本体集成方法中，用到的本体可分为三个层次：全局本体层（Global Ontology）、概念关系本体层（Concept Relation Ontology）和各专业领域本体层（Major Domain Ontology），如图 4-4 所示。

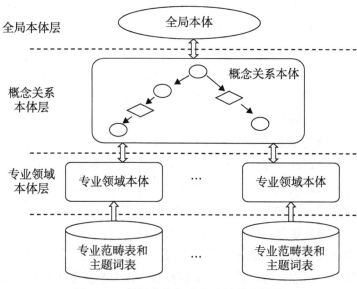

图 4-4　多层本体集成方法的体系结构

全局本体层定义了一个全局本体，与单本体方法中的全局本体不同，不是所有信息源的通用语义模型，也不是混合本体方法中的共享词汇表，而是通过构建专业领域本体间关系的概念关系本体层生成的统一的多专业领域本体。全局本体层虽然是集成的顶层的多专业领域本体，可以通过它访问到专业领域本体层，但它又可以看作是虚拟存在、由概念关系本体层动态生成的。

概念关系本体层由多个专业领域本体中的概念和它们之间的关系构成，各个专业领域本体中可以建立联系的概念之间的关系及关系名称由领域专家给出。随着科学和技术的发展，由多专业构成的领域也得到了发展，增加了某个专业范畴表和主题词表，或者某专业领域的范畴表和主题词表进行了扩充，领域的数量和领域内的知识都在急剧增加，用概念关系本体层来表示不同专业领域之间的关系，有利于多个专业领域本体的集成。

专业领域本体层由多个专业领域本体构成，一个专业领域本体对应一个专业范畴表和主题词表。如果各专业范畴表和主题词表原本就是基于本体构建的，可将其对应的本体作为各专业领域本体；如果没有对应本体，则需要依据第 3 章的方法构建其对应的专业领域本体。

多层本体方法引入了概念关系本体层，取消了多本体和混合本体方法中局部本体之间直接建立语义映射的环节，而是以概念关系本体为中介建立各个信息源对应局部本体间的交互操作，从而有效地隔离了各个信息源的动态变化对本体集成的影响，通过对专业领域本体概念之间关系规则的维护，实现了动态信息源的语义一致性协调。不同专业领域本体概念之间的关系主要包括同义关系、包含关系、祖先、兄弟关系、自定义关系等。

通过上述分析，可以看出多层本体方法具有以下几个方面的优点：

（1）各信息源都有对应的局部本体，能够集成一个领域不同专业的信息源，支持动态信息源的集成。

（2）使用概念关系本体层将各专业领域局部本体和全局本体分隔，局部本体不必按照特定的共享词汇构建，可以支持现有本体的重用，而且通过概念关系本体层可以实现局部专业领域本体之间的互操作。

（3）概念关系本体层是多层本体集成方法的核心，它将专业领域本体联系在一起，同时它也是生成全局本体层的基础。

全局本体层虽然是集成的顶层的多专业领域本体，可以通过它访问到专业领域本体层，但它又可以看作是虚拟存在、由概念关系本体层动态生成的，可以随着概念关系本体层的变化而变化。

4.2.3 面向多专业领域的本体集成体系结构

在多专业领域本体集成时采用了多层本体集成方法中，用到的本体分为了三个层次：全局本体层（Global Ontology）、概念关系本体层（Concept Relation Ontology）和各专业领域本体层（Major Domain Ontology），如图4-4所示。

对于多专业领域本体之间语义关系的协同进化，有以下两种情况需要考虑：

（1）某专业领域本体中增加了新概念。

（2）某专业领域本体中删除了某概念。

多专业领域本体之间语义关系的协同进化，只需要修改概念关系本体层。对于第一种情况，有以下两种具体方法可供参考：

（1）新添加概念与其他专业领域本体中的概念存在语义关系：修改概念关系本体层，增加新添加概念与相关概念之间的语义关系。

（2）新添加概念与其他专业领域本体中的概念不存在语义关系：在此情况下，不需要修改概念关系本体层。

对于第二种情况，也有两种具体方法可供参考：

（1）被删除概念与其他专业领域本体中的概念存在语义关系：修改概念关系本体层，删除此概念与相关概念之间的语义关系。

（2）被删除概念与其他专业领域本体中的概念不存在语义关系：在此情况下，不需要修改概念关系本体层。

4.3　本体构建和集成方法的分析与比较

MMDOB 方法和 MMDOI 方法建立在关于本体和多专业领域本体的基本理论之上。多专业领域本体=｛专业领域术语集，专业领域知识集，多专业领域概念关系集｝，是对多专业领域概念化的显式的规格说明；本体是对世界概念化的显式的规格说明；假设多专业领域 MDO 可分为×个专业领域，每个专业领域都有各自的专业领域本体，可以通过集成这×个专业领域本体来获得关于 MDO 的本体，该本体可看成是关于这×个专业领域的领域本体；在实际应用中，任何一个应用都不可能需要用到整个多专业领域本体。对于单个的应用而言，需要的是专业领域本体，或者多个专业领域本体的集成。基于上述观点，在 MMDOB 方法和 MMDOI 方法中，我们严格区分了专业领域本体和多专业领域本体，使得这一对易混淆的概念变得清晰。

MMDOB 方法和 MMDOI 方法均使用 W3C 制定的 OWL Lite 作为专业领域本体表示、推理和多专业领域本体集成中所使用的本体语言。由于 OWL Lite 的形式化基础是描述逻辑 SHIF（D），所以 OWL Lite 既能精确地刻画语义，又有高效的推理系统（如 FaCT 系统、RACER 系统）为之提供推理支持。OWL Lite 所书写之专业领域本体可转换成描述逻辑 SHIF（D）所书写的知识库，所以使用 MMDOB 方法和 MMDOI 方法所得到的专业领域本体和多个专业领域本体的集成均可表示成描述逻辑 SHIF（D）所书写的知识库，且有高效的推理系统为之提供推理支持。

MMDOB 方法依据的 3.2.1 节中多专业领域本体构建思路，考虑到 OWL Lite 语言的特点，提出多专业领域本体的构建方法。对照 Gruber 的 5 条规则，MMDOB 方法对这些原则的满足情况如下：

（1）MMDOB 方法所构建的多专业领域本体是明确的和客观的

由于 MMDOB 方法中使用的是能够精确刻画语义、以描述逻辑 SHIF（D）为形式化基础的 OWL Lite 语言，所以 MMDOB 方法所构建的多专业领域本体能够明确有效地传达所定义的术语的内涵。使用 OWL Lite 语言对术语做形式化定义，是实现客观性的一种方式，也就是说，当一个定义可以用逻辑公理陈述时,那它就应该用逻辑公理陈述。同时,在可能的条件下,完整的定义要比一个部分定义好。

(2) MMDOB 方法所构建的多专业领域本体是一致的

一个多专业领域本体应该是前后一致的,也就是说,由它推理出来的结果应该与多专业领域本体中的定义一致。至少,所有的公理应该具有逻辑一致性。依据 MMDOB 方法所构建的多专业领域本体可对应到描述逻辑 SHIF (D) 所书写的知识库,具有规范的描述逻辑语义,可使用 FaCT 系统或者 RACER 系统对其进行一致性检查,从而可以保证 MMDOB 方法所构建的多专业领域本体是一致的。

(3) MMDOB 方法所构建的多专业领域本体是可扩展的

多专业领域本体的可扩展性是指在不修改已有的定义的前提下,基于存在的术语集定义针对特定用途的新术语。依据 OWL Lite 的语法规则,可以很方便地使用现存术语来定义新术语,从而可以保证 MMDOB 方法所构建的多专业领域本体是可扩展的。

对照 Gruber 的 5 条规则,MMDOI 方法对这些原则的满足情况如下:

(1) MMDOI 方法所得的多专业领域本体的集成是明确的和客观的

由于在 MMDOI 方法中也是使用 OWL Lite 语言,且待集成的专业领域本体都是以 MMDOB 方法构建,所以 MMDOI 方法所得的多专业领域本体的集成能够明确有效地传达所定义的术语的内涵,且对术语所作的形式化定义保证了客观性。

(2) MMDOI 方法所得的多专业领域本体的集成是一致的

MMDOI 方法的第四步就是对多个专业领域本体的集成进行一致性检查。如果一致性检查结果为真,说明多个专业领域本体的集成是无矛盾的;如果一致性检查结果为假,说明这次的集成有不足之处,需要对 IBR 进行修改后再进行一致性检查。

(3) MMDOI 方法所得的多专业领域本体的集成是可扩展的

依据 OWL Lite 的语法规则,可以很方便地使用现存术语来定义新术语,从而可以保证 MMDOI 方法所得的多专业领域本体的集成是可扩展的。

MMDOB 方法和 MMDOI 方法一起构成了面向多专业领域的本体建模方法,本书尝试将 MMDOB 方法和 MMDOI 方法与目前几种主要的本体建模方法进行比较。

(1) Uschold 的本体建模方法

Uschold 的本体建模方法是爱丁堡大学从开发企业本体的经验中产生的,

与本书提出的 MMDOB 方法和 MMDOI 方法相比较，Uschold 的本体建模方法最初采用的是非形式化的自然语言书写本体，之后又采用半结构化形式，所以导致使用 Uschold 的本体建模方法得到的企业本体形式化程度低，难以精确地、客观地刻画术语的含义，且难以实现自动推理，难以进行一致性检查。

（2）Gruninger & Fox 的本体建模方法

与本书提出的 MMDOB 方法和 MMDOI 方法相比较，在 Gruninger & Fox 的本体建模方法中，所有的公理都采用一阶谓词逻辑表示，虽然可精确地、客观地刻画术语的含义，但我们知道，一阶谓词逻辑的推理问题是半可判定的，这就导致难以利用以 Gruninger & Fox 的本体建模方法得到的企业模拟本体进行自动推理，难以进行一致性检查。

综上所述，本书提出的多专业领域本体建模方法（MMDOB 方法和MMDOI 方法）具有以下一些特点：

多专业领域本体建模方法严格区分了专业领域本体和多专业领域本体，使得这一对易混淆的概念变得清晰；

多专业领域本体建模方法使用 W3C 制定的 OWL Lite 作为本体语言，OWL Lite 既能精确地刻画语义，又有高效的推理系统为之提供推理支持；

多专业领域本体建模方法所得的专业领域本体和多个专业领域本体的集成均可表示成描述逻辑 SHIF（D）所书写的知识库，且有高效的推理系统为之提供推理支持；

多专业领域本体建模方法所得的专业领域本体和多个专业领域本体的集成都是明确的、客观的、一致的、可扩展的；

多专业领域本体建模方法是一个迭代的、逐步求精的过程；

多专业领域本体建模方法需要保留每一步骤的说明性文档，这些文档对于本体工程师理解专业领域本体和多专业领域本体的集成有很大的帮助。

4.4　多专业领域本体模型分析

4.4.1　本体模型

关于 Ontology 的定义有许多，目前获得较多认同的是 R. Studer 的解释[15]："Ontology 是对概念体系的明确的、形式化的、可共享的规范说明"。

在最简单的情况下，本体只描述概念的分类层次结构；在复杂的情况下，本体可以在概念分类层次的基础上，加入一组合适的关系、公理、规则来表示概念间的其他关系，约束概念的内涵解释。

定义 4.1 一个完整的本体应由概念、关系、函数、公理和实例等五类基本元素构成。因此，可以把本体表示为以下形式：$O = \{C, R, F, A, I\}$，其中：

C：概念。概念是指客观世界中任何事物的抽象描述，在本体中通常按照一定的关系形成一个层次结构。

$R \subseteq 2^{c \times c}$：概念之间的关系。如"subclass-of"关系、"part-of"关系等。

$F \subseteq R^n$ 是一种特殊的关系，其中第 n 个元素 c_n 相对于前面 $n-1$ 个元素是唯一确定的。函数 F 可以用以下形式表示：$c_1 \times c_2 \times \cdots c_{n-1} \rightarrow c_n$。

A：概念或者概念之间的关系所满足的公理，是一些永真式。

I：领域内概念实例的集合。

本体用来形式化地描述兴趣领域共享的概念。

4.4.2 多专业领域本体模型分析

1. 多专业领域本体模型

根据本体的定义和描述，领域本体反映了一个对给定领域的通用观点，其通过定义概念与概念之间的关系来描述概念的语义信息。在实际的领域本体中，由于概念之间不仅仅存在着上下位关系，概念之间通过其他各种关系可以连接，尤其在多专业领域本体中还有许多自定义的关系，这使得概念的组织形式并不完全是一个树型结构，而是一个网状结构。目前基于概念距离计算概念相似度的算法大多只是针对上下位关系，而忽略了其他关系，这就导致了算法不能完整反映出概念的语义，从而影响了概念相似度计算的准确性。

因此，根据多专业领域本体的特点，本书在本体模型的基础上重新构建了多专业领域本体模型。

定义 2 多专业领域本体模型是一个八元组：$MDO = \{C, P, H^c, R^s, R^{ud}, I, F, A\}$，其中：

MDO 表示多专业领域本体，C 表示概念（或称为类），P 表示领域本体中 Datatype 类型属性，H^c 表示类间的上下位（subclass-of）二元关系，R^s 表示类间的同义（synonymy）关系，R^{ud} 表示类间的用户自定义（user-defined）关系（包括 part-of 关系也用自定义关系来描述），也就是类的 ObjectProperty，I 表示领域内概念实例的集合，F 表示概念间一种特殊的关系，可以用如下形式表示：$c_1 \times c_2 \times \cdots \times c_{n-1} \to c_n$，$A$ 表示领域本体中概念或者概念之间的关系所满足的公理，是一些永真式。

定义 3　概念 C 的模型是一个九元组：$C = \{P, C_{sc}, C_{uc}, C_s, C_r, H_c, R_s, R_{ud}, I_c\}$，其中：

P 表示概念 C 的 Datatype 类型属性，C_{sc} 表示概念 C 的子概念（subclass），C_{uc} 表示概念 C 的父概念（upperclass），C_s 表示概念 C 的同义概念（equivalentclass），C_r 表示与概念 C 有关系的概念，这里主要指通过用户自定义关系联系起来的概念，H_c 表示概念 C 的上下位关系，R_s 表示概念 C 的同义（synonymy）关系，R_{ud} 表示概念 C 的用户自定义（user-defined）关系，I_c 描述概念 C 的实例。

概念之间的关系主要分为三类：

（1）上下位关系，用 C_{sc}、C_{uc} 和 H_c 表示；

（2）同义关系，用 C_s 和 R_s 表示；

（3）用户自定义关系，用 R_{ud} 表示。

2. 多专业领域本体形式化描述

本体是将某个应用领域抽象概括成一组概念及概念之间的关系，其本质是概念模型[16]。它主要是要描述概念间的层次结构：上层概念的语义相对于底层概念更为抽象，共享的程度高；而底层概念较为具体，更贴近具体的应用，概念之间是泛化和特例的关系。由于语义网络表示法在描述概念层次结构时具有天然的优越性，因此本书用基于语义网络的表示方法来表示多专业领域本体的概念模型。

（1）语义网络

语义网络是奎廉（J. R. Quilian）1968 年在研究人类联想记忆时提出的一种心理学模型，他认为记忆是由概念间的联系实现的。随后，奎廉又把它用作知识表示。1972 年，西蒙在他的自然语言理解系统中也采用了语义网络表示法。1975 年，亨德里克（G. G. Hendrix）又对全称量词的表示提出了语义网络分区技术。目前，语义网络已称为人工智能中应用较多的一种知识表示方法[17]。

语义网络是一种用实体及其语义关系来表达知识的有向图。其中，结点代表实体，表示各种事物、概念、情况、属性、状态、事件、动作等；弧代表语义关系，表示它所连结的两个实体之间的语义联系。在语义网络中，每一个结点和弧都必须带有标识，这些标识用来说明它所代表的实体或语义。

从结构上看，语义网络一般是由一些最基本的语义单元构成的，这种最基本的语义单元被称为语义基元。一个语义基元可用三元组（结点1，弧，结点2）来表示。对此三元组，如果用A、B分别表示其中的两个结点，用R表示A与B之间的某种语义联系，则它所对应的基本网元如图4-5所示。

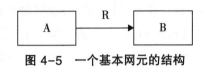

图4-5 一个基本网元的结构

当把多个语义基元用相应的语义联系关联在一起时，就形成了一个语义网络。在语义网络中，弧的方向是有意义的，不能随意调换。

（2）基于语义网络的多专业领域本体形式化描述

在多专业领域本体中，只考虑上下位关系时的本体模型为树型结构。使用语义网络的有向非循环图（DAG）[18]的方法表示的多专业领域本体的概念模型如图4-6所示（为了方便地解释和语义相似度有关的概念，图中只画出了本体模型中的概念，概念的属性和实例等在图中没有画出）。

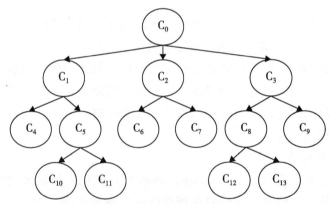

图4-6 多专业领域本体概念模型的DAG图

图中有向弧的方向定义为：如果概念c_j是c_i的继承或属性概念，则存在一条从c_i指向c_j的有向弧$<c_i, c_j>$。其含义是，概念c_i更抽象，描述的语义范围更大；而概念c_j更具体，描述的语义范围要小。

若从概念c_i到c_j之间至少存在一个节点和有向弧的交替序列，即c_i和c_j间有一条通路，通路中所含有向弧的数目t称为概念c_i和c_j间的距离，记为$dist(c_i, c_j) = t$。

在多专业领域本体概念模型中，那些入度为零的概念称为一般概念，如图 4-6 中的概念 c_0，概念 c_0 也称为根概念。

从概念 c_i 到根概念的通路称为概念 c_i 的一条路径，其长度称为路径长度。若概念 c_i 存在多条路径，用 pl_i^j 表示 c_i 的第 j 条路径长度。其中最大路径长度称为 c_i 的概念深度，记为 $depth(c_i) = \max(pl_i^j)$。概念模型中所有概念深度的最大值称为多专业领域本体概念模型的层次深度，记为 $D = \max depth(c_i)$。

若概念 c_k 位于从 c_i 到根概念的路径上，则称是 c_k 是 c_i 的祖先概念。若 c_k 同时也是 c_j 的祖先概念，则称 c_k 为 c_i 和 c_j 的共同祖先。c_i 和 c_j 的共同祖先中距离它们最近的那个共同祖先 c_r 称为概念 c_i 和 c_j 的最近共同祖先。显然，c_i 和 c_j 的最近共同祖先在 c_i 和 c_j 的所有共同祖先中的概念深度最大。

在概念模型中，概念 c_i 和 c_j 到最近共同祖先 c_r 的距离之和称为 c_i 和 c_j 的语义距离，记为 $Dist(c_i,c_j) = dist(c_i,c_r) + dist(c_j,c_r)$。

领域本体概念间的自定义关系包括多种形式，用户可以根据实际情况自己定义。考虑用户自定义关系的多专业领域本体模型可以用有向循环图（DCG）来表示，图 4-7 是高速铁路领域本体模型的一个片段。其中，"包括""供电"和"被供电"是用户自定义关系。

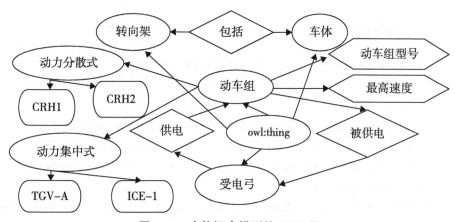

图 4-7　本体概念模型的 DCG 图

其中，owl：thing 代表 protégé 中用 owl 形式化语言表示的本体顶层根，CRH1、CRH2、TGV-A 和 ICE-1 分别是动车组的型号，代表动车组的实例。各种符号表示的意义如下：

两个概念之间的同义关系可以在本体中用 equivalentClass 直接定义，所以不再给出考虑同义关系的多专业领域本体模型图。

4.5　本章小结

本章对多专业领域本体构建方法中的专业领域本体集成方法和多专业领域本体模型进行了研究。首先介绍了本体集成与本体映射概念，并对本体映射和本体集成方法和算法进行了综述，根据由多专业构成的领域的特点，给出了多专业领域本体集成的概念，提出了一个多专业领域本体集成方法 MM-DOI，并给出了一个三层结构的多专业领域本体集成框架；然后对本体构建和集成方法进行了分析和比较；最后针对集成后的统一的领域本体，在对现有的本体模型和领域本体深入研究的基础上，提出了多专业领域本体模型的八元组表示方法和多专业领域本体概念的九元组表示方法及多专业领域本体的形式化描述方式。

 参考文献

［1］Mitra. P, Wiederhold. G, Kersten. M. A Graph-Oriented Model for Articulation of Ontology Interdependencies ［OL］. URL：http://www.springerlink.com/index/MDEBQFHPHHTK51L1.pdf.

［2］Visser P. R. S, Tamma V. A. M. An experience with ontology clustering for information integration ［OL］. URL：http://www.ceur-ws.org/Vol-23/visser-ijcai99-iii.pdf.

［3］J Fowler, Nodine M, Perry B, et al. Agent-based semantic in teroperability in Infosleuth ［R］. Sigmod Record, 1999.

［4］Melnik S, Garcia-Molina H, Rahm E. Similarity Flooding：A Versatile Graph Matching Algorithm ［C］. In：Proc. of the 18th Intl. Conf. on Data Engineering（ICDE）. San Jose. CA. 2002.

［5］Deborah L. McGuinness, Richard Fikes, James Rice, Steve Wilder. Chimaera Ontology Environment ［C］. Proceedings of the Seventeenth National Conference on Artificial Intelligence and Twelfth Conference on Innovative Applications of Artificial Intelligence.

［6］Noy N, Musen M. PROMPT：Algorithm and Tool for Automated Ontology Merging and Alignment ［C］. In：Proceedings of the AAAI-00 Conference, Austin, TX, 2000.

［7］Wen-Syan Li. Knowledge gathering and matching in heterogeneous databases ［C］. In AAAI

Spring Symposium on Information Gathering, 1995.

［8］ Campbell, A. E., and Schapiro, S. C.. Ontologic Mediation: An Overview ［C］. Proceed-ings of the IJCAI Workshop on Basic Ontological Issues in Knowledge Sharing, Menlo Park CA, USA: AAAI Press, 1995.

［9］ F. Lehmann, A. G. Cohn. The EGG/YOLK reliability hierarchy: Semantic data integration using sorts with prototypes ［C］. In Proceedings of Conference on Information Knowledge Management, ACM Press, 1994: 272-279.

［10］ P. Weinstein and W. Birmingham. Comparing concepts in dieffrentiated ontologies ［C］. In Proc. Of KAW-99, 1999.

［11］ Wiederhold, G. An Algebra for Ontology Composition ［D］. U. S. Naval Postgraduate School, Monterey CA, 1994.

［12］ Farquhar A., Fikes R., Rice J. Tools for Assembling Modular Ontologies in Ontolingua ［C］. In: Proc. Of 14 National Conf. on Artificial Intelligenee （AAAI-97）, Menlo Park, CA: AAAI Press, 1997.

［13］ Decker S. On Domain-Specific Declarative Knowledge Representation and Database Languages ［C］. In: Proc. of the Knowledge Representation Meets Databases Workshop （KRDB98）, 1998.

［14］ 范莉娅, 肖田元. 基于多层本体方法的信息集成研究 ［J］. 计算机工程, 2008, 34 （2）: 187-189, 192.

［15］ Studer R, et al. Knowledge engineering: principles and methods ［J］. Data and Knowledge Engineering, 1998, 25: 161-197.

［16］ DIETER F. Ontologies: silver bullet for knowledge management and electronic commerce ［M］. Heidelberg: Springer-Verlag, 2001.

［17］ 王万森. 人工智能原理及其应用 ［M］. 北京: 电子工业出版社, 2002: 44-45.

［18］ ROSS Q M. Semantic memories ［M］. // MINSKY M. Semantic Information Processing. Cambridge: MIT Press, 1968: 216-270.

第5章　多专业领域本体进化研究

5.1　动车组专业领域本体进化研究

随着时间的推移和应用需求的改变，领域知识会相应地发生一些变化，这些变化多种多样，有概念的增加、概念属性关系的变化、概念的删除替换等，因而初始领域核心本体也需要随着领域知识的变化而动态更新。领域概念和关系的获取是领域本体进化的基础，在领域本体进化的相关研究中，大部分是基于非结构化的领域语料库，如文献、维基百科等，使用中文或英文分词工具来进行模式匹配实现本体进化，此种方法相对复杂且进化效率不高，本章提出了一种基于结构化数据的本体进化方法并在动车组领域本体进化中得到了可行验证。

5.1.1　进化的方法思路

DBpedia 是从维基百科中提取的综合而庞大的结构化数据集，其数据结构能有效地与本体数据对接，为领域本体的半自动进化提供了一种可行的数据获取途径。本章提出了一种基于 DBpedia 的本体进化方法，主要步骤包括 DBpedia 信息抽取和优化、获取进化信息、本体的变更操作和一致性检查。进化方法的技术路线如图 5-1 所示。

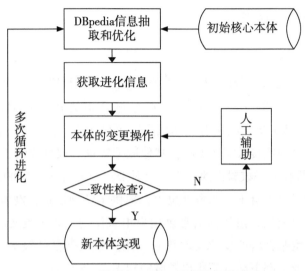

图 5-1 基于 DBpedia 的本体进化方案

（1）DBpedia 信息抽取和优化。以动车组领域本体中的英文词汇作为关键词，利用递归算法从 DBpedia 中抽取与动车组领域相关的三元组形式的数据并进行优化，去掉冗余和无关数据，从而获得进化所需的信息。

（2）获取进化信息。将优化后的词汇存储在 OWL 格式的文件中，每个 OWL 文件名都以相应的概念、实例或关系词汇命名，便于在后面的变更操作中提取使用。由于抽取算法的局限和抽取数据源的格式，获得的进化信息是 TTL 格式的，但我们可以利用 Protégé 软件将数据转换成 OWL 格式并保存，为了便于查找和使用，抽取出的数据都分别保存，这样也降低了维持本体一致性的难度。

（3）本体的变更操作。利用获取的进化信息，对原有本体的概念、实例、属性进行添加、删除和替换等操作。在领域专家的指导下，我们只需手动对初始核心本体中的 OWL 文件进行修改，就可以完成本体的变更操作。

（4）一致性检查。完成进化的本体需要进行一致性检查来确定新旧版本的本体在结构、逻辑和用户自定义方面的一致性，如果出现不一致的地方，我们需要在领域专家的指导下人工返回修改获取的进化信息，删除或修改违背本体描述语言的公理。

最后，完成一次进化的本体可进行多次循环进化，使本体知识保持动态性更新。需要注意的是 DBpedia 虽然支持多语言，但在数据的数量和质量上还是英文的最好，尤其是在某一专业领域的知识获取上。

5.1.2 进化信息的抽取

1. DBpedia 数据集

DBpedia 是从维基百科中提取结构化数据，并将数据共享在网络上的数据集。它允许用户对基于维基百科和所有与之相关联的数据的复杂查询。DBpedia 官方网站上有它的所有版本信息，可供用户免费下载。DBpedia 定义了上百万个概念的链接数据的 URI，其他数据集也都被链接到了 DBpedia，使 DBpedia 成为所有关联数据集的核心。同时 DBpedia 拥有 125 种语言的数据集版本，每个数据集中有不同的数据包[1]，提供了各种信息，例如标签和摘要、映射关系信息以及三元组数据信息供用户下载使用，其中英文版本的信息量最大并可随着维基百科的变化实时更新，用户可根据自己领域的需要有选择地下载数据包或全部下载从而获得领域的知识。

DBpedia 有三种不同的分类方式：第一种是 Wikipedia 分类，是用 SKOS 词汇和 DCMT 术语表示的；第二种是 YAGO 分类，来源于维基百科使用 WordNet 分类系统；第三种是 WordNet 同义词集的链接，通过手动生成相关的维基百科信息模板和 WordNet 同义词集，并使用一个特定的模板添加相应的链接到每一事件。本章采用 DBpedia 的第二种分类方式中的数据文件，例如在抽取类时用到了 yago_taxonomy.tll 文件，在抽取实例时用到了 yago_types.ttl 文件。

2. 英文本体和关键词

本章采用的 DBpedia 数据包是用英文记录的三元组数据，要实现从 DBpedia 中发现变化就需要以英文关键词作为输入，所以我们需要将中文核心本体中的概念转换成英文表示，即把中文核心本体转换成英文核心本体，把英文本体中的概念和实例作为关键词输入到抽取程序中，从而获得 DBpedia 中关于动车组领域的概念和实例等信息。表 5-1 是动车组领域部分概念的中英文对照表。

表 5-1　动车组领域部分概念的中英文对照表

动车组	Electric Multiple Unit
车体	Car body
转向架	Bogie

受电弓	Pantograph
车钩	Coupler
风挡	Vestibule diaphragm
座椅	Seat
制动系统	Braking system
网络控制系统	Networked control system
牵引传动系统	Traction drive system
给水卫生系统	Water supply and sanitation system
空调系统	Air condition system

3. 抽取算法设计

本章用 java 语言编写了基于 YAGO 分类的 DBpedia 递归抽取算法，并在 Netbeans7.3.1 中运行实现，抽取程序需要引用 jena jar 包和 java 类库。算法的设计思路如图 5-2 所示。

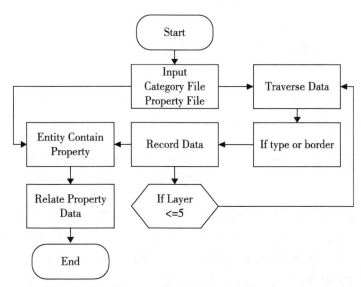

图5-2　递归抽取算法流程

图 5-2 表明了本章如何从庞大的 DBpedia 本体中抽取我们所需要的动车组领域数据，并把它们存储到新的 OWL 文件中，形成一个关于动车组领域的局部知识库。首先，输入 Category File，先从一个任意的对象开始，使用深度

优先遍历递归策略，找到所有的动车组领域实体。例如，先从 category：High speed rail 开始，通过迭代器找出与 category：High speed rail 有关的所有对象，把得到的 entity 存入到 List 集合中。然后把存入 List 集合中的 entity 取出并再次通过迭代器找到和它相关的 entity 存入 List 集合中，直到递归调用的层数等于 5，递归结束。最后把 List 集合中所有的 entity 分别和不同的 Property File 中的三元组数据进行匹配，把得到的三元组数据存入文件中，得到关于动车组领域的数据。表 5-2 给出了抽取算法的递归思路。

表 5-2 递归抽取算法

Algorithm：递归抽取动车组领域算法
Input：DBpedia 数据包文件（yago_taxonomy. tll，yago_types. ttl）
Output：动车组领域相关结构化信息的 ttl 格式文件
1. IF cStmtIterator. hasNext
2.　　IF nextStatment. getSubject. equals（bogie）
3.　　　　IF layer<=5 THEN clist. add（subject）
4.　　ELSE nextStatment. getObject. equals（bogie）
5.　　　　IF layer<=5 THEN clist. add（object）
6. IF list. hasNext THEN Call 1
7. IF clist. hasNext
8.　　IF pStmtIterator. hasNext
9.　　　IF nextStatment. getSubject. equals（bogie）THEN plist. add（statment）
10. END

4. 新信息的获取

通过递归抽取算法抽取出的数据文件虽然是 ttl 格式，但通过 Protégé 本体建模软件可以转存为 OWL 格式的文件，使抽取出的新信息与原本体在描述语言上保持一致，并通过简单的操作自动添加到原本体中。

获取的新概念：

例如，从 DBpedia 中获取了动车组转向架的子概念：

<http：//dbpedia. org/class/yago/Cylindricalbogie>

<http：//www. w3. org/2000/01/rdf-schema#subClassOf>

<http：//dbpedia. org/class/yago/Bogie>

<http://dbpedia. org/class/yago/Radial bogie>

  <http://www. w3. org/2000/01/rdf-schema#subClassOf>

  <http://dbpedia. org/class/yago/Bogie>

将获得的信息用 Protégé 转换成 OWL 格式如下：

<SubClassOf>

    <Class IRI = "http://dbpedia. org/class/yago/Cylindricalbogie"/>

    <Class IRI = "http://dbpedia. org/class/yago/Bogie"/>

</SubClassOf>

<SubClassOf>

    <Class IRI = "http://dbpedia. org/class/yago/Radial bogie"/>

    <Class IRI = "http://dbpedia. org/class/yago/Bogie"/>

</SubClassOf>

获取的新实例：

例如，从 DBpedia 中获取了动车组车辆型号的实例：

<http://dbpedia. org/resource/AVE100>

<http://www. w3. org/1999/02/22-rdf-syntax-ns#type>

<http://dbpedia. org/class/yago/AVEHighSpeedTrains>

将获得的信息用 Protégé 转换成 OWL 格式如下：

  <ClassAssertion>

    <Class IRI = "http://dbpedia. org/class/yago/AVEHighSpeedTrains"/>

    <NamedIndividual IRI = "http://dbpedia. org/resource/AVE100"/>

  </ClassAssertion>

获取的新属性：

<http://dbpedia. org/class/yago/Coupler Type>

<http://www. w3. org/2000/01/rdf-schema#DatatypeProperty>

<http://dbpedia. org/class/yago/Connection Set>

将获得的信息用 Protégé 转换成 OWL 格式如下：

</owl:DatatypeProperty>

  < owl: DatatypeProperty rdf: ID = " http://dbpedia. org/class/yago/Coupler

Type">

  < rdfs: domain rdf: resource = " http://dbpedia. org/class/yago/Connection

Set"/>

    <rdfs：range rdf：resource="http：//www. w3. org/2001/XMLSchema#string"/>

      </owl：DatatypeProperty>

5. 数据优化

在抽取的结果中存在很多与动车组领域不相关的概念和其他领域的实例等信息，如抽取出的"bogey"一词并不是转向架"bogie"，做删除处理；在抽取动车组车辆减振器"damper"时出现了相关词汇"shockabsorber"，而它是航空领域的减振器术语，也做删除处理。在对抽取结果进行人工优化，去除与动车组领域核心本体无关的数据后，将优化后的数据整理保存在 OWL 格式的数据库文件中。

5.1.3　本体的变更操作

本体的变更操作是对本体中的概念、属性和实例根据进化要求进行的更改，是本体进化得以实现的最终环节[2]。添加和删除的操作决定了本体中实体结构的更改，在变更操作中是一种低级的变化执行，相对于简单的变化操作，高级的变化执行能够描述更加复杂的进化过程，它可以被理解为由若干低级的变化执行组成的集合，因此简称为复合的变更操作。本章将本体的简单变更操作做形式化表示，见表5-3。

表 5-3　简单变更操作的形式化表示

变更类型	添加（Add）	删除（Delete）
概念（concept）	Add_Concept（）	Delete_Concept（）
子概念（subconcept）	Add_SubConcept（）	Delete_SubConcept（）
属性（property）	Add_Property（）	Delete_Property（）
子属性（subproperty）	Add_SubProperty（）	Delete_SubProperty（）
属性定义域（propertydomain）	Add_PropertyDomain（）	Delete_PropertyDomain（）
属性值域（propertyrange）	Add_PropertyRange（）	Delete_PropertyRange（）
实例（instance）	Add_Instance（）	Delete_Instance（）
概念-实例	Add_InstanceOf（）	Delete_InstanceOf（）
概念-属性	Add_PropertyOf（）	Delete_PropertyOf（）

复合的变更操作综合概括了若干简单变更操作的步骤，它的形式化表示

方法更加直观和简洁，能够更加接近本体进化的意图和捕捉更准确的语义变化。例如，用复合变更操作的形式化表示来执行替换属性 fullname 的操作，即 Rename_Property（fullname，name）= Delete_Property（fullname）+Add_Property（name）。虽然复合的变更操作产生的变化日志较小，但它的形式化没有限制，无法为每一个进化需求提供规范的变化处理，所以在进行本体的变化执行时，要综合两种变化操作的优点，搭配使用。本章对概念、属性、实例的变更操作大多使用简单的变更操作。

1. 概念的变更操作

本体概念元素的变化包括概念元素的增加、删除和替换。在从 DBpedia 中抽取出的概念与原核心本体概念的关系有三种：①抽取的概念在原核心本体概念中不存在；②抽取的概念是原核心本体中概念的父类、子类；③抽取的概念与原本体中的概念无关。针对这三种情况，我们可以人工进行本体的变更操作，在合理的变更策略下添加新概念、添加概念的父类、子类和删除与领域无关的概念。例如，对图 5-3 所示的本体概念结构进行变更操作。

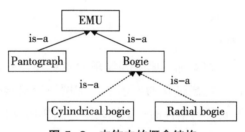

图 5-3　本体中的概念结构

根据变更需要，添加类 Cylindrical bogie 和 Radial bogie 到 Bogie 的子类，可以利用简单的变更操作形式化表示为 Add_SubConcept（Cylindrical bogie，Bogie）；Add_SubConcept（Radial bogie，Bogie）。

2. 属性的变更操作

属性的变更操作涉及本体中定义的属性和对属性的约束操作，例如值域和定义域的变化。由于属性附属于概念，表示概念之间的关系，所以属性的变更操作与概念的变更操作的方法是一致的，但同时要注意属性变化对自身值域和定义域的影响。对于相对复杂的属性变更操作，例如将两个概念的共同属性分成两个独立的属性分属于这两个概念，利用简单的变化操作会产生很多步骤，这时可以考虑利用复合的变更操作来执行。具体举例如图 5-4

所示。

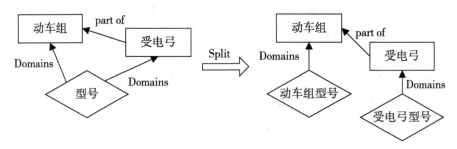

图 5-4　属性拆分操作示意图

将概念"动车组"和"受电弓"的共同属性"型号"进行拆分,变成"动车组型号"和"受电弓型号",分别属于概念"动车组"和"受电弓"。可利用复合的变更操作 Split_Property(型号,{动车组,受电弓})表达,它包括的具体操作有 Delete_PropertyOf(型号,动车组);Delete_PropertyOf(型号,受电弓);Delete_Property(型号);Add_Property(动车组型号);Add_Property(受电弓型号);Add_PropertyOf(动车组型号,动车组);Add_PropertyOf(受电弓型号,受电弓)。

3. 实例的变更操作

实例的变更操作是在添加、删除等简单的变更操作的基础上根据实际需要结合复合的变更操作完成进化的要求。在实例的变更操作中,要尽量不破坏原有的本体结构和功能与本体的一致性约束。实例的变更操作举例如图5-5所示。

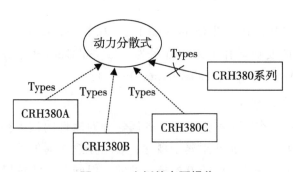

图 5-5　实例的变更操作

利用简单的变更操作,将概念"动力分散式"下的"CRH380 系列"实例删除,添加"CRH380A""CRH380B""CRH380C"三个新实例到概念"动力分散式"下，形式化表达为 Delete_InstanceOf（CRH380 系列，动力分散式）；
Delete_Instance（CRH380 系列）；Add_Instance（CRH380A）；Add_Instance
（CRH380B）；Add_Instance（CRH380C）；Add_InstanceOf（CRH380A，动力分
散式）；Add_InstanceOf（CRH380B，动力分散式）；Add_InstanceOf
（CRH380C，动力分散式）。

5.1.4　本体的一致性检查

　　通过上面对本体实体的变更操作，可以看出有些变化执行的操作很烦琐，
容易造成变化信息的丢失，从而导致本体进化后的不一致。此时需要进行本
体的一致性检查，对本体一致性约束进行相应的验证。参考文献[2]提出了本
体的一致性约束有 20 项之多，如对概念层次体系的约束、对根概念不变性的
约束等，这些约束对变更操作和创建新版本的本体有积极的指导意义，本体
工程师可以依据这些约束进行本体的变更操作，并根据出现的不一致问题找
到相应的解决策略，利用附加变化对本体进行修改，从而使本体达到逻辑和
语义上的一致。这是一种后向验证的方法，但发现问题后只能由后向前递推
寻找本体不一致的地方，比较费时费力，所以可以采用前向的验证方法，在
本体变更操作前对可能的本体不一致性问题进行预判，每完成一次进化操作
就对本体的预判条件进行验证，从而保证本体进化的一致性。

5.2　多专业领域本体协同进化方法

　　本体在知识组织与知识管理中的重要性已被众多领域所关注，领域本体
可以有效地组织领域中的知识，使知识更好地共享、重用。行业领域如高速
铁路领域、物流领域、农业领域等一般由多个子领域构成，如高速铁路领域
包括工务工程、牵引供电、动车组、运营管理、通信系统等子领域。在此类
情况下，一次性构建领域本体的工程复杂而巨量。针对大本体构建、本体复
用和推理效率问题，鉴于模块化的显著优势及其实际应用效果，模块化本
体[3]受到学者们的广泛关注。所以若将行业领域分解成多个模块，再将分模
块构建的行业子领域本体模块根据它们之间的关联关系进行连接，生成行业
领域本体模型，就可以解决大本体构建的复杂性和巨量性问题。而且某领域
中的不同子领域专家大多情况下都只对本领域知识熟悉和感兴趣，所以分模

块单独构建子领域本体更容易进行。在使用领域本体时，可以单独使用子领域本体，当用到多个子领域知识时再使用连接后的整个领域本体，这样就可以对子领域本体单独维护，可以解决大本体不易维护、复用困难、推理复杂度高等问题。目前，多个模块化本体语言及其构建工具也已被提出，例如 P-DL[4]、ε-connection[5]、Swoop、Protégé、ProSé[6]等。

随着时间的推进、环境的变化，领域会相应地发生一些变化，这些变化可能是新增加了子领域，某些子领域中新增加了一些新的词汇、词汇含义的变更或者词汇在领域内寿命的终结等，而这又会导致概念之间关系的变更，可谓"牵一发而动全身"。当知识随着领域、时间、应用环境等的变化而演变时，描述知识的本体也需要同步更新。由于分模块构建的子领域本体知识之间存在联系，所以当某个子领域本体发生进化时，其进化的影响会传播给与之有关的其他子领域本体。在子领域构建了自己的初始核心本体的基础上，领域本体进化问题就变成了子领域本体之间的协同进化问题。

在目前已有的研究方向中已经考虑到本体随知识更新而更新的问题，即本体进化的问题。但是，对本体进化的研究大多关注的是单个本体进化时新概念的获取及概念关系的关联[7-9]及本体版本进化时不同本体版本之间的映射[10]。在对子本体模块的研究中，主要侧重于从大本体中抽取子本体模块进行本体重用，Anny Kartika Sari 等人[11]提出了一种当抽取子本体模块的大本体进化时，子本体模块的进化算法。在已有的模块化本体研究中，忽略了知识的变化所引起的本体模块协同进化问题。本章主要探讨当一个子领域本体进化时，它的进化传播给与之有关的其他子领域本体，实现子领域本体之间的协同进化方法，目前，在子领域本体模块协同进化方面的研究还不多见。

由多个子领域构成的行业领域大多有自己的词表，如字典、叙词表、分类表等，所以在词表的基础上结合本体工程构建本体是行业领域本体建模研究的热点。本章在以词表为基础构建了子领域核心本体模块并进行连接的基础上，给出了子领域本体协同进化的形式化定义，提出了子领域本体协同进化方法，然后以高速铁路领域为背景，设计了领域知识变化时子领域本体协同进化算法并进行了实验验证。

5.2.1　子领域本体协同进化相关形式化定义

领域词表具有清晰的语义结构，便于从中抽取概念及关系，许多学者提出对现有的词表（如字典、叙词表、分类表等）进行共享重用，在此基础上构建 Ontology，并在实践中进行了尝试[12,13]。本体以概念和概念之间关系的建立为核心，注重计算机的形式化描述，以计算机能够理解的语义内容为前提。在将领域词表转换为本体时，一般基于本体论思想，对词表的概念进行增删，调整概念之间关系，对词表进行改进以生成新的本体。

以词表为基础构建领域本体，可以按照专业子领域进行模块化划分，如高速铁路领域本体可以划分为工务工程、牵引供电、动车组、运营管理、通信系统等专业子领域。子领域本体作为知识的概念化表示，描述概念和概念之间的关系以及构成概念及概念间关系的规则，我们将它定义如下：

定义 1　子领域本体。子领域本体是关于子领域概念的明确的共享形式化说明，我们将子领域本体表示为一个八元组：$SDO = \{C, P, H^c, R^s, R^{ud}, I, F, A\}$。

其中：SDO 表示子领域本体，C 表示概念（或称为类）集合，P 表示领域本体中 Datatype 类型属性集合，H^c 表示类间的上下位（subclass-of）二元关系集合，R^s 表示类间的同义（synonymy）关系集合，R^{ud} 表示类间的用户自定义（user-defined）关系（包括 part-of 关系也用自定义关系来描述）集合，也就是类的 ObjectProperty，I 表示领域内概念实例的集合，F 表示概念间一种特殊的关系，可以用以下形式表示：$c_1 \times c_2 \times \cdots \times c_{n-1} \rightarrow c_n$，$A$ 表示领域本体中概念或者概念之间的关系所满足的公理，是一些永真式。

以词表作为基础构建的子领域本体模块之间主要通过概念之间的各种关系进行连接生成整个领域本体模型，我们称子领域本体模块之间的连接为关联关系模型，将它定义如下：

定义 2　两个子领域本体模块之间关联关系模型。给定两个子领域本体模块 SDO_i 和 SDO_j，存在连接关系的 SDO_i 和 SDO_j 的关联关系模型表示为 $R_{SDOi,SDOj} = \{SDO_i, SDO_j, SDOH^c, SDOR^s, SDOR^{ud}\}$。

其中：SDO_i 和 SDO_j 表示两个子领域本体的名字，$SDOH^c$ 表示两个子领域本体概念间的上下位二元关系集合，$SDOR^s$ 表示两个子领域本体概念间的同义关系集合，$SDOR^{ud}$ 表示两个子领域本体概念间的用户自定义关系集合。

定义 3　与子领域本体 SDO_i 有关联的所有子领域本体关联关系模型集合。与子领域本体 SDO_i 存在连接关系的子领域本体集合为 $\{SDO_1, SDO_2, \cdots, SDO_n\}$，用 $R_{SDO_i} = \{R_{SDO_i,SDO_1}, R_{SDO_i,SDO_2}, \cdots, R_{SDO_i,SDO_n}\}$ 表示与子领域本体 SDO_i 有关联的所有子领域本体关联关系模型集。

定义 4　领域本体模型。领域本体模型由定义 1 和定义 2 组成，可以表示为：

$$DO = \left\{ \bigcup_{i=1}^{n} SDO_i , \bigcup_{(i,j=1)\&(i<j)}^{n} R_{SDO_i,SDO_j} \right\}$$

本体描述语言采用 OWL，利用本体构建工具 protégé，可以将子领域本体模块通过它们之间的关联关系模型进行连接生成统一的领域本体，领域本体模型中的元素也为一个八元组 $\{C, P, H^c, R^s, R^{ud}, I, F, A\}$。

定义 5 与子领域本体 SDO_i 没有关联的所有子领域本体集合。与子领域本体 SDO_i 存在连接关系的子领域本体集合为 $\{SDO_1, SDO_2, \cdots, SDO_n\}$，与其没有关联的子领域本体集合用 $NR_{SDO_i} = \bigcup_{i=1}^{n} SDO_i - \{SDO_1, SDO_2, \cdots, SDO_n\}$ 表示。

5.2.2 子领域本体模块协同进化方法

1. 子领域本体模块协同进化方法

目前，本体进化技术尚不成熟，走在本体技术研究前沿的德国卡尔斯鲁厄大学也只提出了一个本体进化的原型系统 KAON[14]，并没能付诸应用。由该大学 FZI 和 AIFB 研究中心提出的本体进化思路：①变化捕获；②变化表示；③语义变化；④变化执行；⑤变化传播；⑥变化确认，成为了本体进化研究的指导思想。

本章在此基础上提出了一种子领域本体模块协同进化方法，如图 5-6 所示。

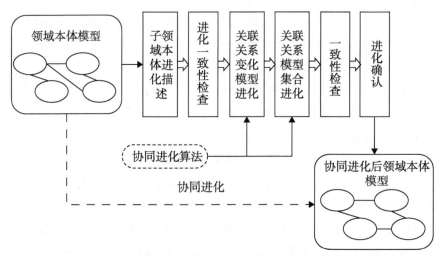

图 5-6 子领域本体模块协同进化方法

本章提出的子领域本体模块协同进化方法由以下 6 个步骤构成。

（1）子领域本体进化描述。

子领域本体的进化可以分为增加子领域本体、删除子领域本体和修改子领域本体。增加子领域本体是指领域中增加了一个新专业子领域，如原有的铁路领域增加了"动车组"专业领域；删除子领域是指在领域中删除一个专业领域；修改子领域本体是指一个子领域本体中概念、属性、实例的变化等。

本章重点讨论修改子领域本体的进化情况，子领域本体属性和实例的变化对关联关系模型的进化影响不大，所以我们只讨论修改子领域本体时概念增加、删除和修改对其他子领域本体的影响。

子领域本体进化描述就是指对概念变化的语义变化进行描述，如：

AddConcept（"受电弓"，"动车组子领域"）

AddRud（"受电弓"，<供电>，"动车组"）

上述描述表示在动车组子领域中增加"受电弓"概念，并且"受电弓"概念和"动车组"概念之间的语义关系为用户自定义关系，即"受电弓<供电>动车组"。

（2）进化一致性检查。

我们使用 Protégé 工具，安装 Run ontology tests 插件进行 OWL 本体结构和逻辑一致性状态检查。根据子领域本体进化描述，在 Protégé 中实施该进化并对进化后的子领域本体结构和逻辑一致性进行检查。

（3）关联关系变化模型进化。

领域本体是概念化的显式描述，它提供了实际知识的形式化语义表示。知识随着时间、应用环境等的变化而不断发生变化，描述知识的领域本体也需要跟着进行动态变化，否则这些用领域本体所表示的知识将会出现错误或失效。当子领域本体发生变化时，它和其他子领域本体模块之间关联关系模型同样需要进化。

根据协同进化算法，找到和进化子领域本体有关的其他子领域本体，实现子领域本体之间关联关系模型的进化。

（4）关联关系模型集合进化。

根据协同进化算法，实现关联关系模型集合的进化。

（5）一致性检查。

根据关联关系模型的进化，在 Protégé 中对相关子领域本体实施该进化并对进化后的领域本体结构和逻辑一致性进行检查。

（6）进化确认。

一致性检查通过后再由领域专家予以确认，确认后即表明实现了子领域本体进化的传播，可以生成协同进化后的领域本体模型。

2. 协同进化算法

本章只讨论某子领域本体概念变化时的进化传播问题。子领域本体概念的变化，包括概念元素的增加、删除和修改。

（1）概念元素的增加，需要修改该概念所属子领域本体与其他子领域本体的关联关系模型和其关联关系模型集合，进化算法过程为：

步骤1：对增加的概念 C_i 所属的子领域本体 SDO_i，从 R_{SDO_i} 找到所有与之有关联的关联关系集合 R_{SDO_i,SDO_j}，计算增加概念 C_i 与子领域本体 SDO_j 中所有概念 C_j 之间的同义关系集合 $SDOR^s$，计算增加概念 C_i 与子领域本体 SDO_j 中所有概念 C_j 之间的上下位二元关系集合 $SDOH^c$，同时计算增加概念 C_i 与子领域本体 SDO_j 中所有概念 C_j 之间的用户自定义关系集合 $SDOR^{ud}$，修改相应的 R_{SDO_i,SDO_j}，进而修改 R_{SDO_i}。

步骤2：对增加的概念 C_i 所属的子领域本体 SDO_i，从 NR_{SDO_i} 中找到与子领域本体 SDO_i 没有关联关系的子领域本体集合（集合中的子领域本体用 SDO_m 表示），计算增加概念 C_i 与子领域本体 SDO_m 中所有概念 C_m 之间是否存在同义关系集合 $SDOR^s$，计算增加概念 C_i 与子领域本体 SDO_m 中所有概念 C_m 之间是否存在上下位二元关系集合 $SDOH^c$，同时计算增加概念 C_i 与子领域本体 SDO_m 中所有概念 C_m 之间是否存在用户自定义关系集合 $SDOR^{ud}$。如果由于子领域本体 SDO_i 增加了概念 C_i 后，与原来没有关联的子领域本体有了关联关系，则增加相应的 R_{SDO_i,SDO_m}，进而修改 R_{SDO_i} 和 R_{SDO_m}。

（2）概念元素的删除，需要修改该概念所属子领域本体与其他子领域本体的关联关系模型和其关联关系模型集合，进化算法过程为：

对要删除的概念 C_i 所属的子领域本体 SDO_i，从 R_{SDO_i} 中找到所有与之有关联的关联关系变化集合 R_{SDO_i,SDO_j}，删除子领域本体 SDO_i 中删除的概念 C_i 与子领域本体 SDO_j 中所有概念 C_j 之间的同义关系集合 $SDOR^s$，删除子领域本体 SDO_i 中删除的概念 C_i 与子领域本体 SDO_j 中所有概念 C_j 之间的上下位二元关系集合 $SDOH^c$，同时删除子领域本体 SDO_i 中删除的概念 C_i 与子领域本体 SDO_j 中所有概念 C_j 之间的用户自定义关系集合 $SDOR^{ud}$，修改相应的 R_{SDO_i,SDO_j}，进而修改 R_{SDO_i}。

（3）概念元素的修改，需要修改该概念所属子领域本体与其他子领域本体的关联关系模型和其关联关系模型集合，进化算法可以分解为：先使用概念元素删除的进化操作（修改前的概念元素），再使用概念元素增加后的进化操作（修改后的概念元素）。

5.2.3　子领域本体模块协同进化实验验证

1. 实验背景

我们以高速铁路领域为背景进行子领域本体模块协同进化的实验验证。因为原有的铁路范畴表对高速铁路领域并不适用，所以在铁道部的支持下，组织高速铁路各个专业领域的专家重新构建了适用于高速铁路文献资料分类的《高速铁路范畴表与主题词表》，其中一级范畴 10 个，二级范畴 64 个，三级范畴 208 个，共计对应 2488 个主题词，同时还构建了《高速铁路基础数据表》。

目前，我们以《高速铁路范畴表与主题词表》为基础构建了动车组、运营管理、安全与救援、牵引供电和工务工程 5 个子领域的核心本体模块。基于其构建的动车组核心本体模块定义了 45 个概念、66 个属性、20 个自定义关系、110 个实例；运营管理核心本体模块定义了 48 个概念、30 个属性、10 个自定义关系、29 个实例；安全与救援核心本体模块定义了 19 个概念、7 个属性、3 个自定义关系、12 个实例；牵引供电核心本体模块定义了 356 个概念、65 个属性、36 个自定义关系、35 个实例；工务工程核心本体模块定义了 920 个概念、70 个属性、42 个自定义关系、14 个实例。然后我们将各子领域本体根据他们之间的关联关系进行了合并，形成了高速铁路领域本体的基本框架。

我们采用 Protégé 工具进行子领域核心本体模块构建和连接，选用 OWL 作为本体的描述语言，并采用 Java 语言实现了协同进化算法，在此基础上，我们进行了动车组子领域本体中概念增加、概念删除和概念修改时对其他子领域本体影响的实验验证。

2. 实验过程

对概念的增加、删除和修改，我们各自进行了 10 次实验验证。在概念增加的实验中，增加了 1 个同义关系、3 个上下位二元关系、4 个自定义关系；在概念删除的实验中，删除了 1 个同义关系、6 个自定义关系；在概念修改的实验中，删除了 2 个同义关系、5 个自定义关系，增加了 1 个同义关系、2 个上下位关系、4 个自定义关系。同时，关联关系变化模型和关联关系模型集合进行了相应进化。

下面我们以概念增加的进化处理来进行举例。

（1）概念进化描述。

在动车组子领域本体模块中增加"受电弓"概念，描述如下：

AddConcept（"受电弓"，"动车组子领域"）

AddRud（"受电弓"，<供电>，"动车组"）

表示在动车组子领域中增加"受电弓"概念，并且"受电弓"概念和"动车组"概念之间的语义关系为用户自定义关系，即受电弓<供电>动车组。

（2）进化一致性检查。

我们使用Protégé工具，安装Run ontology tests插件进行OWL本体结构和逻辑一致性状态检查。将原构建好的高速铁路领域本体导入Protégé中检验：在动车组子领域本体中增加"受电弓"概念，并增加ObjectProperty属性"<供电>"和"动车组"概念进行连接，Run ontology tests测试之后，发现进化后的动车组子领域本体没有结构和逻辑错误，符合本体一致性模型约束条件。

（3）关联关系变化模型进化。

使用概念增加时的协同进化算法，在动车组子领域本体的R_{SDO}中遍历与之有关联的关联关系模型集合R_{SDO,SDO_j}，并计算增加概念"受电弓"与子领域本体SDO_j中所有概念C_j之间的同义关系、上下位二元关系和用户自定义关系（自动计算方法我们采用参考文献[5]中的方法，即在和领域相关的语料中抽取，并辅以领域专家参与）。通过计算，动车组子领域本体"受电弓"概念与牵引供电子领域本体"接触网系统"概念之间有用户自定义的关联关系<供电>，所以修改R_{SDO,SDO_j}，在$SDOR^{ud}$中增加（"受电弓"，<供电>，"接触网系统"）。这个变化如图5-7所示。

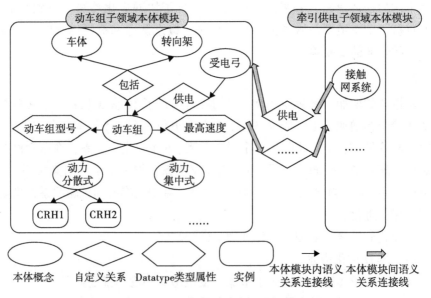

图5-7　高速铁路子领域本体协同进化关联关系片段

（4）关联关系模型集合进化。

动车组子领域本体中增加新概念"受电弓"后，没有增加与其有关联的子领域本体，所以关联关系模型集合不需要进化。

（5）一致性检查。

将高速铁路领域本体导入 Protégé 中检验：在动车组子领域本体"受电弓"概念中增加 ObjectProperty 属性"<供电>"，和牵引供电子领域本体"接触网系统"概念间建立连接，Run ontology tests 测试之后，发现进化后的高速铁路领域本体没有结构和逻辑错误，符合本体一致性模型约束条件。

（6）进化确认。

一致性检查通过后邀请高速铁路领域专家进行评估和确认，人工确认后生成了协同进化后的领域本体模型。

5.3 本章小结

本章首先研究了动车组专业领域本体的进化方法，然后研究了多专业领域本体协同进化方法。

提出了利用结构化数据 DBpedia 作为本体进化源的本体半自动进化方法，首先利用递归算法在 DBpedia 中抽取出与动车组领域本体相关的词汇，经过人工筛选和优化获得了本体进化的信息源，之后通过定义本体进化的各种变更操作，具体说明本体中概念、属性和实例的添加、删除等操作，最后阐述了对进化本体的一致性可以利用约束进行前向或后向检查。

目前对本体的研究是广泛且深入的，针对大本体构建、本体复用和推理效率问题，很多学者提出了模块化本体的构建方法。但是，在已有的模块化本体研究中，却忽略了知识的变化所引起的本体模块协同进化问题。本章提出了一种子领域本体协同进化方法，使用子领域本体之间的关联关系模型和关联关系模型集合来实现子领域本体协同进化，并以高速铁路领域为背景验证了其可行性和协同进化算法的有效性。实验结果表明，该方法能基本反映子领域本体概念进化后对其他子领域本体的影响问题，即子领域本体之间的协同进化问题。

这个方法要取得比较理想的效果，需要注意子领域本体中新增加概念时，此概念与其他子领域本体中概念关系的获得方法。目前，用得比较多的方法就是在和领域相关的语料中进行抽取，怎样让结果更准确，是我们下一步要研究的内容。另外，领域本体中的其他进化情况对子领域本体协同进化的影响，也是我们下一步要研究的内容。

参考文献

[1] 李秀敏，张久珍. 知识社区环境下的 DBpedia 研究 [J]. 图书馆，2013，4：27-30.

[2] 刘金花. 面向茶学领域的本体演化研究 [D]. 合肥：安徽农业大学，2011.

[3] Bernardo C G, Parsia B, Sirin E. Working with multiple ontologies on the semantic web [J]. Lecture Notes in Computer Science, 2004, (3298): 620-634.

[4] Bao J, Caragea D, Honavar V G. Package-based Description Logics-Preliminary Results [C]. Proceedings of the 5th International Semantic Web Conference-ISWC, 2006: 967-969.

[5] Kutz O, Lutz C, Wolter F, et al. ε-connections of Description Logics [OL]. [2009-12-16]. http://www.dcs.bbk.ac.uk/~michael/dl03final2.ps.

[6] Jimenez-Ruiz E, Berlanga R, Grau B C. ProSé: A Protégé Plugin for Reusing Ontologies, Safe and Economique User Manual [OL]. [2009-12-10]. http://krono.act.ujies/people/Emesto/safety-ontology-reuse/proSE-current-version/ProSE-Manual.pdf.

[7] 蔡丽宏，马静，吴一占，谭胜，薛浩. 基于 OWL 的本体半自动进化研究 [J]. 情报学报，2011，30（1）：56-60.

[8] Alexander Mikroyannidis, Babis Theodoulidis. Ontology management and evolution for business intelligence [J]. International Journal of Information Management, 2010, 30 (6): 559-566.

[9] 马静，宋晴晴，刘思峰. 基于 OWL 的领域本体的综合构建与进化 [J]. 情报学报，2007，26（6）：827-832.

[10] Michael Hartung, Anika Groß, Erhard Rahm. COnto – Diff: generation of complex evolution mappings for life science ontologies [J]. Journal of Biomedical Informatics, 2013, 46 (1): 15-32.

[11] Anny Kartika Sari, Wenny Rahayu, Mehul Bhatt. An approach for sub-ontology evolution in a distributed health care enterprise [J]. Information Systems, In Press, Corrected Proof, Available online 25 April 2012.

[12] 贾君枝.《汉语主题词表》转换为本体的思考 [J]. 中国图书馆学报，2007，33（4）：41-44.

[13] 唐爱民，真溱，樊静. 基于叙词表的领域本体构建研究 [J]. 现代图书情报技术，2005，122（4）：1-5.

[14] FZI, AIFB. KAON is an open-source ontology management infrastructure targeted for business applications [OL]. [2009-06-08]. http://kaon.semanticweb.org.

第6章　基于领域本体的语义标引与概念语义相似度计算

  本章和第7章是多专业领域本体的应用研究，本章的研究面向底层的基于多专业领域本体（使用第4.3节的多专业领域本体集成方法集成后的统一的多专业领域本体）的文献语义标引和基于多专业领域本体概念模型（第4.4节中的定义3）的概念语义相似度计算模型，第7章的研究面向用户的语义扩展检索和推理检索方法。文献语义标引的最终目的是获得文献的语义特征向量，为第7章的语义扩展检索做前期准备；利用相似度算法进行语义扩展是语义扩展查询中最常用的方法，概念语义相似度计算模型为第7章的语义相似度扩展检索模式提供了基础。

  传统的搜索引擎仅研究用户输入的关键词和检索结果信息的匹配程度，而忽略了以下两点：①系统对文档标引的关键词不一定能表达文档的内容；②用户输入的检索词不一定能代表用户真实的信息需求。所以语义查询扩展是建立在对文档良好的语义标引基础上的。

  本体在软件工程、人工智能、信息检索、Web服务发现[1]等领域中扮演着越来越重要的角色。领域本体可以有效地组织领域中的知识，使知识更好地共享、重用。但是在利用本体的同时，如何提高概念相似度计算精度却成了本体应用的一个"瓶颈"。在基于本体的知识检索领域，提高检索的查准率和查全率一直是困扰人们的难题。而概念的相似度计算又是知识检索过程中进行概念语义扩展的重要步骤，如何提高概念相似度计算精度就成了提高检索质量的关键技术之一。

6.1 基于领域本体的语义标引

本体自从被引入到人工智能领域，就自然而然地成为一种重要的知识组织模型和工具。采用本体来描述特定领域的概念和概念间的关系，使得概念和概念间的关系在共享范围内具有明确的定义，从而达成共识，提供对领域知识的共同理解。通过本体建立起特定领域的知识体系，能够增进计算机对领域知识的理解。基于本体的语义标引正是以此为基础提出的，它有利于增强资源组织与管理，改善传统标引技术的不足，同时也是基于本体的语义检索的基础。目前有分别针对语义 Web 的语义标引[2-3]和领域资源的语义标引[4]，它们的共同之处是采用概念进行标引。

综观关于标引方面的文献，一般把对 Web 上资源用本体进行语义表示称为"语义标注"，而把对文献资料用本体进行语义表示称为"语义标引"，因为本章中语义表示的对象是文献，所以在本章中用"语义标引"这个词。

6.1.1 语义标引概述

标引是对资源进行特征提取和标识引导的过程[5]，它不仅是文档合理组织和管理的基础，也是检索的前提。直接对文档进行检索，势必会降低效率。通过标引把对文档集的管理转化为对结构化元数据的组织和管理，提高资源的管理效率；把对文档集的检索转变为对结构化元数据的检索，提高检索的质量。标引分为自动化标引、半自动化标引和手工标引。自动化标引过程中无需人的参与，强调机器的自动处理，但目前由于技术的局限性，还不能完全做到自动标引。半自动化标引强调人协调下的机器的处理，通过手工调节克服完全自动化标引技术上的不足。手工标引，由了解领域知识的人对相应领域的资源进行标引，标引的好坏依赖于人对领域知识的理解程度，甚至会受到人的主观因素的影响。实际应用中常根据具体情况采取合适的方式。

传统标引是基于关键字的，即通过词频统计提取关键字，然后根据关键字对文档进行索引。这种方式已广泛用于各种商业搜索引擎。基于关键字的标引方式建立在一些假设的基础上，如关键字之间彼此独立、关键字不具有二义性等，这些假设使得处理过程大大简化，却也使标引方式停留在关键字的字面异同的逻辑层面上。不同的语境中，相同的关键字可能表示不同的含义，而不同的关键字也可能表达同一种意思。关键字之间往往也并非毫无关系。基于关键字的标引忽略了概念层面或语义层面的含义，是导致检索效果不够理想的关键因素。基于本体的语义标引，更注重从概念层面区分资源，从语义上抽象出文档所表达的真正含义，为语义检索创造条件，是提高检索效果的重要途径。

语义标引的概念来自于对 Web 上资源的标引，即用本体对 Web 数据进行标引，对文献资料的语义标引最近才成为情报领域的研究热点。

语义标引是根据有关本体为网络上的各种资源及其各个部分标引概念类、概念属性和其他元数据的过程，是智能检索语义推理的基础[6]。语义标引的方法目前主要有 3 类[7-9]：

（1）人工标引，由专门人员确定标引资源适用的概念集、解析资源内容结构、选择元数据元素、建立用 RDF 或 HTML 语言标记的语义数据。这个过程往往在一定编辑器、概念集和标引过程知识库支持下进行，是一个智力密集和劳动密集过程，难以应付浩瀚和不断变化的网络资源。

（2）领域文档类型定义（DTD）和文档模式（Schema）进行概念映射和标引。由于 SGML/XML 文档的 DTD 或 Schema 详细定义文档内容结构和各内容元素，我们可以建立特定概念和特定 DTD/Schema 之间的映射关系，从而自动地将 SGML/XML 文档中的 DTD/Schema 内容元素标记转换为对应的概念元数据标记。但由于 DTD/Schema 的适用领域及其体系结构往往不协调、不兼容，因此难以准确映射，还需要人工进行审查和修改。

（3）利用词汇语义分析进行标引，自动词汇抽取和分析技术已较成熟，可在此基础上建立词汇集合与概念类别之间的映射关系，然后通过自动词汇分析找出文档或文档片段的概念类别，甚至与其他类别的语义关系，利用这些概念类别进行标引。该标引方法最好限制在一定的应用领域和资源类型内，而且需要进行人工审查。

关于语义标引工具，网站 http：//annotation. semanticweb. org/tools 列出了目前已有的 13 种工具：KIM Semantic Annotation Platform、Onto mat Annotizer、MnM、SHOE Knowledge Annotator、Annotea、Annozilla、SMORE、Yawas、Melita、GATE、Briefing Associate、Semantic Word 和 Semantic Markup Plug-in for Internet Explore。从本体技术的角度上来说，现有工具普遍存在以下的不足[10]：①没有工具支持最新的本体语言 OWL；②多数工具不支持本体词汇扩充，这与语义 Web 的应用环境相悖；③语义标引过程中本体查询、辅助推理

支持以及元数据产生的自动化程度还不够。

6.1.2　基于领域本体的语义标引思路

借鉴语义标引第三类方法的思想，下面给出一种基于领域本体的语义标引方法，通过分析文档的特征词汇，建立词汇与本体概念之间的映射，采用领域本体对文档进行领域语义标引[11]。

对文档从领域角度进行信息语义标引，必须首先获取该领域的相关知识，在领域专家和本体创建者的共同合作下，定义并创建领域本体。使用领域本体对文档进行语义标引的基本思路如下：首先，从文档中抽取代表该领域内容的特征词汇，形成特征词汇集合；其次，把含有这些特征词汇的文档与相应的特征词汇关联起来；最后，把这些特征词汇与领域本体中的概念进行匹配。这样，就建立了文档与领域本体之间的概念映射关系。

基于领域本体的语义标引示意图如图 6-1 所示。

图 6-1　语义标引示意图

由于领域本体是对领域内相关概念、概念属性及概念间关系的精确和详细的描述，采用这种方法对文档进行语义标引后，不仅能把文档隐含的语义信息显式地表现出来，而且为文档与领域及其所属类别进行了较为准确的划分，同时也能体现出它与相关类别的语义关联度。这样，数据库内部文档之间就具有了语义关联关系，这是实现智能检索的语义推理功能的基础。

6.2　文献语义标引

6.2.1　文献语义标引模型

结合以上分析，本章建立基于本体的语义标引模型，如图 6-2 所示。模型中既给出了语义标引的流程，也指明了关键的处理过程。图 6-2 中以初始文档集为起点，以语义向量的存储为终点。模型涉及 4 个相对独立的处理过程：文档处理、语义标引、文档语义向量抽取和本体解析。语义标引过程是模型的核心，但它需要文档处理和本体解析两个处理为其提供服务。文档处理产生的结果作为下一步处理语义标引的输入，而本体解析的结果也作为语义标引的输入。最终声称文档语义向量存储到关系数据库或文档中。

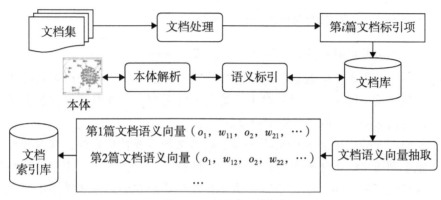

图 6-2　语义标引模型

4 个处理过程的功能定义如下：

（1）文档处理。以初始文档集为输入，对文档进行标引，并将经过标引的文档和标引项存储到文档库。输入的文档可以是各种形式，设为 d_i。文档处理包括分词处理、标引处理、文档净化等。第 i 篇文档 d_i 的标引项包括文档标题、关键词、主题词、文档摘要等。

（2）本体解析。本体可以用 RDF、OWL 格式文件或关系数据存储。本体解析过程要从文件或数据库中读取本体，使机器理解本体的结构、本体的概念和概念间的关系、概念所包含的属性和属性的取值范围等，为语义标引服务。

（3）语义标引。语义标引按照本体中定义好的概念对文献进行标引，文档处理产生的结果和本体解析的结果作为语义标引的输入。综合考虑概念在第 i 篇文档的标引项主题词、标题、关键字和摘要中出现的频率和位置，计算概念的权重，并在语义标引过的文档库中保留标引概念及其对应的权重值。

（4）文档语义向量抽取。以语义标引过的文档库为输入，抽取文档语义向量，生成文档 d_i 的语义向量 $(o_1, w_{1i}, o_2, w_{2i}, \cdots)$，存储到相应的文档或关系数据库中（并建立索引）。

本体解析、语义标引和文档语义向量抽取可以由机器处理。本体解析是存取本体，对本体结构的理解，机器也可以实现，例如惠普实验室的 Jena 引擎不仅提供对 RDF、RDFS 和 OWL 格式本体的解析，也提供了存取以 Oracle 数据库存储的本体接口。语义标引和文档语义向量抽取可以由自己编程来实现。文档处理可以在人的介入下完成，这样既可以避免由于机器处理技术不成熟的弊端，减少人的工作量，又可以降低完全人工处理所受到的主观因素的影响，因此这种半自动化方式可以获得比完全机器处理或完全人工处理更好的效果。

6.2.2 文献语义标引中本体概念权重的计算

语义标引的最终目的是获得文档的语义向量$(o_1, w_{1i}, o_2, w_{2i}, \cdots)$，对本体解析后可以遍历本体中的概念对一篇文档进行标引，关键是如何确定标引概念对应的权重，即这个概念相对于这篇文档的重要性。本章借鉴文献关键词抽取的方法来确定文献语义标引概念的权重。

标引概念的权重是由它反映文献主题语义的重要性决定的，能够较好反映文献主题语义的本体概念将被赋予较大的权值。过去的研究表明，词频和位置在反映标引词和文献主题的关系上起着重要的作用，本章采用山西大学郑家恒等人提出的非线性函数和"成对比较法"相结合的方法，综合考虑位置和词频两个因素[12]，最终给出标引概念的权重。

1. 权值函数的构造

在构造标引概念权值函数时综合考虑了词频和位置两个因素，可以用权值函数表示如下：

$$weight_i = \alpha \times fre_i + loc_i$$

其中，$weight_i$表示标引概念i的权重；fre_i表示标引概念i权重的词频因子；loc_i表示标引概念i权重的位置因子；α为词频因子和位置因子的调节因子。

2. 函数因子的计算

（1）词频因子的计算

对于词频因子，这里采用公式：

$$fre_i = \frac{f_i}{1 + f_i}$$

其中，f_i表示词语i在一篇文章中的词频。

由参考文献[13]可知，该方法也称为非线性函数方法，它使词频因子随词频的增加而逐渐上升，而上升速度又不是很快的，当词语的词频逐渐增大时，函数逐渐向 1 收敛，即词语出现的次数越多，该词作为关键词的可能性越大。同时，可能性的增长又不是线性的，当词频特别高时，基本趋于稳定，比线性方法更加符合语言的实际。

（2）位置因子的确定

本章采用"成对比较法"来确定函数的位置因子。

"成对比较法"的思想是，设要比较 n 个因素对目标 Z 的影响，每次取两个因素 i、j，用 a_{ij} 表示 i、j 对目标的影响程度之比，由 a_{ij} 构成一个两两比较的判断矩阵 $A = (a_{ij})_{n \times n}$，通过对矩阵进行计算，得到每个因素在目标中所占的比重。"成对比较法"是一种将半定性、半定量的问题转换为定量计算的有效方法，因此在资源分配、优选排序、政策分析、冲突求解以及决策预报等领域得到广泛的应用。它特别适用于那些难以完全用定量进行分析的复杂问题，例如在旅游问题中要比较景色、费用、交通等因素对地点选择的重要性，但是这些因素却是难以定量且不易比较的，而使用"成对比较法"只需知道任意两因素的相对重要性，并给出标度值，如标度值为 1 表示两因素同样重要，为 3 表示一个因素与另一个因素相比稍微重要，为 5 表示一个因素与另一个因素相比明显重要等，就可以计算出所有因素在目标中所占的比重。

位置对反映文献主题的影响也与此类似。在反映主题方面，标题中的词比正文中的词明显重要，而摘要、结论中的词比正文中的词稍微重要，但至于各个位置的词在反映主题方面到底占多大的比重，却不好给定或不好准确给定。这就需要用"成对比较法"来解决。解决步骤如下：

①比较标度的确定

在估计事物的区别性时，人们常用 5 种判断来表示：相等、较强、强、很强、绝对强，可以分别用 1、2、3、4、5 来表示，这种标度方法不但符合人们的判断习惯，而且符合心理学家的研究结果。心理学家认为，人们在同时比较若干对象时，能够区别差异的心理学极限为 7 ± 2 个对象，这样用 5 个数字来表示各个位置的词在反映主题时的差异是比较合理的。

②确定矩阵元素

要确定矩阵元素先要确定任意两个词在反映主题时重要性的比值，在这里设定：任意两词的重要性之比就等于它们的区号比。例如：词 i 属于 3 区，词 j 属于 1 区，那么 $a_{ij} = 3$，如果词 i 属于 3 区，词 j 属于 5 区，那么 $a_{ij} = 3/5$。这样就将每篇论文生成了一个矩阵 $A = (a_{ij})_{n \times n}$，实现了词语位置的矩阵化。

由参考文献 [14] 可知，当矩阵为一致性矩阵时，也即 $a_{ij} \cdot a_{jk} = a_{ik}$ 时，矩阵的主特征向量就是词语的位置权值向量，而当矩阵不满足一致性时，词语的位置权值向量为主特征向量的近似值。所以，要求出各个词的位置权值，关键要求出矩阵的特征值和主特征向量。由于正矩阵 A 具有单一的模最大的

正特征根 λ_{max}，则可以方便地用幂法来计算。

算法如下：

step 1：任取初始正向量 $x^{(0)} = (x_1^{(0)}, x_2^{(0)}, \cdots, x_n^{(0)})^T$，$k=0$，计算 $m_0 = \| x^{(0)} \|_\infty = \max_i \{ x_i^{(0)} \}$，$y^{(0)} = \dfrac{1}{m_0} x^{(0)}$。

step 2：迭代计算 $x^{(k+1)} = A y^{(k)}$，$m_{k+1} = \| x^{(k+1)} \|_\infty$，$y^{(k+1)} = \dfrac{x^{(k+1)}}{m_{k+1}}$。

step 3：检查，当 $| m_{k+1} - m_k | < \varepsilon$ 时转 step 4，否则令 $k = k+l$ 转回 step 2。

step 4：将 $y^{(k+1)}$ 标准化，即 $w = \dfrac{y^{(k+1)}}{\sum\limits_{i=1}^{n} y_i^{(k+1)}}$，$\lambda_{max} = m_{k+1}$。

这时的 λ_{max} 和 w 就是所要求的最大特征根和主特征向量。主特征向量就是标引概念的位置权值向量，向量的各个分量就是标引概念的位置因子。

（3）调节因子的确定

在实验过程中发现，词与词之间的词频因子值相差不大，而位置因子值相差较大，为了调节二者的关系，用 α 来适当增加词频因子的影响，实验结果表明取 $\alpha = 2$ 时效果较为理想。

（4）权值的最终确定

将每个标引概念的词频因子、位置因子填入权值计算表中，利用公式 $weight_i = \alpha \times fre_i + loc_i$ 把每个词的词频因子与位置因子相乘得出标引概念的最终权值。

6.2.3　文献的语义表示与文献语义特征向量

在经过了文档处理和语义标引的基础上，文档描述对象内容的信息有了比较清晰的轮廓，可以据此为文档建立基于领域本体的语义特征向量。在抽取文档语义向量时，本章借鉴了经典向量空间模型的思想[15]。不同的是，常规的文档向量模型首先建立一个由单词、词干或者短语作为关键词条的字典，然后在此基础上将每个文档表示成一个多维向量，最后用二进制向量、$FREQ_{ik}$ 或者反转文档频率等不同的表示法将文档表示出来；而本书使用本体库替代包含关键词条的字典，利用文档所描述的一个或者多个概念对象及其标引权重所组成的语义向量来替代文档，从而对文档内容进行抽取和语义化。

每篇文档经过文档处理后，都会有特定的主题词、标题、关键词和摘要，可以使用本体中的一个或者多个概念来对其抽象和概括。对标引的本体概念对象而言，每个本体概念都有其相对于文档的权重，一个或多个本体概念对象及其标引权重组成刻画和描述文档内容的语义向量如图 6-3 所示。

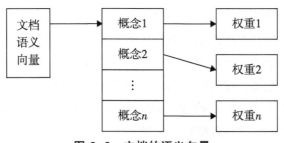

图 6-3　文档的语义向量

在语义网的 Page 型语义标注中往往只需要一个概念就可以对文档的内容进行概括和描述，而对于文档资料型，如 PDF 或 Word 而言，可能需要多个本体概念及其权重来进行刻画。

对于标引文档的概念和其对应权重，本章采用一维向量的形式来表示，文献的语义特征向量就由这两个一维向量来表现。

由图 6-3 得到文档语义表示之后的概念向量和权重向量：

$$Document(1) = \{c_{11}, c_{12}, \cdots, c_{1m}\} \qquad (6.1)$$

$$Weight(1) = \{w_{11}, w_{12}, \cdots, w_{1m}\} \qquad (6.2)$$

6.3　概念语义相似度研究综述

6.3.1　语义相似度、语义相关性与语义距离

"语义相似度"（Semantic Similarity）还有两个相关的概念，分别是"语义相关性"（Semantic Relativity）和"语义距离"（Semantic Distance）[16]。语义相似度是指词的可替换度和词义的符合程度，如 Computer—Calculator 的相似度就比较大。而语义相关性则指词之间的关联程度，如 Computer—Software 的相似度很小，但是相关性很大。语义距离是指词之间在语义树上的路径长度，是衡量语义相似度的一种有效手段，通常距离和相似度成反比。

6.3.2　传统的概念语义相似度计算模型

传统的基于领域本体的概念之间相似度计算模型主要有三种：基于距离

的语义相似度计算模型；基于内容的语义相似度计算模型；基于属性的语义相似度计算模型。

1. 基于距离的语义相似度计算模型

该计算模型的基本思想是把概念之间的语义距离用两个概念在层次网络中的几何距离来量化。最简单的一种计算方法就是把网络中的所有有向边的距离都看成同等重要，都看成 1。这样，两个概念间的距离就等于这两个概念对应的结点在层次网络中的构成最短距离的有向边数量。依照这种思想，可以得出一种简单的语义相似度计算模型[17]：

$$sim(w_1, w_2) = \frac{2 \times (H-1) - L}{2 \times (H-1)}$$

其中，H 为网络结构的最大深度，L 为概念 w_1 和 w_2 之间有向边的数量。

该计算模型可以简单地反映出如果两个概念之间的距离越远，它们之间的语义相似度就越小；反之越近，则越大。

但是，上述计算模型在计算概念之间的语义相似度时是很粗糙的，没有考虑网络结构中有向边的差异。于是，Leacock[18] 在此基础上对计算模型进行了改进，提出了一种改进的基于距离的语义相似度计算模型：

$$Dist(w_1, w_2) = N_{links}[w_1, Anc(w_1, w_2)] + N_{links}[w_2, Anc(w_1, w_2)]$$

$$sim(w_1, w_2) = -\lg \frac{1 + Dist(w_1, w_2)}{d_{max}}$$

其中，$Anc(w_1, w_2)$ 表示概念结点 w_1 和 w_2 在层次网络中的最近共同祖先结点，$N_{links}(w_1, w_2)$ 表示概念结点 w_1 和 w_2 在层次网络中的最短距离，d_{max} 表示网络的最大深度。

2. 基于内容的语义相似度计算模型

基于内容的语义相似度计算模型的基本原理是[19]：如果两个概念共享的信息越多，它们之间的语义相似度就越大；反之，则越小。在层次网络中，每一个概念都可以认为是对它的祖先结点的细化，因此可以近似理解为每一个子结点包含它所有祖先结点的信息内容。这样，两个概念的语义相似度就可以用其最近共同祖先结点的信息内容来衡量。

根据信息论可知：如果一个概念出现的频率越大，它所包含的信息量就越少；反之，则越多。参考文献 [17] 给出了关于层次网络中量化每一个概念结点信息量的计算公式：

$$IC(w) = -\lg P(w)$$

$$p(w) = \frac{概念\ w\ 在训练资料中出现的次数}{训练资料的总数}$$

其中，$P(w)$ 表示概念 w 在训练资料中出现的概率；$IC(w)$ 表示概念 w 所拥有的信息量。

这样，依据上面概念信息的量化公式，可以得到层次网络中任意两个概念之间的语义相似度计算模型[20]：

$$sim(w_1, w_2) = \frac{2 \times IC[Anc(w_1, w_2)]}{IC(w_1) + IC(w_2)}$$

其中：$Anc(w_1, w_2)$ 表示概念结点 w_1 和 w_2 在层次网络中的最近共同祖先结点。

3. 基于属性的语义相似度计算模型

在现实世界中，人们在区别和联系不同事物的过程中一般都通过比较事物之间具有的属性。如果两个事物有很多属性相同，则说明这两个事物很相似；反之，则相反。因此，基于属性的语义相似度计算模型的基本原理也就是通过判断两个概念对应的属性集的相似程度。

Tervsky 提出了一种基于属性的计算概念语义相似度的方法[21]：

$$sim(w_1, w_2) = \theta f(w_1 \cap w_2) - \alpha f(w_1 - w_2) - \beta f(w_2 - w_1)$$

其中，$w_1 \cap w_2$ 表示概念 w_1 和 w_2 所共同拥有的属性集，$w_1 - w_2$ 表示概念 w_1 拥有而概念 w_2 没有的属性集，$w_2 - w_1$ 表示概念 w_2 拥有而概念 w_1 没有的属性集。

此外，在参考文献 [22] 中提出了一种基于多维属性的语义相似度的计算模型：

设概念 w_1 和 w_2 各有 n 个属性，属性值分别是 $Attr(w_1) = \{E_{0,w1}, E_{1,w1}, \cdots, E_{n,w1}\}$ 和 $Attr(w_2) = \{E_{0,w2}, E_{1,w2}, \cdots, E_{n,w2}\}$。

$$Dist(w_1, w_2) = \sqrt{\sum_{k=0}^{n} (E_{k,w_1} - E_{k,w_2})^2}$$

$$sim(w_1, w_2) = \frac{\alpha}{\alpha + Dist(w_1, w_2)}$$

其中，α 为调节因子。

4. 三种计算模型的比较

三种语义相似度的计算模型分别从三个不同的分析角度来量化概念之间的语义相似度：

（1）基于距离的语义相似度计算模型简单、直观，但它非常依赖预先建立好的概念层次网络，网络的结构直接影响到语义相似度的计算。

（2）基于内容的语义相似度计算模型在理论上更有说服力，因为在计算概念之间语义相似度的时候，充分利用了信息理论和概率统计理论的相关知识。但是，这种方法不能更细致地区分层次网络中各个概念之间语义相似度的值。

（3）基于属性的语义相似度计算模型可以很好地模拟人们平时对现实世界中事物之间的认识和辨别，但要求对客观事物的每一个属性进行详细和全面的描述。

因此，三种语义相似度计算模型有各自的优点和缺点，下一小节将对一些改进的语义相似度计算模型进行综述。

6.3.3　概念语义相似度计算模型总结

目前其他的语义相似度算法的实质都是基于传统的语义相似度计算模型，即基于距离、基于内容和基于属性进行相似度的计算。Jérôme David 和 Jérôme Euzenat[23] 比较了现有的方法，并通过实验对这些方法进行了分析，他们的实验显示结构相似往往比词汇相似更可靠和强健。英文词汇相似度计算通常使用 wordnet，而中文词汇语义相似度计算大多使用知网[24,25]。本体概念的结构相似大多利用本体的树结构来进行计算，还有在利用结构进行相似度计算的同时，使用启发式规则验证语义相似度计算公式的有效性[26]。

在领域本体概念语义相似度计算方面，黄果、周竹荣[27]针对三种传统的语义相似度计算模型的优缺点和领域本体所特有的性质，提出了一种改进的基于领域本体的语义相似度计算模型。在该模型中，对影响本体层次网络有向边权重的四种因素（类型、密度、深度、强度）中的密度和深度进行了新的量化，并且把概念的属性因素考虑到其中，从而更加全面地量化了本体网络中概念结点之间的语义相似度。陈杰、蒋祖华[28]针对当前面向领域本体中概念相似度计算没有完全利用概念的语义信息，造成相似度不精确的问题，提出了一种新的算法。其将概念相似度计算分为两层：一层是概念语义初始相似度层，其利用概念之间的距离计算概念的初始相似度，该相似度可作为概念上下位关系体现出的相似度的近似值；另一层是在概念语义初始相似度的基础上，通过比较概念的关系和关系概念的相似度，计算概念通过非上下位关系体现出的相似度。最后将两层的相似度进行加权综合，得到领域本体中概念的实际相似度。但是提出的算法只针对在一个领域本体中的概念，并没有涉及不同本体之间的概念相似度计算。

6.4　领域本体概念语义相似度计算

概念间相似度的计算方法根据要比较的概念是否来自同一个本体分为单本体和跨本体概念相似度计算方法。基于语义距离和基于信息内容的方法分别利用了本体的结构信息（概念术语的位置信息）和信息内容，不同本体的结构和信息内容不能直接进行比较，这两种方法适合单本体概念相似度的计算。跨本体的相似度方法通常使用混合的或基于特征的方法。

如果参与比较的概念来源于不同本体，则问题将会变得复杂得多。无论是相似性度量，还是相关性度量，都会遇到新的困难。这是因为，本体本身是一个相容的形式体系，实际上是作为概念的语义背景存在的。如果两个概念的背景相同，即来源于同一本体，则语义上的比较是可行的。而当被比较的概念分属于不同本体时，则意味着它们失去了共同的知识背景，也失去了进行语义比较的基础。在实际应用中，有时必须对分属于不同本体的概念加以比较。一种有效的解决办法就是在本体之间建立映射，形成新的联合背景。而由多个专业构成的领域的每个专业的范畴表和主题词表基本是相互独立的，而且构建方法和原则相同，所以它们的概念的语义背景是相同的。

因为各个专业范畴表和主题词表的构建方法和结构相同，所以将多专业本体合并（集成）为一个领域本体后，就可以用单本体概念相似度计算方法来计算领域本体概念的语义相似度。

6.4.1　MD3（Triple Matching–Distance Model）模型

跨本体相似度计算大都采用综合的相似度计算方法，分别计算概念的名称、属性以及概念间语义关系间的相似度，然后通过加权求和得到概念之间的相似度。其中 MD3 模型是一种典型的计算跨本体概念间语义相似度的方法，是 MD 模型在跨本体应用中的扩展。

MD3 模型是一种跨本体概念间相似度计算框架。计算实体类 a 和 b 之间的相似度通过计算同义词集、特征属性和语义邻居之间的加权和，公式如下：

$$sim(a,b) = wS_{synsets}(a,b) + uS_{features}(a,b) + vS_{neighborhoods}(a,b)$$

其中 w，u，v 表示了各组成部分的重要性。特征属性细化为组成部分、功能以及其他属性。概念 a 和 b 的语义邻居及其特征属性（即概念的部分、功能及其他属性）也通过同义词集合描述，每一个相似度的计算都通过

Tervsky 公式：

$$S(a,b) = \frac{|A \cap B|}{|A \cap B| + \alpha(a,b)|A - B| + (1 - \alpha(a,b))|B - A|}$$

其中 A、B 分别表示概念 a 和 b 的描述集合，$A-B$ 表示属于 A 但不属于 B 的术语集（$B-A$ 相反）。参数 $\alpha(a, b)$ 由概念 a 和 b 在各自层次结构中的深度确定，公式如下：

$$\alpha(a,b) = \begin{cases} \dfrac{depth(a)}{depth(a) + depth(b)}, & depth(a) \leqslant depth(b) \\ 1 - \dfrac{depth(a)}{depth(a) + depth(b)}, & depth(a) > depth(b) \end{cases}$$

6.4.2 领域本体 MD4 模型组成描述和计算流程

首先定义领域本体概念语义相似度：

定义 4　$sim: C_1 \times C_2 \longrightarrow [0,1]$，相似值在 0 和 1 之间。$C_1$ 和 C_2 是基于定义 3 的两个概念的术语集合，$sim(A,B)$ 表示 A 和 B 之间的相似度。

——$sim(e,f) = 1$：表示概念 e 和概念 f 是相同的两个概念；

——$sim(e,f) = 0$：表示概念 e 和概念 f 是两个完全不同的概念。

1. MD4（Fourfold Matching-Distance Model）模型组成描述

传统本体概念间相似度计算的不足在于其语义邻居只考虑了层次语义关系，没有考虑语义关系中非层次关系的影响，同时对象实例对于概念的影响也没有考虑。本章在第 3 章定义 3 领域本体概念九元组模型的基础上，提出了计算概念之间相似度的 MD4 模型，如图 6-4 所示。该模型全面考虑了本体概念模型中各种元素对相似度的影响。

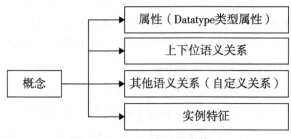

图 6-4　MD4 模型组成描述

对单本体概念相似度的计算，只需要判断概念 A 和 B 是否在对方的同义词集当中。如果概念 A 和 B 是同义词，则 $sim(A,B) = 1$，如果概念 A 和 B 不是同义词，则根据其他四个组成计算它们之间的相似度。

2. MD4 模型计算流程

根据 MD4 模型的组成描述，对于跨本体概念语义相似度的计算需要考虑概念名称相似度，而在同一本体中可以通过判断两个概念是否为同义词，如果是同义词则直接给出相似度值。首先计算模型各组成部分语义相似度，通过加权综合可得概念之间的实际相似度 $sim(A,B)$。依据上述思想，算法流程如图 6-5 所示。

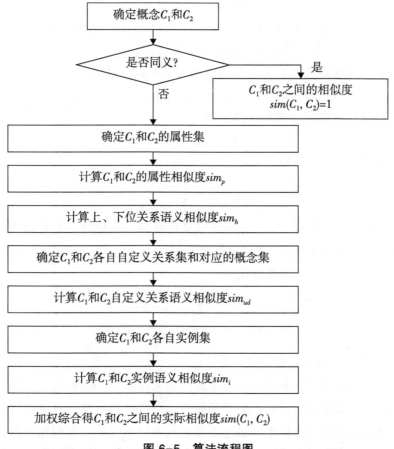

图 6-5　算法流程图

6.4.3　MD4 模型概念语义相似度算法

由图 6-5 可知，在同一本体中，概念相似度计算首先需要检查两个概念是否同义。如果两个概念同义，那么两个概念是完全相似的，其相似度为 1。

定义 5 如果领域本体中概念 C_1 和 C_2 为同义关系，那么 $sim(C_1,C_2)=1$。

1. 概念 Datatype 类型属性相似度计算

（1）确定 C_i 和 C_j 的属性集

假设有两个非同义概念 C_i 和 C_j，根据定义 3 中的概念模型表示方法，可得到概念属性语义描述信息：

$$P_i = \{p_{i1}, p_{i2}, \cdots, p_{im}\}$$
$$P_j = \{p_{j1}, p_{j2}, \cdots, p_{jn}\}$$

分别表示概念 C_i 和 C_j 对应的 m 和 n 个 Datatype 类型的属性（Datatype Property）。这里，每个集合中不存在相同的元素。

（2）对属性集合 P_i 和 P_j 进行笛卡儿乘积 $P_i \times P_j$，得到配对集：

$$Cp(C_i,C_j) = \{<p_{i1},p_{j1}>, <p_{i1},p_{j2}>, \cdots, <p_{im},p_{jn}>\}$$

（3）计算 C_i 和 C_j 的属性相似度 sim_p

定义 6 在领域本体中，如果 p_i 和 p_j 是概念 C_i 和 C_j 两个 Datatype 类型的属性，那么这两个属性的相似度是：

$$sim(p_i,p_j) = \begin{cases} 1, p_i = p_j \\ 0, p_i \neq p_j \end{cases}$$

定义 6 说明了当两个 Datatype 类型的属性进行比较时，如果两个属性是相同的，那么相似度为 1，否则相似度为 0。

C_i 和 C_j 属性相似度计算公式为：

$$sim_p(C_i,C_j) = \frac{\sum_{i=1}^{m} \sum_{j=1}^{n} sim(p_i,p_j)}{\max(m,n)} \qquad (6.1)$$

2. 上下位关系语义相似度计算

在领域本体中，只考虑上下位关系时的本体模型为树型结构。计算上下位关系语义相似度时采用基于距离的概念相似度计算方法。之所以选择这种方法，是因为在领域本体中，概念主要以树状结构排列，而利用距离计算概念的初始相似度可以合理地利用概念的这种组织形式，从而使算法比较直观、易于理解。

当前已经有不少学者提出了基于距离的概念相似度计算方法，如参考文献［29］。在他们的基础上，陈杰、蒋祖华综合考虑了概念距离和层次对概念相似度的影响，得到了一个改进算法[28]，本章使用此算法。

$$sim_h(C_i,C_j) = \frac{\alpha \times (dl(C_1) + dl(C_2))}{(Dist(C_1,C_2) + \alpha) \times 2 \times Maxdl \times \max(|dl(C_1) - dl(C_2)|,1)}$$

$$(6.2)$$

其中 $dl(C_1)$ 和 $dl(C_2)$ 分别是 C_1 和 C_2 所处的层次，$Dist(C_1,C_2)$ 是概念 C_1 和 C_2 之间的本体树中的最短路径，$Maxdl$ 是指本体树的最大深度，在这里除以该参数是便于计算结果的归一化处理。α 是一个可调节参数，一般 $\alpha \geq 0$。

公式（6.2）体现出了两点：①概念距离越大其相似度越低；②相同距离的两组概念，概念层次和越大的组，相似度越大，概念层次差越大的组，相似度越小。这是符合常理的，处于较低层的概念和较高层的概念分类趋向细致，其相似程度就越高。

3. 自定义关系语义相似度计算

（1）确定 C_i 和 C_j 各自自定义关系集和对应的概念集

假设有两个非同义概念 C_i 和 C_j，根据定义 3 中的概念模型表示方法，可得到概念自定义关系集和对应的概念集描述信息：

$$R_{udi} = \{r_{udi1}, r_{udi2}, \cdots, r_{udip}\}$$
$$C_{ri} = \{c_{ri1}, c_{ri2}, \cdots, c_{rim}\}$$

分别表示概念 C_i 对应的 p 个自定义关系，p 个自定义关系对应的 m 个概念。

$$R_{udj} = \{r_{udj1}, r_{udj2}, \cdots, r_{udjq}\}$$
$$C_{rj} = \{c_{rj1}, c_{rj2}, \cdots, c_{rjn}\}$$

分别表示概念 C_j 对应的 q 个自定义关系，q 个自定义关系对应的 n 个概念。

这里，每个集合中不存在相同的元素。

（2）对集合进行笛卡儿乘积

对自定义关系集合 R_{udi} 和 R_{udj} 进行笛卡儿乘积 $R_{udi} \times R_{udj}$，得到配对集：

$$Cud(C_i,C_j) = \{<r_{udi1}, r_{udj1}>, <r_{udi1}, r_{udj2}>, \cdots, <r_{udip}, r_{udjq}>\}$$

对自定义关系对应的概念集 C_{ri} 和 C_{rj} 进行笛卡儿乘积 $C_{ri} \times C_{rj}$，得到配对集：

$$Cr(C_i,C_j) = \{<c_{ri1}, c_{rj1}>, <c_{ri1}, c_{rj2}>, \cdots, <c_{rim}, c_{rjn}>\}$$

（3）计算 C_i 和 C_j 的自定义关系语义相似度 sim_{ud}

定义 7　在领域本体中，如果 r_{udi} 和 r_{udj} 是概念 C_i 和 C_j 两个自定义关系，那么这两个关系概念的相似度是：

$$sim(r_{udi}, r_{udj}) = \begin{cases} 1, r_{udi} = r_{udj} \\ 0, r_{udi} \neq r_{udj} \end{cases}$$

定义 7 说明了当两个自定义关系进行比较时，如果两个关系是相同的，那么相似度为 1，否则相似度为 0。

自定义关系相似度计算公式为：

$$sim_{ud\_r}(C_i,C_j) = \frac{\sum\limits_{i=1}^{p}\sum\limits_{j=1}^{q} sim(r_{udi},r_{udj})}{\max(p,q)} \qquad (6.3)$$

自定义关系对应的概念之间的相似度计算使用公式（6.2），综合相似度计算公式为：

$$sim_{ud\_c}(C_i,C_j) = \frac{\sum\limits_{i=1}^{m}\max(\sum\limits_{j=1}^{n} sim_h(c_{ri},c_{rj}))}{m} \qquad (6.4)$$

在领域本体中，C_i 和 C_j 通过自定义关系体现出的相似度 $sim_{ud}(C_i,C_j)$ 为：

$$sim_{ud}(C_i,C_j) = \beta sim_{ud\_r}(C_i,C_j) + \gamma sim_{ud\_c}(C_i,C_j) \qquad (6.5)$$

其中 β、γ 分别表示两种相似度的权重（可简单设定 $\beta = \gamma = 0.5$），$0 \leqslant \beta \leqslant 1$，$0 \leqslant \gamma \leqslant 1$，$\beta + \gamma = 1$。

4. 实例语义相似度计算

（1）确定 C_i 和 C_j 的实例集

假设有两个非同义概念 C_i 和 C_j，根据定义 3 中的概念模型表示方法，可得到概念实例语义描述信息：

$$I_{ci} = \{i_{ci1},i_{ci2},\cdots,i_{cim}\}$$
$$I_{cj} = \{i_{cj1},i_{cj2},\cdots,i_{cjn}\}$$

分别表示概念 C_i 和 C_j 对应的 m 和 n 个实例。这里，每个集合中不存在相同的元素。

（2）对实例集合 I_{ci} 和 I_{cj} 进行笛卡儿乘积 $I_{ci} \times I_{cj}$，得到配对集：

$$I_c(C_i,C_j) = \{<i_{ci1},i_{cj1}>,<i_{ci1},i_{cj2}>,\cdots,<i_{cim},i_{cjn}>\}$$

（3）计算 C_i 和 C_j 的实例语义相似度 sim_i

定义 8 在领域本体中，如果 i_{ci} 和 i_{cj} 是概念 C_i 和 C_j 的两个实例，那么这两个实例的相似度是：

$$sim(i_{ci},i_{cj}) = \begin{cases} 0, i_{ci} = i_{cj} \\ 1, i_{ci} \neq i_{cj} \end{cases}$$

定义 8 说明了当两个实例进行比较时，如果两个实例是相同的，那么相似度为 1，否则相似度为 0。

C_i 和 C_j 的实例语义相似度计算公式为：

$$sim_i(C_i,C_j) = \frac{\sum_{i=1}^{m}\sum_{j=1}^{n}sim(i_{ci},i_{cj})}{\max(m,n)} \tag{6.6}$$

5. 领域本体中非同义概念实际相似度计算

因为在已有叙词表的多专业领域本体中，不同专业本体的结构相同，所以概念名称相似度 sim_s 可视为 0，即和同一本体中概念相似度的计算方法相同。因为本章针对的是已有叙词表的多专业领域本体，所以不考虑概念名称相似度 sim_s 对概念实际相似度的影响。

将上述 4 种相似度加权综合，得到非同义概念 C_i 和 C_j 的实际相似度计算公式：

$$sim(C_i,C_j) = \omega sim_h(C_i,C_j) + \theta(sim_p(C_i,C_j) + sim_{ud}(C_i,C_j) + sim_i(C_i,C_j)) \tag{6.7}$$

其中，ω、θ 分别表示权重，$0<\omega<1$，$0<\theta<1$，$\omega+\theta=1$，一般 ω 较大。需要说明的是，公式是经过反复实验得出的，公式（6.7）将后三项进行了综合考虑，因为上下位关系语义相似度的影响较大，而后三项的影响小而且计算方法相同，所以第一项加了归一化系数 ω，后三项的和加了归一化系数 θ。

6.5　实验分析

概念语义相似度计算方法的评估经常是把计算结果与人的主观判断结果进行比较，两者越接近，说明概念相似度方法越好。

以本章构建的高速铁路领域本体作为实验对象，参见第 4 章图 4-9。高速铁路领域本体网络结构最大深度为 4，目前构建了 5 个专业领域的核心本体并进行了集成。

实验内容：采用本章提出的领域本体概念语义相似度计算模型、传统的基于距离的语义相似度计算模型分别计算每对概念的语义相似度，并与专家根据经验给出的语义相似度进行比较。

在实验中，设定：$\beta=\gamma=0.5$，$\omega=0.8$，$\theta=0.2$。计算"动车组"概念和其他概念的相似度值，两种算法计算的语义相似度结果和专家给出的语义相似度值如表 6-1 所示（选取了 8 组有代表性的概念）。

表6-1是在同一个本体结构下，概念"动车组"与其他若干个概念的利用本章提出的 MD4 计算模型和传统的基于距离的语义计算模型计算得出的相似度值。可以得出 MD4 模型比传统的基于距离的语义计算模型在量化概念之间的语义相似度方面更接近专家的经验。

表 6-1　实验结果

概　念	MD4 计算模型	基于距离的计算模型	专家经验
sim（动车组，高速列车）	1.00	0.50	1.00
sim（动车组，动力分散式）	0.86	0.75	0.91
sim（动车组，动力集中式）	0.86	0.75	0.91
sim（动车组，转向架）	0.34	0.50	0.40
sim（动车组，受电弓）	0.19	0.50	0.20
sim（动车组，动车组维修）	0.31	0.50	0.35
sim（动车组，动力转向架）	0.30	0.25	0.35
sim（动车组，维修基地）	0.31	0.25	0.30

目前，表6-1中的专家经验数据的取得采用的是加权平均法。选择 5 位动车组专业领域专家，根据他们在该领域的影响对他们给出的相似度值赋予相应权重。由这五位专家分别给出每两个概念的相似度值，取其加权平均值作为每两个概念最后的相似度值。

6.6　本章小结

本章主要研究了基于领域本体的语义标引和概念语义相似度计算。首先就基于领域本体的文献语义标引部分进行了详细的介绍，包括对文档的语义标引、标引概念的权重计算方法等，目的是得到对文档标引的文献语义特征向量，从而为语义扩展检索打下基础。然后对传统的 3 种语义相似度计算模型进行了分析和说明，综述了改进的语义相似度计算模型。在实际的领域本体中，由于概念之间不仅存在着上下位关系，概念之间通过其他各种关系可以连接，尤其在学科领域本体中还有许多自定义的关系，这使得概念的组织形式并不完全是一个树型结构，而是一个网状结构。目前基于概念距离计算概念相似度的算法大多只是针对上下位关系，而忽略了其他关系，这就导致了算法不能完整反映出概念的语义。针对领域本体的实际情况，在领域本体概念模型表示的基础上，提出了计算领域本体概念之间语义相似度的 MD4 模型，并给出了该模型的详细算法。最后以高速铁路领域本体作为实验对象，采用本章提出的 MD4 计算模型、传统的基于距离的语义相似度计算模型分别计算每对概念的语义相似度，并与专家根据经验给出的语义相似度进行比较。实验结果表明，该计算模型能够比较准确地反映概念之间的语义关系，为领域本体概念之间的语义关系提供了一种有效的量化方法。

 参考文献

［1］ KLEIN M, BERNSTEIN A. Searching services on the semantic: Web using processontologies ［C］. Proceedings of the International Semantic Web Working Symposium (SWWS), Amster2, dam: IOS Press, 2001: 159-172.

［2］ JacobKöhler, Stephan Philippi, Michael Specht et al. Ontology based text indexing and querying for the semantic web ［J］. Knowledge-Based Systems, 2006, 19 (8): 744-754.

［3］ Atanas Kiryakov, Borislav Popov, Ivan Terziev, et al. Semantic annotation, indexing, and retrieval ［C］. 2nd International Semantic Web Conference, 2003: 484-499.

［4］ 李峻, 庞景安. 基于多层次概念语义网络结构的中文医学信息语义标引体系和语义检索模型研究 ［J］. 情报学报, 2003, 22 (4): 403-411.

［5］ 李景. 本体论在文献检索系统中的应用研究 ［M］. 北京: 北京图书出版社, 2005.

［6］ 张晓林. Semantic Web 与基于语义的网络信息检索 ［J］. 情报学报, 2002, 21 (4): 413-420.

［7］ S. Decker, J. Jnnaink, S. Melnik, P. Mitra, S. Staab, R. Studer, G. Wiederhold. An Information Food Chain for Advanced Applications on the WWW ［C］. In: Proeeedings of the Fourth EuroPean Conference on Research and Advanced Technology for Digital Libraries (ECDL'2000), Springer LNCS, Lisbon, 2000.

［8］ M. Erdmann, A. Maedche, H. P. Schnurr, S. Staab. From manual to semiautomatic semantic annotation: About ontology-based text annotation tools ［C］. In Proceedings of the COLING-2000 Workshop on Semantic Annotation and Intelligent Content, Centre Universitaire, Luxembourg. 2000.

［9］ M. Erdmann, R. Studer. Ontologies as conceptual models for XML documents ［C］. In Proceedings of the 12th Workshop for Knowledge Acquisition, Modeling and Management (KAW'99), Ban#, Canada, October 1999.

[10] 邹亮, 寥述梅. 基于本体的语义标注工具比较与分析 [J]. 计算机应用, 2004, 24 (6): 328-330.

[11] 秦春秀, 赵捧禾, 窦永香. 一种基于本体的语义标引方法 [J]. 情报理论与实践, 2005, 28 (3): 244-246.

[12] 郑家恒, 卢娇丽. 关键词抽取方法的研究 [J]. 计算机工程, 2005, 31 (18): 194-196.

[13] 韩客松, 王永成. 一种用于主题提取的非线性加权方法 [J]. 情报学报, 2000, 19 (6): 650-653.

[14] 马鹏举, 朱东波, 丁玉成, 等. 基于模糊层次分析方法 (F-AHP) 的盟员优化选择算法 [J]. 西安交通大学学报, 1999, 33 (7): 108-110.

[15] 王进. 基于本体的语义信息检索研究 [D]. 北京: 中国科学技术大学, 博士学位论文: 53-55.

[16] Jay J Jiang, David WConrath. Semantic Similarity Based on Corpus Statistics and Lexical Taxonomy [C]. In: Proceedings of International Conference Research on Computational Linguistics (ROCLING X).

[17] 张德. 万维网信息聚类研究 [D]. 南京: 东南大学计算机系, 2002.

[18] Leacock C, Chodorow M. Combining Local Context and WordNet Similarity for Word Sense Identification [M]. Felbaum C ed. WordNet: An Electronic Lexical Database. Cambridge, MA: MIT Press, 1998, 265-283.

[19] Lin D. An Information-Theoretic Definition of Similarity [C]. Proc of the Int'l Conf on Machine Learning. 1998, 296-304.

[20] Resnik O. Semantic Similarity in a Taxonomy: An Information-Based Measure and Its Application to Problems of Ambiguity and Natural Language [J]. Journal of Artificial Intelligence Research, 1999, 11: 95-130.

[21] Tervsky. Features of Similarity [J]. Psychological Review, 1977, 84 (4): 327-352.

[22] Rips L, Shoben J, Smith E. Semantic Distance and the Verification of Semantic Relations [J]. Journal of Verbal Learning and Verbal Behaviour, 1973, 12 (1): 1-10.

[23] Jérôme David and Jérôme Euzenat. Comparison between Ontology Distances (Preliminary Results) [C]. A. Sheth et al. (Eds.): ISWC 2008, LNCS 5318: 245-260.

[24] 刘群, 李素建. 基于《知网》的词汇语义相似度计算 [J]. 中文计算语言学, 2002, 7 (2): 59-76.

[25] 夏天. 汉语词语语义相似度计算研究 [J]. 计算机工程, 2007, 33 (6): 191-194.

[26] 杨哲. 基于启发式规则的本体概念语义相似度匹配 [J]. 计算机应用, 2007, 27 (12): 2919-2921.

[27] 黄果, 周竹荣. 基于领域本体的概念语义相似度计算研究 [J]. 计算机工程与设计,

2007, 28 (5): 2460-2463.

［28］陈杰, 蒋祖华. 领域本体的概念相似度计算［J］. 计算机工程与应用, 2006, 33: 163-166.

［29］P. Weinstein and W. Birmingham. Comparing concepts in dieffrentiated ontologies［C］. In Proc. Of KAW-99, 1999.

第7章　语义扩展检索与推理

在基于本体的语义扩展检索研究中，需要解决三个问题：一是文档的语义预处理；二是用户查询语义扩展模式分析；三是文档语义特征向量与用户查询语义扩展向量的语义相似度计算。在第 6 章对文献进行了语义标引并获得了文献语义特征向量，本章研究用户查询语义扩展模式和文档特征向量与用户查询语义扩展向量的语义相似度计算。而本章的推理检索是在多专业领域本体的概念层次与属性关系的基础上，采取规则推理策略，在本体库中进行模式匹配。

本章检索词的语义扩展和推理针对由专业领域本体集成的统一的多专业领域本体进行，因为多专业领域本体是通过不同专业概念之间的关系集成的，所以通过访问多层本体集成方法中的概念关系层就可以访问到各个专业领域本体。

查询扩展是根据原始查询构造一个新的查询，用新的查询来进行相关性反馈。语义扩展利用本体来完成，由初始查询构造出语义扩展后的查询向量，计算查询扩展向量与文档向量的相关性，即相似度，得到语义相关的文档。

传统的搜索引擎一般是根据自动抽取关键词来建立索引并根据文档的链接情况来确定相关度从而排序，并尽可能优先呈现最相关的结果[1]。但这种检索系统有几点不足[2]：①查询得到的信息数量太多，需要人工对信息进行过滤；②无价值、与主题不相关的信息太多，不便为用户解决问题提供帮助；③无法进行逻辑智能推理，用户未意识到的信息需求不能被挖掘出来。这是因为传统的搜索引擎仅研究用户输入的关键词和检索结果信息的匹配程度，而忽略了以下两点[3]：①系统对文档标引的关键词不一定能表达文档的内容；②用户输入的检索词不一定能代表用户真实的信息需求。因此，在网络检索中引入相关性理论和语义网技术将有助于解决传统搜索引擎中查全率和查准率不高的问题[4]。

虽然相关性理论早在 20 世纪就被提出，但截至目前，尚无对相关性的一个统一的认识。我国的情报界一般认为："相关性表明用户是否认为一文献与一提问相吻合"[5]。目前对于检索相关性研究主要分为两个流派：系统中心（System-centered）学派以及用户中心（User-centered）学派。前者主要以检索系统的内部机制为研究重点，以计算机科学研究者为主体，主要研究用户输入的查询式与文档标引的关键词之间的相关程度；后者则以用户以及用户与系统的交互为研究重点，以信息科学研究者为主体，研究内容为用户的信息需求以及信息需求的表达等[6]。

本章采用的本体描述语言是 OWL Lite，它是 W3C 推荐的语义互联网中Web 本体描述语言的标准。由于 OWL 是基于描述逻辑的描述语言，这就意味着 OWL 中的类构造算子和公理都有相应的描述逻辑元素表示，利用 OWL 构建的本体库能够同时具备良好的表现能力和强大的推理能力。OWL 能够很好地表现特定领域的知识结构和概念层次，同时建立概念和关系的蕴涵公理，在此基础上，本体库可保证知识结构的逻辑一致性和有逻辑保证的可拓展性。

7.1　基于语义的查询扩展

7.1.1　查询扩展概述

在信息检索中，往往出现由于用户所选择的词和文档中出现的目标词不匹配，从而导致检索效率低下乃至失败，比如，用户使用"电脑"作为检索词，而文档中出现的却是"计算机"，尽管它们描述的是完全相同的概念，但是对于计算机而言，这两个却是完全不同的检索对象。根据统计，人们用完全相同的词描述同一概念的可能性小于 20%，而且当用户查询越短的时候不匹配的现象也就越普遍；当查询词增多时，查询词在文档中出现的概率也大大增加。因此，查询扩展（Query Expansion）技术在原来查询的基础上加入与用户用词相关联的词，组成新的更长、更准确的查询，这样就在一定程度上弥补了用户查询信息不足的缺陷，逐渐发展成了信息检索领域研究的一个重要方向。

查询扩展技术的提出至今已有 30 多年的历史，作为改善检索的一种方法，该技术用于提高信息检索时的查全率和查准率。目前的信息检索系统，无论是中文还是英文，大部分都还是基于关键字进行的查询，通过用户输入的关键字自动进行查询扩展，对扩展后得到的关键字的同义词或关联词进行检索，把用户希望而单凭输入的关键字查询无法检索到的结果返回给用户。一般有两种扩展方式：

（1）加入的扩展词与原始查询词相近，例如用户要检索"计算机"，用"电脑""微机"可以表达同样的概念。

（2）扩展过程添加全新的词汇，例如用户键入"信息检索"，可以联想到"词频""相似度计算"等。

第一种方式通常使用包含词与词之间相关信息的资源来进行，例如同义词词典、近义词词典等，这种方式使用的资源往往经过专家参与，能够保证扩展的语义不会有太多损失，但是这对资源配置的要求比较高，不一定能够得到相关领域的全面的词典；第二种方式包括使用第一次检索的结果统计出相关词、利用大规模语料库构建出相关词库等，前者通常能够显著地提高检索效果，但同时研究表明，这种扩展方法并不稳定，效果强烈依赖于第一次的检索结果，后者通过数学的方法自动获得词共现信息，在英文信息检索中的应用获得了理想的检索效果。

7.1.2　基于语义的查询扩展

查询扩展方法主要有三种：基于全局和局部分析的查询扩展、基于词表的查询扩展和基于语义的查询扩展。为了使一个信息检索系统更加有效，达到既定的检索目标，研究者们进行了大量的基于数学模型来推导检索策略的工作，这些工作的共同点是它们大都使用基于原始查询检索到的文献的相关信息来估算权重公式中的各个参数，以达到查询扩展的目的。基于文献集合的自动查询扩展技术根据其计算查询用词与扩展用词相关度的方法的不同，可以分为全局分析和局部分析两类。使用词表来扩展查询的技术由于其领域知识和专家的依赖性，在提出后并没有得到长足的发展，但近年来也随着WordNet 的相关研究又重新进入人们的视线。

常规的查询扩展方法在实际的信息检索系统中已经体现了相当大的作用和价值，用户查询的同义词、近义词，以及通过统计方法得出的扩展往往能够收到不错的效果，但是经过分析发现，理想的最佳查询扩展趋向于语义聚类，然而有时候这些聚类跟查询并无关联。更多的情况是，它们只是在特定

　　查询的特定上下文中和查询有关联，这种关联并不能被一个通用的语义相似度和相关度检测所捕获。例如，用户查询"禽流感"时，也许"广东""春天"之类的词是查询的较好扩展，但是它们在语义上和"禽流感"并没有相关性，因此这一类的扩展很难利用常规方法得到。此外，查询扩展有很多潜在的危险，最主要的是查询偏移现象。这种现象往往发生在用户输入的查询语义模棱两可的时候，例如 windows，在检索过程中容易把 Windows 操作系统和房屋的窗户混淆，于是对查询进行扩展后就有可能在错误的道路上越走越远。基于本体的查询扩展在处理这些情况的时候，常常会比常规的扩展方法更加有效。这种查询偏移的现象在基于本体的方法中相当普遍，加重了查询术语消除歧义的重要性。

　　最早在 1994 年 Voorhees 就曾提出基于本体的查询扩展[7]，使用了本体中的概念进行查询扩展，并得出最有效的方式是利用本体中的同义词和特定的子类关系进行扩展。此后基于本体的查询扩展研究侧重在两个方面：基于结构化的方法和基于注释的方法。前者着重于从本体的结构信息中抽取出相似度衡量的依据，而后者则通过计算本体术语的定义中的重叠次数来衡量语义相似度。

　　Maki 在 2003 年提出了基于本体结构的方法[8]，基本的思想是利用本体中的路径来进行用户查询的扩展。在本体的结构图中，每一个概念的节点都与其他节点有着连通的路径，因此对用户查询进行扩展的时候，可以选择与该节点连通的路径上的概念。在选择概念的时候，Maki 提出利用一系列的关系边和概念节点之间相似度的方法来进行排序，与被扩展概念相似度大的优先选择。而计算相似度的方法依赖于本体的结构，例如进行比较的概念之间路径的数量、长度以及路径中存在的关系种类数、路径中节点种类等，都可以作为衡量的标准。

　　2004 年，Navigli 在参考文献[9]中提出了基于本体注释的查询扩展方法。该方法假定了在本体中相似的概念或术语也具有相似的定义，使用了 WordNet 中的概念并对其进行了扩充注释。在计算扩展概念之间的相似度时，概念的注释中出现的普通单词或短语进行统计，以此来决定是否两个概念相似。

　　这两种方式为基于本体的查询扩展提出了新的思路，为今后的研究提供了重要的借鉴意义。

7.2 基于领域本体的语义扩展查询

7.2.1 语义查询扩展分析

基于语义的查询扩展中最关键的技术之一就在于扩展词表的构造[10]。目前扩展词表的构造通常有三种方式：第一种是根据语言学知识基于语义的查询扩展词表构造方法[11-13]，并构建了一些大规模的手工词典，例如 WordNet、HowNet 等；第二种是基于大规模通用语料库的统计信息，例如同现概率、互信息等构造扩展词表[14-18]；第三种是结合语言知识和统计信息的扩展词表构造方法[19-21]，例如基于依存关系统计信息的扩展词表[22,23]等。

在基于语义的查询扩展研究中，人们经常利用从 WordNet 里提供的同义词集合和 is-a 关系（上/下位关系）来选取新词扩展查询。但是从查询词出发扩展多层同义词时，扩展词的数量会随着层数的增加而快速增长，同时扩展词中无用词的数量也极大增加。因此扩展的层数确定是一个尚未解决的问题。此外，怎样使用扩展词也是一个问题，一般认为用户的初始查询词最能反映用户的需要，而扩展词的准确性则值得怀疑，因此在使用扩展后的查询时会对原始查询词赋予较高的权重，对扩展词赋予较低的权重。但是究竟应该设为什么权值则一直没有很好的方法，通常依靠经验值给出。Voorhees 尝试了各种权重，甚至手工挑选扩展词，但检索性能仅提高了不到 2%。

也有研究者采用多种方式相结合的途径[24]，先通过使用 WordNet，分析找到的主题词与原始查询词的语义相近程度的高低，然后分别将原始查询词的近义词、关联词以及区分词扩展进来，并将这三类词用布尔运算符连接在一起作为关键词来构造查询表达式。而查询扩展词的来源又分为两个方面：用户感兴趣的页面产生正反馈扩展，用户不感兴趣的页面产生负反馈扩展。例如用户查询"信息检索"，感兴趣的页面集中大多是"文本检索"的内容，"图像检索"较少，相反"图像检索"大量出现在不感兴趣的页面集中，由此判定用户感兴趣的是文本检索方面的内容，并不包括图像检索，那么"图像检索"可以作为此次查询的区分词，关键词包含"图像检索"的文档就会自动跳过而不必分析，从而提高了信息检索的效率。

此外，针对查询扩展中扩展词的权值设定问题，还考察了人类信息检索的思维方式，与传统方法进行比较，提出一种与查询扩展思路相反的文档重构思想，以解决检索中的词不匹配问题。

7.2.2　语义查询扩展模式分析与语义扩展向量

1. 基本定义

扩展检索是通过查找检索条件中的相关概念，从而得到相关知识项。多专业领域本体的构建大多是"基于范畴表和主题词表"的，此类本体是为了更好地组织领域知识。而针对领域本体，本章所研究的检索对象是文献，属性和属性的取值意义不大，重要的是概念的语义扩展，所以本章定义语义相关和查询扩展如定义9和定义10。

定义9　一个领域本体定义了组成领域的词汇基本术语和关系（领域本体模型见第3章定义2）。在本体结构中，如果节点 C_1 和 C_2 之间存在路径 $Path$ (c_1, c_2)，称 C_1 与 C_2 是语义相关的。

令 $Q(\{C_i\})$ 表示以下检索条件：查询概念或概念集为 C_i 的查询语句，$i=1,2,3,\cdots$，$Set(Q(\{C\}))$ 为该查询语句的结果集，简记为 $Set(Q)$ 或 $Set(C_i)$。

定义10　如果 $Set(C_1) \subseteq Set(C_2)$，称对 C_2 的查询是对 C_1 的查询的扩展。如果 C_1 与 C_2 是语义相关的，则称对 C_2 的查询是对 C_1 的语义查询的扩展。

由定义10可以看出，扩展检索的关键是找到相关概念。

定义5.1　下位概念集：概念 t 的下位概念集为 $L(t) = \{l \in T \mid l$ 是 t 的子概念$\}$。

T 是概念集，在下面的定义中 T 的含义相同。

例如：OWL 语言里的 subClassOf。

定义5.2　上位概念集：概念 t 的上位概念集为 $U(t) = \{u \in T \mid u$ 是 t 的父概念$\}$。

定义5.3　同义概念集：概念 t 的同义概念集为 $E(t) = \{e \in T \mid e$ 是 t 的同义概念$\}$。

例如：OWL 语言里的 sameClassAs 和 equivalentClass。

定义5.4　关系概念集：概念 t 的关系概念集为 $R(t) = \{r \in T \mid r$ 是和 t 用关系相连的概念$\}$。

例如：OWL 语言里概念的 objectProperty 属性。

2. 扩展模式分析及算法

要进行语义扩展检索，首先需要对用户查询进行处理，用户的查询词有两种情况：一种是普通单词，另一种是和本体概念相关的词汇。

对于第一种情况，可以借鉴参考文献[18]中的思想，把适用单词提取的局部上下文分析的方法应用到概念的提取中。从理论上来说，一个单词常常会出现在某个相应的语境中，而该语境中同时出现的单词往往有着较其他情况更为密切的联系[25]，同样的道理，在这些语境中，出现的本体概念也往往和相应的单词有着更为密切的关系，而这些本体概念应当是比较合适的语义载体，通过这样的方式把用户的输入语义化，因此选择这些本体概念作为单词对应的语义扩展对象有着相当的语义价值。因为时间和精力有限，本章对这种情况不做详细的研究。

对于第二种情况，可以直接使用领域本体中的概念进行扩展。如何确定用户查询词与本体中的概念的对应关系，即对该查询词应该选择哪些概念来进行扩展，这也是基于本体的查询扩展研究的难点所在。本章对第二种情况的扩展模型进行了详细分析并给出了实现算法。

本体的语义检索是基于概念匹配的，基于概念匹配的语义检索系统必须具备一定的知识体系来表达概念及概念间的逻辑语义关系，该知识体系以不同的类目分类（继承）而具有层次性，因不同的本体联想（语义关联）而形成一个语义网络，领域本体可以起到这个作用。在知识层面或者在概念层面上建立的语义检索，能提供给用户一个缩小或扩大的检索范围，以获得某个概念的上位概念、下位概念以及平级概念等，同时，通过概念间的关系定义，还可以获得和某个概念有关系的概念，通过概念的缩放，获得概念所对应的知识对象。另外根据第 4 章所述的计算领域本体概念之间的相似度方法，在语义检索的同时计算本体之间的相似度，向用户提供有价值的参考信息，智能性地帮助用户进行有效的知识检索和知识导航。

根据 7.2.2.1 中的定义，将扩展模式分为以下五种：同义扩展模式、下位扩展模式、上位扩展模式、关系扩展模式、语义相似度扩展模式。

领域本体模型（DO）以 .owl 文件存储。

为便于语义检索的实现，定义如下的检索函数：

$FS(c) = \{synonymy \mid synonymy \in DO\}$：获得概念的同义概念。

$FC(c) = \{child \mid child \in DO\}$：实现细化操作，即获得概念的下位概念。

$FP(c) = \{parent \mid parent \in DO\}$：实现泛化操作，即获得概念的上位概念。

$FR(c) = \{relation \mid relation \in DO\}$：获得概念的关系属性，即 objectProperty 属性。

（1）同义扩展模式

同义扩展模式即扩展查询词的同义概念。

算法 5.1　同义扩展模式算法

输入：用户查询词

输出：同义概念扩展结果集或为空

Begin

①根据用户输入的查询词 c，判断该查询词是否是概念，若否，则退出该算法。

②初始化结果集 S_{set} 为空，加载领域本体模型 DO（. owl）文件。

③执行 $FS(c)$ 函数，若返回不为空，则将返回结果放入 S_{set}。

④返回结果集 S_{set}。

End.

（2）下位扩展模式

下位扩展模式即扩展下位概念和同义概念的下位概念。

算法 5.2　下位扩展模式算法

输入：用户查询词

输出：下位概念扩展结果集或为空

Begin

①根据用户输入的查询词 c，判断该查询词是否是概念，若否，则退出该算法。

②初始化结果集 C_{set} 为空，加载领域本体模型 DO（. owl）文件。

③执行 $FC(c)$ 函数，若返回不为空，则将返回结果放入 C_{set}。

④执行 $FS(c)$ 函数，若返回不为空，则将返回结果放入 S_{set}，对 S_{set} 中的每个概念转至步骤③；若返回为空或 S_{set} 中的概念都执行了步骤③，则转至步骤⑤。

⑤返回结果集 C_{set}。

End.

（3）上位扩展模式

上位扩展模式即扩展上位概念和同义概念的上位概念。

算法 5.3　上位扩展模式算法

输入：用户查询词

输出：上位概念扩展结果集或为空

Begin

①根据用户输入的查询词 c，判断该查询词是否是概念，若否，则退出该算法。

②初始化结果集 P_{set} 为空，加载领域本体模型 DO（.owl）文件。

③执行 $FP(c)$ 函数，若返回不为空，则将返回结果放入 P_{set}。

④执行 $FS(c)$ 函数，若返回不为空，则将返回结果放入 S_{set}，对 S_{set} 中的每个概念转至步骤③；若返回为空或 S_{set} 中的概念都执行了步骤③，则转至步骤⑤。

⑤返回结果集 P_{set}。

End.

（4）关系扩展模式

关系扩展模式即根据关系扩展概念。

算法 5.4　关系扩展模式算法

输入：用户查询词

输出：关系概念扩展结果集或为空

Begin

①根据用户输入的查询词 c，判断该查询词是否是概念，若否，则退出该算法。

②初始化结果集 R_{set} 为空，加载领域本体模型 DO（.owl）文件。

③执行 $FR(c)$ 函数，若返回不为空，则将返回结果放入 R_{set}，并提交给用户。

④用户选择对应关系 R，对领域本体模型执行 SPARQL 查询操作，返回和概念 c 通过关系 R 相连的概念，若返回不为空，则将返回结果放入 CR_{set}。

⑤返回结果集 CR_{set}。

End.

（5）语义相似度扩展模式

语义相似度扩展模式即根据概念相似度大小扩展概念。因为多专业领域本体规模都比较大，为了提高算法的执行效率，预先用第 6 章公式（6.7）对概念语义相似度进行计算，并保存结果。

算法 5.5　语义相似度扩展模式算法

输入：用户查询词

输出：概念扩展结果集或为空

Begin

①根据用户输入的查询词 c，判断该查询词是否是概念，若否，则退出该算法。

②初始化结果集 CS_{set} 为空，加载领域本体模型 DO（. owl）文件。

③对概念 c 的语义相似的节点按权值排列，取前 k 个作为 c 的扩展，k 为预先设定的扩展个数，将这 k 个概念结果集返回放入 CS_{set}。

④返回结果集 CS_{set}。

End.

3. 用户查询的语义扩展向量

对于同义扩展模式、下位扩展模式、上位扩展模式、关系扩展模式和语义相似度扩展模式，用户可以选择其中的一种或几种方式来进行查询词的语义扩展。如用户选择了超过一种方式进行语义扩展，那么最后的概念扩展结果集为这几种方式返回的概念扩展结果集的并集，并去除了相同的概念。因为预先用第 6 章公式（6.7）对概念语义相似度进行了计算，并将结果进行了保存，所以每个概念对应的权重可以直接取得。

用户查询的语义扩展向量可以用扩展后的概念向量（包括用户输入的查询概念词）和对应的权重向量来表现，这两个向量用一维向量的形式表示。

$$Document(2) = \{ c_{21}, c_{22}, \cdots, c_{2n} \} \tag{7.1}$$

$$Weight(2) = \{ w_{21}, w_{22}, \cdots, w_{2n} \} \tag{7.2}$$

7.3　文献语义特征向量与语义扩展向量的相似度计算

相似度 s（similarity）指两个向量内容相关程度的大小，当文档以向量来表示时，可以使用文档向量间的距离来衡量。传统向量空间模型一般使用内积或夹角 θ 的余弦来计算，两者夹角越小说明相似度越高，用户查询也可以在同一空间里表示为一个查询向量（见图 7-1），通过相似度计算公式计算出每个文档向量与查询向量的相似度。

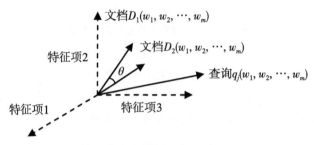

图 7-1 文档向量空间模型及相似度 *sim*（D_1，D_2）

传统模型利用关键词出现的频率得出的权重来计算相似度，用户查询向量 $\boldsymbol{q}$ 为 $\{W_{q,1}, W_{q,2}, \cdots, W_{q,j}\}$，文档向量 $\boldsymbol{d}_j$ 为 $\{W_{d,1}, W_{d,2}, \cdots, W_{d,j}\}$，数学模型是使用两个权值向量的 cosin 夹角，计算用户查询向量与文档向量空间中的文档向量夹角，夹角越小则相似度越大，计算公式如下：

$$sim(\boldsymbol{q},\boldsymbol{d}) = \frac{\boldsymbol{q} \cdot \boldsymbol{d}}{|\boldsymbol{q}| \times |\boldsymbol{d}|} = \frac{\sum_{i=1}^{j} W_{q,i} * W_{d,i}}{\sqrt{\sum_{i=1}^{j}(W_{q,i})^2 \times (W_{d,i})^2}} \qquad (7.3)$$

语义向量空间模型中相似度的计算与此类似，但是由于文档或者用户查询的语义向量自身的特点，如果仅对相同的概念进行比较的话，则又是重复关键词级的方法，忽略了语义的作用。因此在语义向量中，必须对概念两两之间都要考虑它们的相似度和相关性，不同的概念也有可能包含相似或相关的语义。例如"计算机"一词，也可以是"电脑""微机"等，对用户来说所指的可能是一个意思，但在传统向量空间模型中这几个词是完全不同的概念，也没有相应的处理机制，而在语义向量模型中，这些概念能够通过相应的关系或者概念结构方法联系起来，当用户用"计算机"这个关键词去查询时，相关的"电脑""微机"包含这些词的文档也会检索出来。

在6.2.3小节和7.2.2小节获得了文档语义特征向量和用户查询的语义扩展向量，分别如式（6.1）、式（6.2）、式（7.1）和式（7.2）所示。通过计算每个文档语义特征向量与用户查询语义扩展向量的语义相似度，计算后得到的相似度与用户设立的阈值进行比较，如果大于阈值则文档与查询相关，返回该文档查询结果，如果小于则不相关，过滤此文档，这样就可以控制查询结果的数量，加快查询速度。其核心是将大于阈值的文档按照语义相似度值大小进行排序显示。

计算文档语义特征向量和用户查询语义扩展向量的语义相似度，本章借鉴参考文献[26]的方法，首先计算两两概念之间的语义相似度，然后计算两个向量之间的语义相似度。

对于任意两个概念(c_{1i}, c_{2j})，必然存在一个概念 c。它既是 c_{1i} 的父概念，同时也是 c_{2j} 的父概念，而且满足 c 是所有 c_{1i} 和 c_{2j} 共同父概念中层距和最短的概念。也就是：

$$C = \{c_i \mid c_i. child(x) = c_1 \wedge c_i. child(y) = c_2\}$$

$$c = \{c_i \mid c_i \in C \wedge \min[distance(c_i, c_1) + distance(c_i, c_2)]\}$$

一般情况下，符合这些条件的概念有且只有一个本体概念 c 存在。

对于文档语义特征向量 Document（1）中的概念 c_{1i}，其对应的权重为 w_{1i}，用户查询语义扩展向量 Document（2）中的概念 c_{2j}，其对应的权重为 w_{2j}。那么，对于这两个概念(c_{1i}, c_{2j})，其相似度计算公式如下：

$$sim(c_{1i}, c_{2j}) = -\frac{\lg(\frac{w_{1i} + w_{2j}}{2})}{distance(c, c_{1i}) + distance(c, c_{2j}) + 1} \quad (7.4)$$

其中 $distance(c_1, c_2)$ 是 c_1 和 c_2 之间最短路径所包含的边的条数，用于计算 c_1 和 c_2 之间的距离。

在这个算法中，本章没有考虑多重继承问题，因为在多专业领域本体中一词多义现象并不常见。

最终计算两个一维向量的相似度，可以用以下的方法得到：

$$sim(Document(1), Document(2)) = \frac{\sum_{i=1}^{m}\sum_{j=1}^{n} sim(c_{1i}, c_{2j})}{m \times n} \quad (7.5)$$

其中，m 是文献语义特征向量的概念向量中概念的个数，n 是用户查询语义扩展向量的概念向量中概念的个数。

需要指出的是，文中给出的算法是经过反复尝试得出的，关于此算法的测试与验证结果将在下一节中给出。

7.4　基于领域本体语义关系的蕴涵知识发现推理

基于领域本体语义关系的蕴涵知识发现推理的主要思想就是在领域本体的概念层次与属性关系的基础上，采取规则推理策略，在本体库中进行模式匹配。在推理过程中，主要考虑概念与概念之间关系（超类、子类、成员、

部分、自定义关系等)、概念与个体关系(实例关系)、实例与实例的关系
[相关、包含、自定义(维修、供电)关系等]以及对象属性关系(父子、
传递、互逆、对称关系等)。在蕴涵知识发现推理中,可以判断一个个体是否
是某个或多个类的实例、判断某个类中所有的实例、判断两个实例之间的关
系、判断与某个实例有特定关系的实例、类(属性)的层次体系结构推
理等[27]。

知识推理被认为是本体知识工程的高级阶段,实现得好坏在很大程度上
取决于能否对领域本体知识库中的语义关系进行准确分析,提炼出推理规则,
并采用合适的本体规则描述语言进行形式化和优化[28]。

7.4.1 领域本体语义关系解构

语义关系构成了本体库的骨架,是概念之间以及实例之间联系的桥梁。
本体知识库对领域知识描述的准确与详尽程度,以及在本体知识库中进行知
识推理的效率在一定程度上都取决于领域本体中语义关系的解构[29]。

在本体工程中,有四种类型的关系对于理论研究和实际应用非常重要。
第一类是处于不同逻辑层次上的概念之间的种属关系(Is-a 关系);第二类是
不同逻辑层次的概念与其概念外延个体的实例关系(Instance-of 关系);第三
类是处于同一逻辑层次概念或不同逻辑层次概念的实例之间关系(Instance-
Instance 关系);第四类是反映不同抽象程度的关系之间的父子关系(SubAt-
tribute-of 关系)关系。

1. Is-a 关系

Is-a 关系是典型的概念之间的二元关系,用于指出事物间抽象概念上的
隶属关系,它形成了概念之间的逻辑层次分类结构,类似于面向对象中的父
类和子类之间的关系。概念是本体的主要成分,可分解为内涵和外延两部分。
概念内涵反映的是事物的本质特征,概念外延反映的是事物所指的范围。一
个概念的内涵包括它所有的性质,外延包括它所有的实例。本章所指的实例
非常明确,就是 Gangemi 与 Guarino 等学者文献中所指的"最终实例",本章
所指的概念都是指抽象的非实例概念[30]。

对于给定概念 C_1 与 C_2 的内涵和外延,Is-a 关系的形式化定义如下:对于
本体概念集 S_C 中的概念 C_1,$C_2 \in S_C$,如果概念 C_1 的内涵 $I(C_1)$ 包含 C_2 的内
涵 $I(C_2)$,即 $I(C_1) \supset I(C_2)$,并且概念 C_1 的外延包含于 C_2 的外延,即
$E(C_1) \subset E(C_2)$,则称概念 C_1 和 C_2 之间的关系为种属关系,记作 $Is-a$

$(C_1,\ C_2)$，概念 C_1 常称为子概念或种概念，而概念 C_2 相应地称为父概念或属概念。

人们进行本体蕴涵知识推理时主要考虑基本关系的对称性、传递性和可逆性以及基本关系的语义复合运算。根据关系的对称性、传递性和可逆性的形式化定义，可知种属关系不满足对称性，但具有传递性。在动车组专业领域本体库中，本章抽象了多种父概念：动车组、转向架、车体、受电弓、动车组设计、动车组维修等，然后采用自顶向下的办法，建立 Is-a 关系。经过对概念模型中的概念进行二义性消除、同层次概念间互不相交以及并集覆盖整个父类概念范围的处理，最后得到 3 层 Is-a 结构的动车组专业领域本体类模型。

2. Instance-of 关系

Instance-of 关系是典型的概念及其实例之间的二元关系，类似于面向对象中的类和对象之间的关系。假设概念集 S_C 中的任意概念 C 的概念外延集为 $E(C)=\{x\,|\,x\subset C\}$；对于 $E(C)$ 中的任一元素 $C_i\in E(C)$，如果 C_i 的外延集 $E(C_i)=\{C_i\}$，则称 C_i 为概念 C 的实例，而概念 C 的实例集 $S_{in}(C)$ 定义为 $S_{in}(C)=\{x\,|\,x\in E(C)\wedge E(x)=\{x\}\}$。上述关于实例的形式定义就从概念的外延上将概念的子概念与实例区别开来了。对于给定概念 C 及其实例集元素 e，Instance-of 关系的形式化定义如下：对于概念 C 及其实例集 S_{in}，实例集 S_{in} 中的元素 $e(e\in S_{in})$ 和概念 C 之间的关系称为实例关系，记作 $Instance\text{-}of(e,C)$。

实例关系既不具有对称性和可逆性，也不具有传递性。但是从概念的内涵与外延可知，实例和概念之间有很好的性质与属性继承性。在领域本体知识库中，概念和个体之间是严格按照 Instance-of 进行组织的，概念的定义主要包括数据属性、属性值的类型以及对象属性（关系）；实例将继承概念的数据属性和对象属性，并且给出属性值。目前动车组专业领域本体库中定义了45 个概念、66 个数据属性、6 个对象属性（自定义关系）、110 个实例。

3. Instance-Instance 关系

在本体的实际应用中，除了 Is-a 关系和 Instance-of 关系，更复杂的是根据特定领域具体情况定义的归属于同一概念或不同概念的实例之间的语义关系。对于实例 X_1 与 X_2 以及关系 R，Instance-Instance 关系的形式化定义为：如果对于本体概念 A 的实例集 S_A 中某一实例 $X_1\in S_A$，本体概念 B 的实例集 S_B 中至少存在一个实例 $X_2\in S_B$，满足 R 关系，即 $R(X_1,X_2)$，则称关系 R 为概念 A 和 B 实例之间关系。

在动车组领域本体中，本章针对动车组、转向架、车体、动车组维修、动车组设计等类的实例定义了复杂的实例之间关系。同类实例之间或不同类实例之间都存在复杂的语义关系。例如，动车组实例与转向架实例之间的"包括"关系，动车组维修实例与动车组实例之间的"维修"关系。

4. SubAttribute-of 关系

SubAttribute-of 关系是典型的关系之间的二元关系，用于指出关系之间抽象层次上的隶属关系，它形成了关系之间的逻辑层次结构。对于给定关系 R_1 与 R_2，SubAttribute-of 关系的形式化定义为：对于本体关系集 S_R 中的关系 R_1，$R_2 \in S_R$，如果关系 R_1 上的实例对集 $R_1(x,y)$ 中的任意一实例对 (x_i, y_i) 必定存在 R_2 关系，但对于关系 R_2 上的实例对集 $R_2(m,n)$ 中的任意一实例对 (m_i, n_j) 却不一定存在关系 R_1，或换言之实例对集 $R_1(x,y) \subset R_2(m,n)$，则称关系 R_1 和 R_2 之间的关系为 SubAttribute-of 关系，记作 $SubAttribute\text{-}of(R_1, R_2)$，关系 R_1 常称为子关系，而关系 R_2 相应地称为父关系。

SubAttribute-of 关系不满足对称性，但有自反性、反对称性和传递性。SubAttribute-of 关系表达的语义只能由子关系向父关系泛化，其语义如果从父关系向子关系具体化的话就不一定正确。存在 SubAttribute-of 关系的两个关系描述的知识一般不处于同一抽象层面上，一般而言，子关系描述的信息更加具体，信息的具体程度与子关系的层次是对应的。比如说祖父关系、祖母关系与祖父母关系之间都存在 SubAttribute-of 关系。

7.4.2 领域本体推理规则定义

领域本体知识推理的思想是将领域知识构建在某种本体语言形式化的 ABox 和 TBox 上，然后考虑本体语义关系来构造领域公理所蕴涵的产生式规则，并将形式化的规则与定义好的本体类与属性结构和声明的事实断言按一定的搜索策略进行规则模式匹配。因此在进行领域本体知识推理时，规则的定义和表示显得尤为重要。

1. Is-a 关系推理规则

Is-a 关系不满足对称性，但有自反性、反对称性和传递性。基于 Is-a 关系的知识推理规则（类自然语言描述）如下：

传递性规则：$(Is\text{-}a(C_1, C_2) \wedge Is\text{-}a(C_2, C_3)) \rightarrow Is\text{-}a(C_1, C_3)$

对象属性继承规则：$(Is\text{-}a(C_1, C_2) \wedge HasAttribute(C_2, A)) \rightarrow HasAttribute(C_1, A)$

数据属性继承规则：$(Is-a(C_1,C_2) \wedge HasProperty(C_2,P)) \rightarrow HasProperty(C_1,P)$

实例传递归属规则：$(Is-a(C_1,C_2) \wedge Instance-of(e,C_1)) \rightarrow Instance-of(e,C_2)$

父子类互逆关系规则：$SubClassOf(C_1,C_2) \rightarrow superClassOf(C_2,C_1)$

高速铁路领域本体库中定义的所有类之间都存在以上推理规则。Is-a 关系的传递性规则主要用于确定多个概念之间的父子层次关系，实例的传递归属规则可对概念的实例进行检查，属性继承规则用于子类对父类属性的继承。

2. Instance-of 关系推理规则

基于实例关系的知识推理是通过继承规则实现的。

对象属性继承规则：$(Instance-of(e,C) \wedge HasAttribute(C,A)) \rightarrow HasAttribute(e,A)$

数据属性继承规则：$(Instance-of(e,C) \wedge HasProperty(C,P)) \rightarrow HasProperty(e,P)$

领域本体中声明的各种实例都与其对象类之间满足对象属性继承规则和数据属性继承规则。Instance-of 关系的对象属性继承规则可用来推导实例与其他对象实例之间可能存在的关系，数据属性继承规则可用来确定实例所具有的本质属性，Instance-of 关系推理规则的运用可避免本体知识的冗余描述。

3. Instance-Instance 关系推理规则

实例与实例之间的关系推理是整个领域本体蕴涵知识发现推理的重心。单纯考虑实例关系本身的对称性与传递性及其相互之间的互逆性等三种性质来确定的简单推理规则。运用实例之间关系简单规则对本体知识库推理后，并没有扩展本体库中的对象属性，而只是在原有关系的基础上新增了事实断言。在定义实例之间的简单推理规则时，先并不考虑基本关系的定义域与值域，将基本关系抽象，单纯考虑关系的传递性、互逆性、对称性来确定泛化的推理规则，然后在对规则进行形式化描述的后续工作中，才考虑关系的具体语义，将泛化规则具体化。实例之间关系简单规则的泛化形式为：

对称关系推理规则：$(SymAttribute(A) \wedge A(e_1,e_2)) \rightarrow A(e_2,e_1)$

传递关系推理规则：$(TraAttribute(A) \wedge A(e_1,e_2) \wedge A(e_2,e_3)) \rightarrow A(e_1,e_3)$

互逆关系推理规则：$(AthAttribute(A_1,A_2) \wedge A_1(e_1,e_2)) \rightarrow A_2(e_2,e_1)$

$SymAttribute(A)$ 表示关系（对象属性）A 具有对称性，是对称关系类的一个实例。$TraAttribute(A)$ 表示关系 A 具有传递性，是传递关系类的一个实例。而 $AthAttribute(A_1,A_2)$ 表示对象属性 A_1 与 A_2 是互逆关系。$e_i(i \in N)$ 表示本体实例。在高速铁路领域本体中，有 2 种具有对称性，23 种具有传递性，14 对关系之间存在互逆关系。

4. SubAttribute-of 关系推理规则

SubAttribute-of 关系是典型的关系（对象属性）之间的二元关系，用于指出事物关系属性上的隶属关系，它形成了关系之间的逻辑层次分类结构。SubAttribute-of 关系不满足对称性，但有自反性、反对称性和传递性，因此基于 SubAttribute-of 关系的知识推理规则如下：

传递性规则：$(SubAttribute\text{-}of(A_1,A_2) \land SubAttribute\text{-}of(A_2,A_3)) \rightarrow SubAttribute\text{-}of(A_1,A_3)$

属性外延规则：$(HasAttribute(C,A_1) \land SubAttribute\text{-}of(A_1,A_2)) \rightarrow HasAttribute(C,A_2)$

属性外延泛化规则：$(A_1(e_1,e_2) \land SubAttribute\text{-}of(A_1,A_2)) \rightarrow A_2(e_1,e_2)$

父子属性互逆关系规则：$SubAttribute\text{-}of(A_1,A_2) \rightarrow SuperAttribute\text{-}of(A_2,A_1)$

在属性外延泛化规则中，$A_1(e_1,e_2)$ 表示实例 e_1 具有对象属性 A_1，其值为 e_2。属性传递规则主要用于确定多个对象属性之间的层次关系，在推理过程中，一般作为中间规则，供其他规则推理调用。属性外延规则主要用于判断多个对象属性与单个类之间的语义关系。属性外延泛化规则用于判断两个实例在两个父子对象属性层次上的关系。在 SubAttribute-of 关系中，最重要的是在考虑实例的数据属性的基础上，再结合关系的父子层次结构，来推理获取更加详细具体的两个实例之间关系，并且实例关系信息的详细具体程度与子关系的层次是对应的。

7.4.3 领域本体推理规则的形式化描述

在分析了领域本体语义关系的特点，并用类自然语言定义了本体推理规则后，下一步的工作就是根据选用的推理引擎，采用某种合适的本体推理规则描述语言来对定义的规则进行形式化描述，为推理规则在推理引擎中的测试做好准备。

4. 规则描述语言的选择

近年来，国内外的研究机构已经研究出一些本体推理规则的形式化描述语言。根据技术文档易获取性、规则语言名称在网络搜索引擎和本体文献中的被引率、被 W3C 与 IEEE 等国际权威组织的认可或推荐程度、是否支持 Unicode 字符集以及语言版本更新频率等标准，比较知名的有 ORL[31]、

RuleML[32]、SWRL[33]、OWLRule[34]、JRL[35]等数种。参考文献［36］对这几种规则描述语言进行了总结，得到以下结论：

（1）从语言的权威性看，迄今为止还没有出现一个标准的本体规则描述语言，但按目前的发展情况来看，SWRL 最有可能，像 OWL 本体描述语言一样，成为 W3C 组织关于本体规则描述语言的推荐标准。

（2）从表达能力来讲，ORL、SWRL、OWLRule＋、JRL 这 4 种规则描述语言的语法都是基于 OWL 的，其语义都是扩展了 OWL 的模型理论语义，而 RuleML 是基于 XML 语法的，还没有解决好与 OWL DL 的问题，也没有将描述逻辑和 Horn 规则很好地结合，SWRL、ORL 和 OWLRule＋却将二者结合起来了。

（3）从规则推理的可判定性来说，ORL、SWRL 扩展后使得 OWL DL 的推理不再具有可判定性，而 OWLRule＋与 JRL 由于分别基于 CARIN 与 Rete 的约束和推理算法保证了推理的可判定性，但可以采取一定的限制措施来解决 ORL、SWRL 推理的不可判定问题，但这毫无疑问是以规则表达能力的弱化为代价的。

（4）从推理引擎的支持角度来看，与 SWRL 受到大多推理引擎支持相对的是，目前大多数本体推理引擎对 ORL 推理支持不够。而 RuleML 的最大优势就是其兼容性，能充当不同规则系统转换的中间者，著名的 Jess、Prolog 等都支持其推理，OWLRule＋和 JRL 分别实现了基于 Jess 和 Jena 的推理，特别是 JRL 本身就是 HP 实验室特意为其本体工具 Jena 设计的，两者是无缝集成的，其推理效率也非常高。

（5）从规则形式化描述的工作量看，采用 JRL 规则语言来描述规则的工作量是比较小的，而 OWLRule＋、ORL、RuleML、SWRL 则由于规则语法格式要求较严，一般与 OWL 本体描述方式相近，其规则的形式化工作量比较大，也容易出错。

基于以上原因，本章采用 JRL 规则语言来形式化本体库中的推理规则。

2. 领域本体推理规则的形式化

这里仅给出部分形式化的 JRL 规则以做示例。对这些规则进行 JRL 规则格式的形式化描述之后，就得到完整的规则库文件，我们就可以在推理引擎 Jena 中绑定规则库文件和先前建立的动车组专业领域本体库文件，来进行本体蕴涵知识发现推理了。

@ prefix owlfile:<http://localhost/retrieval/owl/emu.owl#>

@ prefix rdf:<http://www.w3.org/1999/02/22-rdf-syntax-ns#>

@ prefix rdfs:<http://www.w3.org/2000/01/rdf-schema#>

#1 [instance TRule:(? x rdfs:subClassOf ? y)(? Z rdf:type ? X)->(? Z rdf:type ? y)]//父子类实例传递规则

7.4.4 基于规则的知识推理的 RETE 算法

本章在实现蕴涵知识发现推理时使用的是惠普实验室开发的开源 Jena 2 工具包。Jena 2 的推理引擎结构如图 7-2 所示。

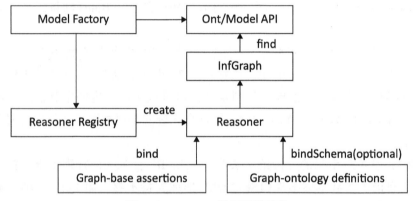

图 7-2　Jena 2 推理引擎结构

所有应用都是通过使用 ModelFactory 访问图 7-2 的推理机制，并为相关联的 Reasoner 建立一个新的 Model。查询这个新的 Model 不但会返回对原来数据的描述信息，还会返回通过 Reasoner 中的规则执行后的附加描述信息。整个推理机制的核心部分是 InfGraph，因为所有应用的执行都是在 Graph SPI 层进行的。Ont/Model API 为用户构建的本体提供了一种便利的方式与合适的推理器连接。推理结构中的 Graph-base assertions 指的是和 Reasoner 一起绑定的数据（XML 数据-实例），而 Graph-ontology definitions 指的是和 Reasoner 一起绑定的数据结构的限制（也就是 XML 模式-概念和关系）。Reasoner Registry 是一个静态类，它包含了当前用到的所有 Reasoner。

Jena 2 的推理引擎使用的算法是 RETE 算法——一种多模式快速匹配算法。RETE 算法是为了解决规则模式如何快速匹配事实这一核心问题，而作为 Markov 算法的改进提出来的。

Markov 算法（Markov algorithm）是由 Markov 发明的，其基本思想就是把一组按优先级排序的规则顺序作用于输入串，如果最高优先级的规则不适用，则尝试次高优先级的规则，依次类推。如果最低优先级的规则不适用输入串或使用了一个终止规则，则算法结束。Markov 算法具有明确的规则控制策略，它总是严格按照规则的优先级别来进行匹配，这对于规则数量较多或规则复杂的推理系统来说就是低效的，因为其每一次匹配都是对整个知识库内容将其所有规则严格按优先级别重新匹配一次。在推理系统中，效率是一个重要的问题，不管一个系统的其他方面如何好，如果推理匹配过程较长，导致用户响应时间过长，则这个系统就不会被使用。因此，Markov 算法就需要改进，不能对系统知识库去顺序匹配每一条规则。Markov 算法的改进之一就是 RETE 算法，它最先是由美国卡耐基–梅隆大学的 Charles L. Forgy 在其博士论文中提出的[37]。

如果知识库中的事实与规则中的模式只需匹配一次，那么推理系统就可以检查每条规则，并寻找事实来决定规则的模式是否已满足，如果满足，则将此规则记入内存中。然而在推理过程中，匹配过程不断重复进行。通常，事实库在每次匹配过程中都会被修改，添加新的事实到事实列表中，这些新的事实可能会让先前某些不满足条件的规则的模式得到满足，反之亦然。因此匹配问题成了不断进行的过程，Markov 算法的低效也就显而易见了。在每次匹配循环中，随着新事实的添加，必须对已满足条件的规则集合进行维护和更新，并启动再一次的匹配过程。如果每一次匹配之后，像 Markov 算法一样，对整个新的事实库将所有规则再一次顺序匹配的话，虽然是最简单直接的方法，但其缺点也是致命的——速度太慢。

一般地说，一条规则匹配成功并执行，对事实库的改动是非常小的，一般表现为极少新的断言事实被添加进来，也就是说，推理系统中的事实库随时间改变很慢。相应的是，事实库的每一次匹配变化一般只会影响很少部分的规则，也就是说，一个完整的匹配过程后，对变动很小的事实库再进行一次所有规则匹配是没必要的。这是因为在再一次的匹配过程中，大多数规则所找到的事实很可能与上一匹配过程是相同的。

一般而言，推理系统中的规则是不变的，而事实库是变化的。有效的匹配算法应当是在不断匹配过程中，存储记录那些规则是已经匹配好了的，然后只计算那些新添加的事实所引起的必要变化，让新的事实去匹配相应的规则，这就避免了很多不必要的计算。RETE 算法正是利用了这一点。它的实现就是通过存储不断循环匹配过程的状态，并且只重新匹配事实库中的新事实。也就是说，如果在一次规则匹配执行周期中，某一条规则的一组模式匹配到了规则执行所需 4 个事实中的 3 个，那么它就将已经匹配好的这 3 个事实存入内存中，在下一周期中，就无需对已经匹配好了的 3 个事实进行检查，只需要重新匹配该规则的第四个模式所匹配的事实了。在规则匹配成功并执行过程中，就有新的断言事实被添加到事实库中，匹配过程的状态才被更新。但如果新添加的断言事实数量与事实库中所有事实和规则的所有模式的总数相比很小的话，匹配速度就会很快。

RETE 用内存空间换取时间：匹配的中间结果加入存储器中为以后重用做准备，从而减少了匹配的数量。RETE 算法存储的匹配中间状态信息，称为模式部分匹配信息。规则模式的部分匹配是满足规则模式的任何一组事实，比如一条有三个模式的规则对第一个模式、第一和第二个模式及第一、第二和第三个模式都有部分匹配。一条规则的所有模式的部分匹配也就是该规则的激活。

规则的匹配是通过一个包含了匹配中间结果信息的有向图数据结构来执行。图中的第一层节点称为 alpha 节点。每一个 alpha 节点表示一个单一的模式。当规则中不止一个模式时，alpha 节点被 beta 节点连接起来完成两个节点的联合，该 beta 节点所存储的就是它连接的 alpha 节点所表示模式的部分匹配信息。beta 节点再连接到更远的 beta 节点，直至生成一个单独的节点。这个最终的节点表示了规则的完全匹配并被执行之后所断言的新事实。

当一个新事实被断言时，一个令牌就被创建并被送入 RETE 匹配网络中处理该事实类型的 alpha 节点。令牌是一个关于该事实并包含特殊信息的包，这些特殊信息比如该事实是被肯定还是退回。如果这个令牌在一个 alpha 节点中匹配模式成功，它将被传到下一节点，同时模式中所有的变量都被存入一张表中，这称为节点存储。beta 节点从 alpha 节点的存储表中获取并试图将它们合在一起，验证同名的变量值是否也相等。例如，如果一张表中某行包含变量 $A=1$ 和 $B=2$，另一张表中的一行包含变量 $A=1$ 和 $C=3$，于是一个新行就被创建在 beta 节点中，这行包含值 $A=1$，$B=2$，$C=3$，于是令牌通过了。如果两张表中 A 的值不相同就不会生成新的行，令牌也不会被通过。当令牌在 RETE 网络中走过所有的路径就会出现一个表示整个规则的终端节点。由于令牌到达终端节点，规则中的所有的范式必须已被匹配，因此规则能被激活。

RETE 算法的主要优势在于规则的条件仅在一个事实被断言或删除时被再评估。用这种方式断言一个新的事实仅是向网络中传递一个令牌，只有很小数量的匹配被执行。在常规执行中，每个新的事实都将与每个规则的每个范式进行比较，这意味着大量的时间复杂度。RETE 算法有编译时间和运行时间之分。在编译时间规则的前件被编译到一个判别网络中，由操作代码语言表示。RETE 网络是一个数据流网络，在规则环境下表示数据的相关性。在运行时间数据项表示工作存储中内容的变化，称为变换令牌，在网络的根部进入沿着路径执行。变换令牌或者表示向工作存储中添加操作或者表示从中删除操作。网络包含有两种节点：测试节点和联合节点。当一个令牌表示向工作存储区添加数据项。它从根部进入网络按照深度优先的方式在网络中进行处理。

　　RETE 算法的使用大大提高了规则匹配的效率，但是它为保存中间结果占用了大量的存储空间。由于存储空间的几何增长，这一算法不适合大规模的规则数据库。RETE 算法的空间复杂度取决于 $O(R, F, P)$，R 是规则的数量，F 是断言事实的数量，P 是每一规则中模式的平均值。不采用 RETE 算法仅比较规则库的常规运行中的 $O(F)$。为提高 RETE 算法的存储效率，一些其他的算法也相应提出来了。典型的就是 TREAT 算法和 RETE * 算法，前者去掉了 beta 节点根据需要重新计算了存储空间，后者允许在存储消耗和匹配速度之间选取合适的平衡度[38]。

7.5　语义扩展检索方法有效性实验分析

　　两个最常用的基于相关性的系统评价指标分别是查准率（Precision）和召回率（Recall）：

$$\text{Precision} = \frac{\text{检索结果中和查询相关的文档数}}{\text{检索结果中的文档总数}} \times 100\%$$

$$\text{Recall} = \frac{\text{检索结果中和查询相关的文档数}}{\text{文档库中所有和查询相关的文档数}} \times 100\%$$

　　为了考察语义扩展检索方法的有效性，本章采用查准率和召回率作为评测标准。在铁道部科技研究开发计划重大课题《高速铁路基础资料库系统》的支持下，目前与高速铁路相关的入库文献资料和数据已超过 3 万篇，本章以这 3 万篇文献作为测试集来进行下面两个实验。

实验 1：

目的：比较基于点的（N_based）、基于边的（E_based）和本章集成（Integrated）的语义相似度算法。

方法：分别用基于点的算法、基于边的算法和本章集成的语义相似度算法，进行 10 次语义扩展检索，比较这三种算法的结果。

结果：如表 7-1、图 7-3、图 7-4 所示。

表 7-1　不同算法的召回率和查准率

序号	Recall			Precision		
	E-based	N-based	Integrated	E-based	N-based	Integrated
1	30.46%	32.20%	39.10%	20.65%	25.98%	30.72%
2	31.01%	33.99%	34.75%	22.33%	25.84%	28.94%
3	23.56%	30.46%	42.92%	30.00%	30.80%	40.40%
4	30.86%	35.42%	38.96%	31.60%	32.70%	48.68%
5	33.69%	43.65%	49.75%	35.90%	34.72%	55.70%
6	38.30%	40.10%	43.50%	39.56%	39.70%	52.45%
7	37.80%	34.20%	44.90%	40.78%	42.30%	59.26%
8	40.10%	32.90%	41.10%	32.34%	33.45%	42.90%
9	32.60%	35.80%	40.60%	29.52%	30.43%	44.50%
10	41.50%	39.60%	50.30%	37.56%	38.94%	49.50%

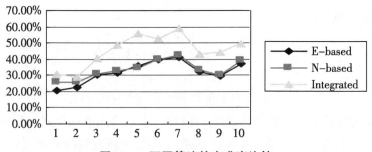

图 7-3　不同算法的查准率比较

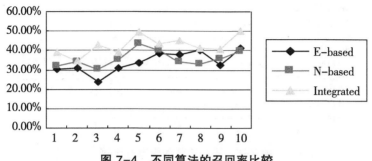

图 7-4　不同算法的召回率比较

实验 2：

目的：比较本章的语义扩展检索方法（Expand）和传统的关键字检索方法（Non_expand）。

方法：分别用本章的语义扩展检索方法和传统的关键字检索方法，进行 10 次检索，比较这两种方法的结果。

结果：如表 7-2、图 7-5、图 7-6 所示。

表 7-2　不同方法的召回率和查准率

序号	Recall		Precision	
	Non_expand	Expand	Non_expand	Expand
1	40.46%	49.10%	30.65%	40.72%
2	41.01%	44.75%	32.33%	38.94%
3	33.56%	52.92%	40.00%	50.40%
4	40.86%	48.96%	41.60%	58.68%
5	43.69%	59.75%	45.90%	65.70%
6	48.30%	53.50%	49.56%	62.45%
7	47.80%	54.90%	50.78%	69.26%
8	50.10%	51.10%	42.34%	52.90%
9	42.60%	50.60%	39.52%	54.50%
10	51.50%	60.30%	47.56%	59.50%

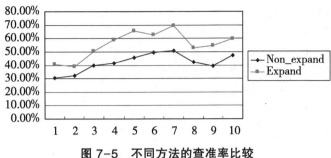

图 7-5　不同方法的查准率比较

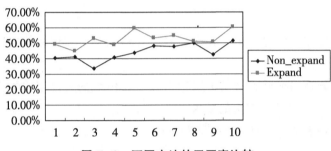

图 7-6　不同方法的召回率比较

这两个实验用来检验本章语义检索方法的有效性。通过实验 1，可以看出本章的语义相似度计算方法在查准率和召回率上都比基于点的算法、基于边的算法有一些提高；通过实验 2，可以看出语义扩展检索方法在查准率和召回率上要明显优于传统的关键字检索方法。所以这在一定程度上证明了本章语义扩展检索方法的有效性。虽然人工选择的相关集有一定的不确定性，但这个不确定性也是人机交互系统所不可完全避免的一个问题。

7.6　本章小结

本章主要研究了基于领域本体和其检索对象文档资料的用户查询语义扩展检索和推理检索。在对当前基于本体概念的查询扩展深入剖析的基础上，提出了对用户查询词的五种语义扩展模式，并给出了这几种扩展模式的具体算法。经过对用户查询词的语义扩展，得到了语义扩展向量。进行语义检索的关键是计算文档语义特征向量与用户查询语义扩展向量的语义相似度，通过比较计算后得到的相似度与用户设立的阈值，就可以将大于阈值的文档按照语义相似度值大小进行排序显示，给用户提供有价值的检索结果。最后，通过对基于点的、基于边的和本章集成的语义相似度算法查准率和召回率的比较和对本章的语义扩展检索方法和传统的关键字检索方法查准率和召回率的比较，在一定程度上证明了本章语义扩展检索方法的有效性。随着本体思想与方法在知识工程领域的广泛应用，将本体形式化描述技术和推理技术结合起来共同表现具体领域中显式知识和蕴涵知识将日益成为本体研究的热点问题。本章从本体的使用者方面详尽阐述了将描述逻辑、本体技术和规则推理技术应用于领域蕴涵知识发现推理的研究工作，并给出了领域蕴涵知识发现推理的方法。

 参考文献

［1］付燕宁，金龙飞. 基于本体的信息检索系统的设计与实现［J］. 计算机应用研究，2006（11）：155-157.

［2］洪小文. 微软预谋第三代搜索引擎［J］. 计算机世界，2005.12.12（A26）.

［3］胡必云，等. 基于语义的 Web 信息检索［J］. 计算机技术与发展，2006，16（10）：71-73.

［4］何绍华，宫兆晖. 基于语义网的网络信息检索相关性研究［J］. 情报杂志，2007，（12）：120-123.

［5］黄丽红. 信息检索中相关性的研究［J］. 图书馆学研究，2006，（2）：65.

［6］成颖，孙建军. 信息检索中的相关性研究［J］. 情报学报，2004，23（6）：693-695.

［7］E. M. Voorhees. Query expansion using lexical-semantic relations［C］. In Proceedings of ACMSIGIR. Dublin, Ireland, 1994. ACM/Springer：61-69.

［8］W. Maki, L. McKinley, A. Thompson. Semantic distance norms computed froman electronic dictionary (wordnet)［J］. Behavior Research Methods, Instruments, & Computers, 36：421-431.

［9］R. Navigli, P. Velardi. An analysis of ontology-based query expansion strategies［C］. In Workshop on Adaptive Text Extraction and Mining (ATEM2003), in the 14th European Conference on Machine Learning (ECML 2003).

［10］张敏，宋睿华，马少平. 基于语义关系查询扩展的文档重构方法［J］. 计算机学报，2004（10）：1395-1401.

［11］G. A. Miller, R. Beckwith, C. Fellbaum, D. Gross, K. Miller. Introduction to WordNet：an On-line Lexical Database［R］. In WordNet：an Electronic Lexical Database, 1998：1-19.

［12］R. Richardson, A. F. Smeaton. Using WordNet in a Knowledge-based Approach to Information

Retrieval［C］. In Proc. 17 BCS-IRSG, 1995.

［13］ A. F. Smeaton, C. Berrut. Tresholding posting lists, query expansion by word-word distances and the postagging of Spanish text［C］. In Proceedings of the fourth Text Retrieval Conference, 1996. 15.

［14］ C. J. Rijsbergen. A theoretical basis for the use of cooccurrence data in information retrieval［J］. Journal of Documentation, 1977, 33: 106-119.

［15］ C. J. Crouch, B. Yang, Experiments in Automatic Statistical Thesaurus Construction ［C］. Proc. ACM-SIGIR Conf. Research and Development in Information Retrieval, 1992: 77-88.

［16］ H. Schutze, J. O. Pederson. A cooccurrence-based thesaurus and two applications to information retrieval［J］. Information Processing and Management, 1997, 33 (3): 307-318.

［17］ H. Chen, T. Yim, D. Fye, B. Schatz. Automatic thesaurus generation for an electronic community system［J］. Journal of the American Society for Information Science, 1995, 46 (3): 175-193.

［18］ D. Lin, S. Zhao, L. Qin, M. Zhou. Identifying Synonyms among Distributionally Similar Words［C］. IJCAI, 2003: 1492-1493.

［19］ G. Ruge. Experiments on Linguistically Based Term Associations［J］. Information Processing & management, 1992, 28 (3): 317-332.

［20］ G. Grefenstette. Explorations in Automatic Thesaurus Discovery［M］. Kluwer, London, 1994.

［21］ J. Xu, W. B. Croft. Query expansion using local and global document analysis［C］. In Proceedings of the 19th Annual International ACM SIGIR Conference, 1996.

［22］ D. Lin. Dependency-basedevaluation of MINIPAR［C］. In Proceedings of the Evaluation of Parsing Systems: Workshop at the 1st International Conference on Language Resources and Evaluation. Granada, Spain (also available as University of Sussex technical report CS-RP-489).

［23］ D. Lin. P. Pantel. Concept Discovery from Text［C］. Proceedings of COLING'2002, Tai-Pei, Taiwan, 2002: 577-583.

［24］ 顾榕, 王小平, 曹立明. 一种基于潜在语义分析的查询扩展算法［J］. 计算机工程与应用, 2004, 40 (18): 23-25, 63.

［25］ S. Banerjee, T. Pedersen. Extended gloss overlaps as a measure of semantic relatedness ［C］. In: Proceedings of the Eighteenth International Joint Conference on Artificial Intelligence (IJCAI-03), 2003: 805-810.

［26］ Jiangning Wu, Guangfei Yang. An Ontology-Based Method for Project and Domain Expert Matching［C］. LNCS/LNAI Proceedings, 2005.

［27］ 甘健侯. 基于本体的语义 Web 知识发现及其应用的研究［D］. 云南师范大学, 博士

学位论文，2004：25-37.

[28] R. Neches, et al. Enabling technology for knowledge sharing [J]. AI Magazine, 12 (3).

[29] 董慧，余传明，徐国虎，等. 基于本体的数字图书馆检索模型研究——历史领域知识推理机制 [J]. 情报学报，2006，25 (6)：666-678.

[30] A. Gangemi, N. Guarinoet. et al. Conceptual Analysis of Lexical Taxonomies：The Case of WordNet Top Level [C]. Proceedings of FOIS'01, 2001.

[31] A Proposal of OWL RuleLanguage [OL]. [2005-11-08]. http：//www2004. org/proceedings/docs/1p723. pdf.

[32] HaroldBoley, Said Tabet, Gerd Wagner. Design Rationale of RuleML：A Markup Language for Semantic Web Rules [OL]. [2005-11-16]. http://www.semanticweb.org/SWWS/program/index.html.

[33] SWRL：A Semantic Web Rule Language Combining OWL andRuleML [OL]. [2005-11-17]. http：//www. daml. org/2003/11/swrl/.

[34] 梁晟，付弘宇，李明树. 语义网规则标记语言 OWLRule+的设计与实现 [J]. 计算机研究与发展，2004 (7).

[35] Jena2 Inferencesupport [OL]. [2005-06-10]. http：//Jena. sourceforge. net/inference/#rules.

[36] 徐国虎，许芳，董慧. 基于语义关系的本体推理规则研究——以国共合作领域本体库为例 [J]. 中国图书馆学报，2007，33 (171)：88-92.

[37] Charles LForgy. Rete：A Fast Algorithm for the Many Pattern/Many Object Pattern Match Problem [J]. Artificial Intelligence, 1982 (19)：17-37.

[38] 夏俊. 语义 Web 中基于本体知识库系统的自动推理研究 [D]. 合肥工业大学，博士学位论文，2004：46-54.

第8章 SPARQL 查询与推理规则

8.1 基于本体的 SPARQL 查询

SPARQL（Simple Protocol And RDF Query Language）是在 RDFDB QL、RDQL 和 SeRQL 的基础上，增加了一些新的特有的性能。SPARQL 将语义 Web 联系起来，能够处理任何映射成 RDF 格式的数据源，成为了信息获取和语义网络知识库查询语言的标准。SPARQL 具有表示合并提取和分析提取语义数据库的能力，并对可选图模式的扩展值测试和约束查询提供支持。其查询结果可以看成 RDF 图的集合，但 SPARQL 只能查询本体模型中已经存在的数据，查询语言本身不进行任何推理，弥补这一缺陷的方法是利用推理产生的三元组模型添加到本体模型中，再进行查询，便可以得到本体中隐藏的数据关系。

SPARQL 查询包含称为基本图模式（basic graph pattern）的三元组模式的集合。基本的 SPARQL 查询分为两部分，一部分是 SELECT 子句，它表示在查询结果中出现的变量，另一部分是 WHERE 子句，它表示和图匹配的基本图模式，基本图模式只有一个三元组，并且在宾语位置是一个变量。

本书利用进化完善后的动车组领域本体，对动车组领域知识进行 SPARQL 查询，并给出了以下具有代表性的查询实例：

例1：类与子类的关系查询，如查询动车组的子类有什么。

PREFIX emu：<http：//www. semanticweb. org/administrator/emu-ontology. owl#>

SELECT ？子类

WHERE ｛？子类 rdfs：subClassOf emu：High-speed_train ｝

查询结果：

表 8-1　例 1 查询结果

子　　类
动力分散式
动力集中式

例 2：复合简单图模式查询，如查询动车组 CRH2 的制造厂商的联系电话是多少。

PREFIX emu：<http://www. semanticweb. org/administrator/emu-ontology. owl#>

SELECT ？x

　　WHERE｛emu：CRH2 emu：Manufacturer ？y.

　　？y emu：Tel ？x｝

查询结果：

表 8-2　例 2 查询结果

x
"+86 53287801188" @

例 3：匹配具有数据类属性查询，如查询动车组 CRH380 的编组结构和旅客定员。

PREFIX emu：<http://www. semanticweb. org/administrator/emu-ontology. owl#>

SELECT ？x ？y

　　　　WHERE｛emu：CRH380 emu：编组结构 ？x.

　　　　　　　　emu：CRH380 emu：旅客定员 ？y｝

查询结果：

表 8-3　例 3 查询结果

x	y
"4M4T"^^<http://www. w3. org/2001/XMLSchema#string>	" 556 "^^< http://www. w3. org/2001/XMLSchema#string>

这个查询是对本体中属性信息的查询，查询方式与类和实例的查询方式相似，当查询多个属性时利用了多个三元组模式匹配。其中 WHERE 子句是一个组图模式，每个三元组之间要用点号"."将子图模式中的多个

三元组分开。

8.2　推理规则的构建

利用 SPARQL 对本体中的规则和公理直接进行查询，可以将本体中显性的概念及概念间关系查询出来，但对于本体中的隐含信息和关系则无法查到，也无法利用自定义关系进行查询，这就需要利用附加的规则进行扩展或对本体加入新的规则约束，然后利用这些规则进行推理实现，从而获得本体中隐含的关系信息，实现本体深层次的查询。

8.2.1　基于 OWL 的语义推理规则

基于 OWL 的语义推理规则主要有 is-a 关系、equal-to 关系、instance-of 关系、不等价关系、互逆关系等，对于特定领域还能构建该领域的自定义推理规则。因为在本体的推理中，基于 OWL 的通用推理规则中的 is-a 关系、e-qual-to 关系和 instance-of 关系使用比较广泛，因此本书以这两种关系来阐述推理规则的构建和添加。

1. is-a 关系

is-a 关系的概念模型可以表示为 is-a(C1,C2)，即 C2 rdf：subClassOf C1 或 C2 rdf：subPropertyOf C1 并且子类 C2 包含有父类 C1 的所有特征，那么对父类 C1 进行查询时，也希望能查询到它的子类，因此对 C1 的查询可以扩展到对其子类 C2 的查询。Is-a 关系是典型的概念或属性间的二元关系，它具有传递性和自反性的推理规则。动车组领域本体库中定义的所有类和属性之间都遵循这些推理规则，从而实现了多个概念之间父子层次关系的推理和父子间属性继承关系的推理。基于 is-a 关系的推理规则有传递性规则即 is-a(C1,C2) ∧ is-a(C2,C3)→is-a(C1,C3)；属性继承规则即 is-a(C1,C2) ∧ hasproperty(C2,p)→hasproperty(C1,p)。

2. equal-to 关系

equal-to 表示类和属性之间的同位关系即等价关系，主要利用 OWL DL 中的基本公理 rdf：equivalentClass 和 rdf：equivalentProperty 来实现。如 C1 rdf：equivalentClass C2 表明概念 C1 是概念 C2 的等价概念。概念 C1 与概念 C2 有相同的外延，在语义查询中，对概念 C1 的查询可以扩展到对概念 C2 的查询。

基于 equal-to 关系的推理规则有对称关系推理规则即 symproperty(P)∧P(x, y)→(y,x)；传递关系推理规则即 traproperty(P)^P(x,y)∧P(y,z)→P(x,z)。symproperty(P) 表示相同属性下的对称性关系，traproperty(P) 表示相同属性下的传递性关系。

3. instance-of 关系

instance-of 表示概念与实例之间的二元关系，其关系模型可以表示为：C1 rdf：type C2 即 C1 是 C2 的实例，它同样具有传递性，即 instance-of(x,y)∧instance-of(y,z)→instance-of(x,z)。基于 instance-of 的推理规则有实例传递规则即 is-a(C1,C2)∧instance-of(x,C1)→instance-of(x,C2)；属性继承规则即 instance-of(x,C)∧hasproperty(C,p)→hasproperty(x,p)。

8.2.2　利用 SWRL 进行规则扩展

本书采用 SWRL 对动车组领域本体进行规则扩展，可以将 Horn 子句形式的规则与本体知识库相结合[1]，提供了比 OWL 更加强大的演绎推理能力并且支持各种平台和语言，具有可以跨平台共享使用的特点。SWRL 和 OWL 一样采用开放世界假设。比方说，如果 Author 类型的两个 OWL 的个体合作发表过一篇文章，则它们是合作者，规则如下：

Publication(？x)∧hasAuthor(？x,？y)∧hasAuthor(？X,？z)→collaboratesWith(？y,？z)

但是，OWL 的开放世界语义并不假设两个个体的名字不同，它们就是不同的个体，即 OWL 并没有唯一名假设。另外，根据一般的规则模式匹配，变量？y 和？z 可以匹配同一个个体。

SWRL 支持 sameAs 和 differentFrom 子句来决定个体的名字不同。例如上面的例子可以采用 differentFrom 公理来声明类 Athor 的个体。

Publication（？x）∧ hasAuthor（？x,？y）∧ hasAuthor（？x,？z）∧ differentFrom（？y,？z）→collaboratesWith（？y,？z）

类似地，只有通过 owl：sameAs 公理声明或可以通过推理得到，才能判断两个个体是否相同。由于开放世界假设不可能在一个本体中穷举所有的个体和属性。所以对于个体数量推理的规则无法用开放世界假设的方法写出，除非已经在本体中明确地声明该个体的数量。试图基于规则的数量演绎一个 Publication 只有一个 Athor，该规则是不可以的。

SWRL 支持用户定义的内置谓词（built in）。一个 built in 是具有一个或多个变元的谓词，并且当变元具有该关系时为真。例如，一个 equal 内置谓词具有两个变元，而且当这两个变元同时返回时为真。例如，下面的规则将速度大于 200km/h 的 train 定义为 High-speed train。

Train（? x）∧ hasSpeed（? X，? speed）∧ swrlb：greaterThan（? Speed，200km/h）→High-speed train（? x）

核心 SWRL 内置谓词的命名空间为 swrlb。在执行规则时，将类 Train 的具有 HasSpeed 属性，且属性值大于 200km/h 的个体分类为 High-speed train。

在内置的谓词中可以采用数值或 OWL 值属性作为变元，数据类型可以是 XML Schema 数据类型或任意的用户定义类型。但是不能采用对象、类或属性。SWRL 允许定义和使用新的内置库，用户可以自己定义内置库以满足应用的要求。

通过以上对 SWRL 规则的举例研究，本书根据动车组领域的研究自定义了多条推理规则来达到更好的查询效果。以下面这条规则为例，说明运用 SWRL 设定规则进行推理的方法：

Rule：如果动车组的速度为 250～300km/h，则定义为"G"类动车组。

［emu（? x）］∧ hasSpeed（? x，? speed）∧ swrlb：greaterThan（? speed，250km/h），swrlb：lessThan（? speed，300km/h）→G emu（? x）］

当用户按速度等级运用 SPARQL 查询语句查询"G"类动车组时，而在本体中这一概念下没有实例数据，那么没有返回结果。但在添加规则的推理查询中，上述规则说明在速度为 250～300km/h 时，它被定义为"G"类动车组，此时，系统将为用户返回符合该规则的数据实例，为用户扩展了查询结果。SWRL 在以上抽象语言的基础上，可以用 OWL 语言来描述，可以直接使用文本编辑工具或 Protégé 里的 SWRL Rules 工具来编写 SWRL 规则，已编写好的规则可以与本体存储于同一个 OWL 文件下。其在 OWL 中的部分表示代码如下：

```
<swrl：Imp rdf：ID＝"Def-hasMother">//根元素
<swrl：body>//规则前件定义
<swrl：ClassAtom>//规则中原子元素定义，定义变量 x 是 emu
<owl：argument1>
<swrl：Variable rdf：ID＝"x"/>
</swrl：argument1>
<swrl：classPredicate rdf：resource＝"#emu"/>
```

```
</swrl:ClassAtom>

</rdf:first>

<rdf:rest>

<swrl:AtomList>

<rdf:rest>

<swrl:DataproPertiesAtom>//定义数据属性原子，表明 x 速度是 speed

<swrl:DataproPerties="#speed"/>

</swrl:ClassAtom>

</rdf:first>

</swrl:AtomList>

</rdf:rest>

<swrl:head>//定义规则后件

</swrlb:greaterThan(? speed,250km/h)>

</swrlb:lessThan(? speed,300km/h)>

<swrl:head>

</rdf:rest>
```

8.3　推理机的使用

8.3.1　本体推理机比较分析

　　要实现领域本体的推理，需要借助本体推理机来加载推理规则和解析本体描述语言。根据推理机的使用范围可分为专用推理机和通用推理机。专用推理机有 Racer、Pellet 等，它们是基于 OWL 语义推理规则的专用推理机，推理效率很高但不支持扩展；通用推理机有 Jess 等，它是采用 Java 编写的开放式推理平台。根据推理机的实现方式可分为基于描述逻辑的推理机和基于规则的推理机。例如，Racer、Pellet 和 FaCT++，它们都是基于描述逻辑的传统 Tableau 算法实现的本体推理机，对主流的本体编辑器能够提供良好的推理支持，但没有相对全面友好的用户使用环境，其中 FaCT++不支持 OWL 本体表示语言。而 Jess 是基于规则的推理机，能够将领域本体和规则相结合进行推理，但要转换成 Jess 相应的事实库和规则库格式文件。除了上述推理机外，目前最常用的推理机是 Jena。Jena 是基于 Java 语言的语义 Web 系统开发工具，为 OWL、RDF 和 RDFS 等本体描述语言提供了程序开发环境，能够对本体解析、查询和推理进行函数调用和提供相应的处理接口，尤其提供了 DIG 接口，它允许后台使用如 Racer、Pellet 和 FaCT++等推理机，使 Jena 能够结合其他推理机一同使用进行本体推理，其推理机制如图 8-1 所示。

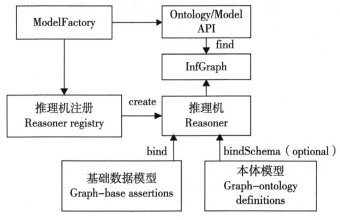

图 8-1　Jena 推理机工作机制

所有应用程序通过 ModelFactory 访问 Jena 的推理机制，ModelFactory 将本体数据集和推理机 Reasoner 结合起来，建立一个新的模型 Model，查询这个新建的 Model 可以获得原有本体模型中的知识和通过推理机推理出的隐含的信息。Reasoner registry 利用规则可以创建需要用到的所有 Reasoner，将基础数据模型（XML 数据—实例）或本体数据模型（XML 模式—概念和关系）和已创建好的 Reasoner 绑定，得到需要进行推理查询的模型对象 InfGraph，InfGraph 处于所有推理机制的中心部位，因为所有的执行过程都要通过 Graph SPI 进行。利用 Ontology API 和 Model API 对创建好 InfGraph 进行操作和处理，完成基于语义的推理和信息查询，得到最终的推理结果。

8.3.2　Jena 与 Pellet 结合推理

Jena 可以对基于 OWL 的规则进行推理也可以基于自定义规则进行推理，基于 OWL 规则的推理机是 Jena 通用推理机，它主要包括 RDF Reasoner 和 OWL Reasoner，用户也可以根据自定义规则创建相应的 Jena 推理机，同时 Jena 还支持第三方推理机，如 Racer、Pellet 等。Pellet 推理机支持 OWL 内置的 SWRL 规则推理，支持 OWL DL 的所有特性，可以检查本体的一致性和挖掘隐含的语义，而使用 Jena 的内置规则推理机进行一致性检查和语义推理会随着本体的扩充而进行更复杂的操作，且无法提供对 OWL DL 的支持，所以本书采用 Jena 与 Pellet 相结合的推理方法，将 Pellet 处理得到的数据作为 Jena 自定义推理机的基础数据，可以获得更好的推理效果。通过 DIG（Description Logic Inference Gateway）接口，可以实现 Jena 与外部推理机的连接。

Jena 的自定义规则是对通用规则的补充和完善，其规则的语法格式构建如下：

Rule：= bare-rule

or[bare-rule]

or[ruleName：bare-rule]

bare-rule：= term，…，term->hterm，…，hterm//向前推理

or term，…，term<-term，…，term//向后推理

hterm：= ：term

or[bare-rule]

term：=（node，node，node）//三元组模式

or（node，node，functor）//扩展三元组模式

Or builtin（node，…，node）//调用处理元语

functor：= functorName（node，…，node）//结构化的文字表述

node：= uri-ref//例如：http//：emuontology. com/eg

or prefix：localname//例如 rdf：resource

or ？ varname//变量名

or 'a literal' //字符串

or number//例如：200 或 289. 5

创建的自定义规则可以以 rule 文件保存，程序可以通过访问文件路径读取规则并解析。下面给出了建立 Jena 推理机实现本体推理的方法代码。

OntModel model ＝ ModelFactory. create OntologeModel（）;//创建一个默认的 model

String rule ＝"［rule1：(？ x rdf：subclassof ？ y)^(？ y rdf：subclassof ？ z)→(？ x rdf：subclassof ？ z)］";//定义推理规则

String queryStr ＝ "PREFIX emu：<http：//ontologies/2015/4/emu－ontology. owl#>";//构建查询语句

Reasoner reasoner＝new GenericRuleReasoner（Rule. parseRules（rule））;//创

建推理机

InfModel inf = ModelFactory. createInfModel (reasoner, model) ;//创建包含推理关系的数据模型

Query query = QueryFactory. create(queryString) ;//创建查询对象

QueryExecution qe = QueryExecutionFactory. create(query, inf) ;//执行查询

ResultSet results = qe. execSelect( ) ;//存储结果

Java 程序可以通过调用 Jena jar 包中的类，使用 QueryFactory 方法来创建 SPARQL 查询，使用 QueryExecution 方法来执行查询。Jena 可以调用外部推理机 Pellet，对本体添加 SWRL 规则后，利用 Pellet 推理机进行推理，程序中创建 Pellet 推理机的代码如下：

Reasoner reasoner = PelletReasonerFactory. theInstance( ).create( ) ;

Model myModel = ModelFactory. createDefaultModel( ) ;

infModel myinf = ModelFactory. createInfModel (reasoner, myModel) ;

8. 4　本章小结

本章利用 SPARQL 查询语言对动车组专业领域本体进行查询并给出了具体的查询实例，通过研究基于 OWL 的推理规则和 SWRL 规则扩展，创建了动车组专业领域的个性化语义推理规则。之后研究了本体的推理机技术和利用 Jena 和 Pellet 叠加推理的推理机制和方法。

 参考文献

[1] 李满玲. 基于本体的精品课程资源语义检索的研究 [J]. 吉林师范大学学报（自然科学版），2010, 43（3）：96-98.

第9章　高速铁路领域本体构建与语义检索原型系统的设计实现

高速铁路领域由工务工程、牵引供电、动车组、运营管理等不同的专业领域构成，它是多专业领域的一个代表。高速铁路（新建铁路在 250km/h 以上）建设是未来世界和我国铁路发展的主流，和传统铁路在列车、轨道、牵引供电等技术与工程方面均有相当大的不同，如高速铁路动力分布的动车组驱动与传统铁路单纯依赖火车头驱动是完全不同的。研究和建立基于语义的高速铁路科学数据和文献资料的专业检索和查询，有利于高速铁路的设计、规划、建设和运营管理。

在第 3 章提出的多专业领域本体构建方法论 MMDOB 的指导下，本章构建了高速铁路专业领域本体，并使用第 4 章的多专业领域本体集成方法 MMDOI 将其集成为统一的高速铁路领域本体。在集成后的高速铁路领域本体的基础上，本章设计和开发了一个面向高速铁路文档知识的语义检索和推理系统 HSRK-SRRS（High-speed Railway Knowledge-Semantic Retrieval and Reasoning System）。

9.1　本体构建工具选择和 HSRK-SRRS 开发平台与工具

9.1.1　本体构建工具选择

目前本体受到广泛的关注，而本体构建工具则被更多机构所研究，如美国斯坦福大学开发的本体构建工具 Protégé、德国卡尔斯鲁厄大学开发的本体构建工具 KAON（The Karlsruhe Ontology and Semantic Web Infrastructure）、英国曼彻斯特大学和阿姆斯特丹公立大学开发的本体构建工具 OILED 等[1]，这些工具各有优势，所应用的本体类型也各不相同。目前，在国内应用比较广泛的是 Protégé 和 KAON[2]。Protégé 和 KAON 两种工具的基本信息比较如表9-1 所示。

表 9-1　Protégé 和 KAON 基本信息比较

	运行环境	导入文件格式	导出文件格式	支持语言	基本功能
Protégé	基于 Java 环境（自带 JDK）	RDF(s)、XML、Schema、OWL	RDF(s)、XML、OWL、HTML、Java	英语	本体的构建、检索和浏览
KAON	基于 Java 环境（需安装 JDK）	RDF(s)	RDF(s)、OL-Model、OWL	英、汉、法、德、阿拉伯、西班牙、葡萄牙等语种	本体的构建、检索和浏览

（注：在 Protégé 中可以输入中文，但是输入后软件有很多功能都不能实现。）

　　Protégé 的工作界面如图 9-1 所示。

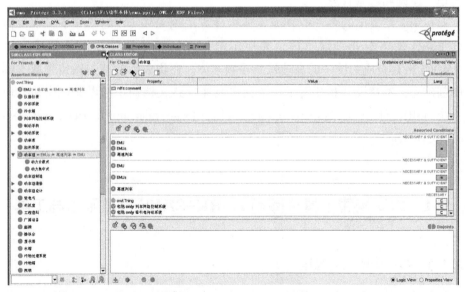

图 9-1　Protégé 工作界面

KAON 的工作界面如图 9-2 所示。

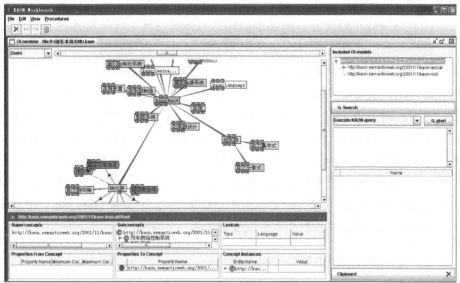

图 9-2　KAON 工作界面

我们使用这两种工具构建高速铁路专业领域本体并对本体构建工具进行了选择。在最初探索建模阶段（构建动车组专业领域本体），拟用 KAON 进行本体构建，但却在构建过程中发现两个问题：一是相同的概念、属性、实例或关系不能重复出现，二是用 KAON 导出的 OWL 文档是乱码，不利于编程的实现。故改用 Protégé 进行本体构建，解决了以上两个问题。但目前本书构建的本体只考虑单语种——汉语，Protégé 中虽然可以输入中文，但是输入后，软件有很多功能都不能实现，如插件 Graphviz 不支持中文，因而本体结构图在 Ontoviz 中无法正常显示（主要影响与专家的沟通）。虽然有以上问题，但考虑到 Protégé 的易于实现与维护，而本体的构建和后期的维护工作也主要由知识工程师担任，故最终选择使用 Protégé 进行高速铁路领域本体的构建。为了交流的方便知识工程师使用框图和文档的形式来和高速铁路领域专家讨论。

9.1.2　开发平台

在 HSRK-SRRS 系统中，根据应用的实际需要，我们确定了以 Java 环境下的 Eclipse 平台作为系统实现的基础，主要基于以下原因：

（1）用户对检索的要求是面向网络以及系统无关性，这使得开发应该尽可能选择成熟的、健壮的语言，而 Java 作为一种面向网络应用并且独立于底层操作系统的语言[3]，其应用领域、应用成熟性已经为广大的程序开发者所承认，因而被我们的项目所采用。

（2）系统各个模块设计的基本原则是整体开放性、可移植性以及可扩展性，这使得我们在开发工具方面不得不有所侧重。而可移植、可扩展、开放源代码正是 Eclipse 基本设计思想，由于它成熟、健壮和优雅的设计，在开放源代码领域一经发布便带来了震撼性的影响。一方面，Eclipse 可以用来进行软件开发，同商业软件开发平台相比也具有相当的优势，而且有专门的 Eclipse 源代码管理和开发组织——Eclipse 协会吸收了包括 Borland、Merant、Rational、RedHat、SuSE、TogetherSoft、QNX、HP 在内的众多软件公司为其提供功能插件，代码资源十分丰富；另一方面，Eclipse 也可以同最终产品一同发布并整体地集成在一起，例如，IBM 就将 Eclipse 作为其 Websphere 开发和管理的基础平台并入其产品中一起向全球发布。

9.1.3　语义解析推理工具和查询语言

在系统的开发过程中，本书使用 Jena 作为语义信息的解析和推理工具，SPARQL 作为语义查询语言。

1. 语义信息解析和推理工具 Jena

Jena 是由 HP 实验室开发的一套 API，用于支持语义网应用[4]。它的功能非常强大，可以构建用各种语言（OWL，DAML+OIL，RDFS）描述的本体（ontology）模型、RDF 模型。更重要的是可以使用它内置的推理机（reasoner）对本体进行推理，也可以与外界的推理机连接。它作为一个 Java 工具箱是用于开发基于 RDF 与 OWL 的语义 Web 应用程序。它提供了一个 RDF API、ARP（一个 RDF 解析器）、SPARQL（W3C RDF 查询语言）；一个 OWL API 和基于规则的 RDFS 与 OWL 接口。

Jena 是开源的，在下载的文档中有 Jena 的完整代码。Jena 框架主要包括：

（1）以 RDF/XML、三元组形式读写 RDF

资源描述框架（RDF）是描述资源的一项标准，Jena 文档中有一部分详细介绍了 RDF 和 Jena RDF API，其内容包括对 Jena RDF 包的介绍，RDF 模型的创建、读写、查询等操作，以及 RDF 容器等的讨论。

（2）RDFS、OWL、DAML+OIL 等本体的操作

Jena 框架包含一个本体子系统，它提供的 API 允许处理基于 RDF 的本体数据，也就是说，它支持 OWL，DAML+OIL 和 RDFS。本体 API 与推理子系

统结合可以从特定本体中提取信息，Jena 2 还提供文档管理器以支持对导入本体的文档管理。

（3）利用数据库保存数据

Jena 允许将数据存储到硬盘中，或者是 OWL 文件，或者是关系数据库中。

（4）查询模型

Jena 提供了 ARQ 查询引擎，它实现 SRARQL 查询语言和 RDQL，从而支持对模型的查询。另外，查询引擎与关系数据库相关联，这使得查询存储在关系数据库中的本体时能够达到更高的效率。

（5）基于规则的推理

Jena 支持基于规则的简单推理，其推理机制支持将推理器导入 Jena，创建模型时将推理器与模型关联以实现推理。

Jena 最基本的使用是处理 RDF（S），但毕竟 OWL 已经成为 W3C 的推荐标准，所以对 OWL 的支持也是大势所趋。对 OWL 处理而言，语义逻辑的处理才是推理机制的实现，Jena 提供的 OWL 支持包括：

①方便的访问标准 OWL 的类和属性。

②支持多种版本的 OWL 规范。

③在基本的查询中通过 subClassOf 这样的关系来实现类的层级访问和使用。

④可以注册用来映射 xmlschema 数据类型和 java 对象的转换器。

⑤支持基本的对 list 的处理。

⑥自动处理本体中 imports 的 statement。

⑦识别传递（Transitive）属性和互斥（Inverse）属性。

2. SPARQL 查询语言

随着网络的发展，会有越来越多的数据使用 RDF 格式保存，一种新的需求产生了，即要求用一种简单方法查找特定信息。SPARQL 这个功能强大的新查询语言填补了这个空白，使用户可以很容易地在 RDF 的杂草丛中找到所需的数据。Berners-Lee 指出，SRARQL 查询语言作为"分层蛋糕图表"的最后一层的最后一步，如果没有它，那么可以说这一"蛋糕"是不完整的，最后的这一步也可以说是最大的一步，因为它能够连接现有的 Web 和语义 Web。利用 SRARQL 服务器，可以将大量的现有数据提供给语义 Web 使用。SPARQL 为开发者和终端用户提供途径写入和使用跨越多方面信息的搜寻结果，如个人资料、社会网络和数码物件（如音乐及影像）等的元数据。SPARQL 亦提供方法整合异质资料来源。

SPARQL 构建在以前的 RDF 查询语言（如 rdfDB、RDQL 和 SeRQL）之上，它实际上包括 3 个独立的部分：查询语言规范、SPARQL 数据访问协议以及查询结果 XML 格式。SPARQL 协议和 RDF 查询语言（SPARQL）是为满足这些要求而设计的，并且它们的设计目的描述在"数据访问使用案例"中，它提供了完成下面这些任务的工具：

（1）以 URIs 形式、空白节点、无格式字符或打印的字符形式提取信息。

（2）提取 RDF 子图。

（3）在查询图的信息基础上构建新 RDF 图。

SPARQL 协议是个接口，它用于从客户端传送 SPARQL 查询语句给查询处理器，并且这中间引入几个绑定（如 HTTP 和 SOAP）完成连接。SPARQL 为语义网用户提供查询语言，就如同 SQL 为相关数据库用户提供查询语言。

支持在 Jena 中使用 SPARQL 目前可以通过叫作 ARQ 的模块得以实现。除了实现 SPARQL 之外，ARQ 的查询引擎还可以解析使用 RDQL 或者它自己内部的查询语言表示的查询。ARQ 的开发很活跃，但它还不是标准 Jena 发行版本中的一部分。但是，可以从 Jena 的 CVS 仓库或者自包含的下载文件中获得它。Java 应用程序也可以直接调用 Jena 的 SPARQL 功能。通过 com.hp.hpl.jena.query 包中的类，使用 Jena 来创建和执行 SPARQL 查询。使用 QueryFactory 是最简单的方法。QueryFactory 有各种 create（）方法，用来从文件或者 String 读取文本查询。这些 create（）方法返回 Query 对象，这个对象封装了解析后的查询。

下一步是创建 QueryExecution 的实例，这个类表示查询的一个执行。要获得 QueryExecution，需要调用 QueryExecutionFactory. create（query，model），并传入要执行的 Query 以及查询要处理的 Model。因为查询的数据是编程方式提供的，所以查询不需要 FROM 子句。

QueryExecution 上有几种不同的执行方法，每个方法执行一种不同类型的查询。对于简单的 SELECT 查询，可以调用 execSelect（），该方法将返回 ResultSet。ResultSet 支持在查询返回的每个 QuerySolution 上进行迭代，这提供了对每个绑定变量值的访问。另外，还可以使用 ResultSetFormatter，以不同的格式输出查询结果。

9.2　高速铁路领域本体构建

因为原有的铁路范畴表对高速铁路领域并不适用，所以在铁道部的支持下，组织高速铁路各个专业领域的专家重新构建了适用于高速铁路文献资料分类的《高速铁路范畴表与主题词表》，其中一级范畴 10 个，二级范畴 64 个，三级范畴 208 个，共计对应 2488 个主题词，同时还构建了《高速铁路基础数据表》。目前与高速铁路相关的入库文献资料和数据已超过 3 万篇。

在多专业领域本体构建方法论 MMDOB 的指导下，本书构建了高速铁路各专业领域本体，并使用多专业领域本体集成方法 MMDOI 将其集成为统一的高速铁路领域本体。

在领域本体构建过程中，知识工程师与领域专家的交流是很重要的，本书设计了专业领域本体构建方案，清楚地表达了本体中的概念、属性、关系和实例等概念解释。在相互理解的基础上，辅助图形、文档等交流方式，实现专业领域本体核心部分的构建。

在使用本体语言书写面向多专业领域的本体时，必须选择综合权衡知识表达能力和推理效率的本体语言，这样所构建的领域本体既能有效地刻画领域，又能被推理系统有效地自动处理。根据第 2 章对面向语义 Web 的本体语言及其形式化基础所做的研究，本书选择 W3C 制定的 OWL Lite 作为面向语义 Web 的领域本体表示、推理和多专业领域本体集成中所使用的本体语言，OWL Lite 既能精确地刻画语义，又有高效的推理系统（如 FaCT 系统、RACER 系统）为之提供推理支持。

9.2.1　专业领域本体构建原则

在本体模型中主要包括概念、属性、关系和实例，下面给出概念、属性、关系和实例的获取方法和获取原则。

1. 概念的选择

专业本体的一级概念主要来自"高速铁路范畴表和主题词表"中的词汇。二级概念是一级概念的分类，如果一级概念存在多种划分方式，选择最通用的一种划分方式作为二级概念。如果二级概念仍能分类，向下划分，一直到不能再分类为止。

2. 属性的确定

专业本体概念的属性来源主要是《高速铁路基础数据表》，如果概念属性不完整，需要领域专家进行必要的补充。

3. 实例的确定

《高速铁路范畴表和主题词表》和《高速铁路基础数据表》中并未列举概念的相应实例，需通过领域专家进行补充。若概念进行了多级划分，则实例添加在最底层概念上。

4. 关系的确定

本体构建中有两类关系：等级关系，包括上下位关系和实例关系；非等级关系，通过添加概念的特殊属性来连接两个概念，从而表示概念间的非等级关系。非等级关系需要领域专家进行确定。例如，给"受电弓"添加"供电"这一特殊属性，以确定"受电弓"和"动车组"两个概念间的非等级关系，因此，得到的关系是：受电弓<供电>动车组。关系词须由领域专家确定专业词汇，来明确概念之间的关系。

9.2.2　专业领域本体构建过程

以动车组专业领域为例，说明专业概念体系的构建过程。

1. 概念及概念间等级关系的确定

动车组部分采用自顶向下的方法，即最先确定顶层概念，然后再确定其他相关概念。因此，参考《高速铁路范畴表和主题词表》《基础数据表》最先确定的概念是"动车组"、然后确定与其相关的重要概念如"车体""司机室""转向架""动车组设计""动车组制造""动车组维修"等。然后确定这些概念间的等级关系，例如："动车组"有三种分类方式：按动力配置方式、按提供动力分式和按速度等级分类，其中最常用的是按照动力配置方式分为"动力分散式动车组"和"动力集中式动车组"，所以选择"动车组"的子概念（二级概念）为"动力分散式"和"动力集中式"。

2. 添加概念属性

根据《基础数据表》，为动车组添加"动车组型号""制造厂商""所属国别""启动加速度"等属性。因为属性具有继承性，这些"动车组"的属性，其子概念、子概念的子概念都能继承。因此还要为其子概念确定其特殊的属性。

在 Protégé 中有三种类型的属性，它们分别是对象属性（Object Properties）、数据属性（Data Properties）和注释性属性（Annotation Properties）。其中对象属性定义的是概念和概念之间的关系，数据属性定义的是概念自身的特征，注释性属性是对概念属性的标注和解释。根据动车组领域知识的特点，在动车组领域本体属性的构建中，主要用到了数据属性和和少量对象属性。

在属性的创建中，首先确定属性和属性之间的层次关系，如列车总功率、列车编组长度、制造厂商、动车组型号、最大轴重是动车组概念的数据属性，可在 Data Properties 标签页下创建相应的数据属性。上节提到的 "设计" "连接" "动力" 是概念间的关系，在 Object Properties 标签下创建。由于动车组领域本体概念的很多一级属性已经足以表示概念之间的关系，所以不需要再定义属性的分面，本体属性的层次关系比较简单。之后，确定属性的定义域（Ranges）和值域（Domains），对创建的属性进行约束。以属性 "动车组型号" 为例，选择 "string" 作为定义域，选择类 "动车组" 作为值域，最后，确定属性的性质，包括函数型（Functional）、对称型（Symmetric）和传递型（Transitive），其中函数型表示类和类之间的关系是一一对应的或类的特征是唯一的。在 Protégé 中数据属性只有函数型可选，对象属性含有所有的性质选择。由于动车组领域概念关系比较单一，所以属性性质的设定没有太多的限制。

3. 为概念添加实例

根据《基础数据表》，为动力分散式动车组添加 "CRH1" "CRH2" "CRH3" 等实例。

通过相关专业文献查询和利用互联网搜索，我们获得了本体的实例信息并把它们添加到本体中并设定实例的属性及属性值。实例涉及动车组领域中各国动车组型号列车、具体生产制造厂商和维修基地等，如中国的 CRH 系列高速电力动车组均采用动力分散式，可在动力分散式动车组下创建 CRH1、CRH2、CRH380 等实例并设定相应的属性和属性值，图 9-3 展示了 CRH1 实例的创建。

图9-3　实例的创建

4. 添加概念间的关系

根据《高速铁路范畴表和主题词表》，"动车组"<包括>"车体""司机室""转向架""牵引电传动系统""辅助电源系统""连接装置""制动系统""列车网络控制系统"；车体设计<设计>车体等。

概念之间的关系有很多，本书构建的动车组核心本体中涉及了本体的关系有同义关系（equivalent to）、组成关系（part of）等。例如动车组和高速列车是同义关系；动车组分为动力分散式和动力集中式是上下位关系，它们都具有某种共同的属性特征；车门、车窗、座椅等是动车组的物质组成部分，是组成的关系。根据动车组领域自身的特点，概念之间的关系还可以有自定义关系，如设定车体<设计>气动外形，风挡<连接>车体，动车组<动力>牵引电机。基于以上关系的构造，可以得到以动车组概念为中心的关系交互示意图，如图9-4所示。

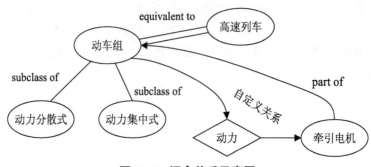

图9-4　概念关系示意图

使用 protégé 构建的动车组专业领域本体部分截图如图 9-5 所示。

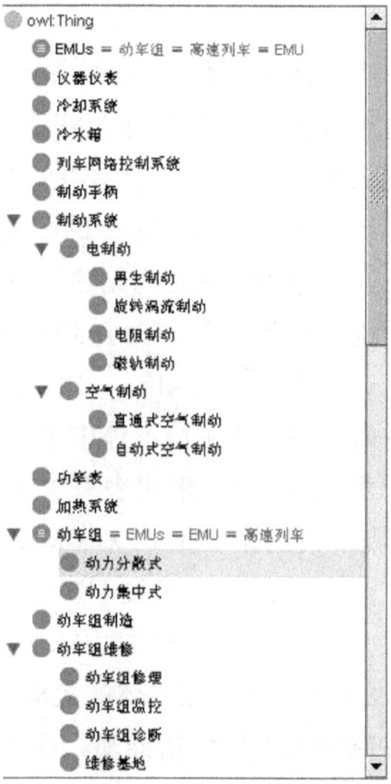

图 9-5　动车组专业领域本体示意图

9.2.3　专业领域本体集成

目前，我们构建了动车组、运营管理、安全与救援、牵引供电和工务工程五个专业领域的核心本体。动车组专业范畴表和主题词表中共有词汇 421 个，基于其构建的动车组核心本体网络结构最大深度为 3，目前定义了 45 个概念，66 个属性，6 个自定义关系，110 个实例。运营管理专业范畴表和主题词表中共有词汇 105 个，基于其构建的运营管理核心本体网络结构最大深度为 3，目前定义了 48 个概念，30 个属性，1 个自定义关系，29 个实例。安全与救援专业范畴表和主题词表中共有词汇 32 个，基于其构建的安全与救援核心本体网络结构最大深度为 2，目前定义了 19 个概念，7 个属性，1 个自定义关系，6 个实例。牵引供电专业范畴表和主题词表中共有词汇 378 个，基于其构建的运营管理核心本体网络结构最大深度为 4，目前定义了 356 个概念，10 个属性，5 个自定义关系，35 个实例。工务工程专业范畴表和主题词表中共有词汇 989 个，基于其构建的工务工程核心本体网络结构最大深度为 4，目前定义了 920 个概念，25 个属性，1 个自定义关系，14 个实例。

建立了各个专业领域的核心本体后，就可以将各专业本体根据专业之间的关系进行合并，形成高速铁路领域本体的基本框架。

（1）首先由专家建立动车组、运营管理、安全与救援、牵引供电和工务工程五个专业领域之间的关系。例如，牵引供电专业与动车组专业可以通过牵引供电中的"接触网系统"概念和动车组中的"受电弓"概念通过<供电>关系联系起来。目前，在五个专业领域之间创建了 10 个关系。

（2）创建 IBR：新建统一资源标识符 uri_ IBR 来定位 IBR（http://www.owl-ontologies.com/Ontology1235724734.owl#），IBR 反映的是这 n 个领域本体集成所需的关系集。在待集成的专业领域本体中定义了概念 c，若在 IBR 中需要引用，则在 IBK 中可以利用 $uri\_i\#c$ 来代表概念 c，如引用动车组专业领域本体中的"受电弓"概念，使用（http://www.owl-ontologies.com/Ontology1215582893.owl#受电弓）表示。当所有关于于多专业领域本体集成所需要的引用和关系定义完成之后，即得到了最终的 IBR。

（3）使用 protégé 实现多个专业领域本体的集成。

（4）集成后的高速铁路领域本体检错推理：详见 9.4 节。

9.3 高速铁路领域本体检错推理

领域本体检错推理在本体形式化语言的描述逻辑基础上，运用 Tableau 算法对本体的概念层次，声明的实例以及实例间复杂的语义关系进行检测，以保证本体库结构的逻辑一致性和知识描述的正确性。

9.3.1 检错推理的逻辑基础：描述逻辑

本体作为一种知识表示方法，其逻辑基础、形式化语言以及模型验证问题都与描述逻辑（Description Logic，DL）紧密相关。目前主流的本体描述语言 DAML、OIL 和 OWL 都以描述逻辑作为形式化的基础，主流的本体推理引擎也主要是基于描述逻辑实现的。从这个角度看，描述逻辑可以被认为是本体检错推理的逻辑基础。

描述逻辑里知识库（Knowledge Base，KB）被分成 2 个部分，即 KB =

<TBox，ABox>。其中，TBox 引进术语（Terminology）即一个应用领域的词汇；ABox 包含根据词汇关于指定个体的断言（Assertions）。词汇由概念（Concepts）和角色（Role）组成。在一个 TBox 里的命题的基本形式是一个概念定义，也就是一个新的概念根据其他先前定义的概念定义，如 Woman ≡ Person ⊔ Female。TBox 的推理工作主要是检查概念的可满足性（Satistiability）（其他还有包含、相等和不相交，但都可转化为可满足性问题）。ABox 包含的断言通常称为从属关系断言，如 Female ⊔ Person（ANNA），hasChild（ANNA，JACOPO）。在一个 ABox 里的基本推理工作是实例检查，校验是否一个给定个体是（属于）一个指定概念的实例。

描述逻辑里的知识库及其推理以及描述逻辑下的知识库系统如图 9-6 所示。

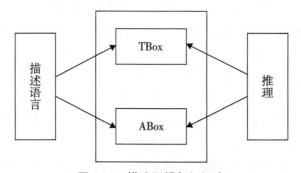

图 9-6　描述逻辑与知识库

TBox 是一个描述领域结构的公理集，包含内涵性知识，用概念来表示，通过一组描述概念的一般性属性的声明来实现。内涵性公理知识被认为是不变的，它一般包括概念定义公理和概念包含公理。ABox 是一个描述关于具体个体事实的公理集，包含的是外延性知识。外延性知识通常被认为是偶然的，依赖于某一特定的环境，因此它是经常变动的。ABox 中的断言包括实例断言和关系断言。

9.3.2　检错推理的 Tableau 算法

可满足性问题是描述逻辑推理的核心问题，因为其他许多问题（如包含性检测、一致性问题等）都可化为可满足性问题。应用于描述逻辑推理的 Tableau 算法最早由 Schmidt-Schaub 和 Smolka 为检验描述逻辑 ALC 概念的满足性而提出，该算法能在多项式时间内判断描述逻辑 ALC 概念的可满足性问题[5]。之后，这种算法经常被扩展用来得到正确完备的算法，用以解决其他描述逻辑（大量的扩展 ALC 的描述逻辑系统）的可满足性问题。早期使用 Tableau 算法的系统证明该算法的可接受性能，而经优化后的系统如 FaCT、DLP 和 Racer 等所表现的性能则更令人满意。因此，这种算法具有很强的实用价值。

Tableau 算法主要用于逻辑系统中对概念间的定义、关系进行满足性测试。Tableau 算法对于采用基于描述逻辑的本体描述语言来形式化领域知识的本体系统有着多方面的应用。Tableau 算法及其应用（如 FaCT、Racer、Pellet等）在本体工程中的应用，除了可优化本体描述，集成和融合相关（相似）本体，最主要的应用还是辅助本体构建者检测本体冲突从而验证本体知识的正确性。

本体库中除了实例声明体系存在冲突，概念定义体系中也可能存在冲突，而且相比之下更加致命。因为如果 TBox 存在内在冲突，则在 TBox 上构建的 ABox 就存在隐含的逻辑错误。冲突检测的基本步骤是按照知识层次的顺序（可以是类和属性体系以及实例体系）运用相关的 Tableau 算法规则检测出可能产生矛盾冲突的信息。但因为本体体系通常十分庞大，关系复杂，而且在本体的构建与使用过程中会不停地变化，本体冲突检测如果不借助基于 Tableau 算法的推理引擎，那么人工检测本体冲突的工作量将是巨大的，而且非常低效。在我们的项目实现中，就是借助 Racer 推理引擎再辅以人工来对高速铁路领域各专业本体和集成后的本体库进行检错。

9.3.3　基于描述逻辑的高速铁路领域本体检错推理内容

在描述逻辑里，本体知识库被分成了两个部分，即 KB = <TBox，ABox>，因此基于描述逻辑的本体检错推理主要包括 TBox 概念检验推理和 ABox 实例检验推理，检验推理的内容主要包括包含性检验、可满足性检验、一致性检验、等价性检验与非相交性检验等，我们借鉴徐国虎的研究结果对高速铁路领域本体进行检错[6]。

1. TBox 概念检验推理

本体知识库 TBox 部分引进术语（Terminology），即一个应用领域的主要概念，它是描述应用领域结构的公理集合。TBox 里的命题的基本形式是概念定义和概念包含，前者是指新的概念根据其他先前定义的概念来定义，而后者主要定义两个概念之间的语义包含关系，比如 $A \equiv C$，$A \subseteq C$：*Mother* $\equiv$

$Woman \cap \exists\, haschild.\, Human$，$Human \subseteq Animal \cap Biued$。

TBox 概念检验推理主要对本体中的概念定义进行可满足性检验、包含性检验、等价性检验与非相交性检验。给定本体的形式化定义 $O = <T$，X，TD，$XD>$，其中 T 是概念集，D 与 E 为概念公式，T 中的概念又被称为原子概念；TD 是概念定义集 TBox，用来定义 T 中的概念；X 为实例集；XD 为实例声明集 ABox，用来声明概念类的实例。

（1）概念的可满足性检验

一个解释 I 是 TD 的一个模型，当且仅当对每个 $C_1 \subseteq C_2 \subset C \in T$，$C_1^I \subseteq C_2^I$ 成立并且对每个 $C_1 \equiv C_2 \in T$，$C_1^I \subseteq C_2^I$ 成立（C_1、C_2 为 C 的子概念），此时记为 $I \backslash = TD$。一个术语 $C \in T$ 是关于 TD 可满足的当且仅当有一个具有 $I \backslash = TD$ 和 $C^I \neq \varphi$ 的 I，否则称 C 关于 TD 是不可满足的。概念的可满足性用于评价概念公式对于概念集是否有意义。

（2）概念的包含性检验

如果对任意一个本体解释 I，有 $D^I \subseteq E^I$，则称 E 包含 D，记为 $| = DME$。如果对任意一个 TD 的模型 I，有 $D^I \subseteq E^I$，则称 TD 涵蕴着 E 包含 D，记为 $TD \backslash = DME$。包含性检验用于评价本体中概念之间的包含关系，可以检验本体概念类 Is-a 层次结构的合理性。

（3）概念的非相交性检验

如果对任意一个本体解释 I，有 $D^I \cap E^I = \varphi$，则称 D 与 E 非交，记为 $| = D - \cap E$。如果对任意一个 TD 的模型 I，有 $D^I \cap E^I = \varphi$，则称 TD 涵蕴着 D 与 E 非交，记为 $TD | = D - \cap E$。非相交性检验用于判断两个概念类是否具有相同的实例。

（4）概念的等价性检验

如果对任意一个本体解释 I，有 $D^I = E^I$，则称 D 与 E 等价，记为 $| = D \equiv E$。如果对任意一个 TD 的模型 I，都有 $D^I = E^I$，则称 TD 涵蕴着 D 与 E 等价，记为 $TD | = D \equiv E$。等价性检验用于检验两个概念类是否具有相同的实例集。

实际上由下面命题可知，上述 4 类概念检验问题是可以归结为可满足性检验的：给定本体 $O = <T, X, TD, XD>$，D 与 E 为概念公式，包含性、等价性、非相

交性检验均可转换为可满足性检验：

$TD | = DME$，当且仅当 $D \cap \neg E$ 关于 TD 是不可满足的；

$TD | = D \equiv E$，当且仅当 $D \cap \neg E$ 与 $\neg D \cap E$ 关于 TD 是不可满足的；

$TD \vDash D-\cap E$，当且仅当 $D \cap E$ 关于 TD 是不可满足的。

2. ABox 实例检验推理

本体知识库 ABox 部分是描述具体个体事实断言状态的集合，包括概念实例声明断言与实例关系断言。概念实例声明断言一般形如：$a:C,John:Man \cap \exists has\text{-}child.Female$。实例关系断言一般形如：$<a,b>:R,<John,Rose>:has\text{-}child$。实例检验主要包括实例声明一致性检验和实例声明集一致性检验，而实例声明一致性检验又可转换为对实例集的一致性检验。

（1）实例声明的一致性检验

给定本体 $O=<T,X,TD,XD>$，若存在本体解释 I 是实例声明 A 的一个模型，则称 A 是一致的，否则称 A 是不一致的。若 I 是 A 的一个模型，又是 TD 的一个模型，则称 A 关于 TD 是一致的。若 I 是 XD 的一个模型，则称 XD 是一致的。若 I 是 XD 的一个模型，又是 TD 的一个共有模型，则称 XD 关于 TD 是一致的。

实例声明的一致性检验推理问题追根究底就是判定 ABox XD，个体 a 和概念 C 之间是否 $XD \vDash C(a)$。它主要用来检验个体实例的声明是否矛盾。假设本体中存在这样的实例声明集 $XD=\{$动力集中式（CRH1），动力分散式（CRH1）$\}$，由于事先已定义"动力集中式"与"动力分散式"这两个概念是非交的，即对任何一个本体解释，"动力集中式"与"动力分散式"都被解释为是两个不相交的集合，它们不存在共同的模型，因此个体"CRH1"不可能被同时声明为"动力集中式"与"动力分散式"的实例，所以 XD 关于 TD 是不一致的。这就是本体实例声明的一致性错误。

（2）实例声明集一致性检验

给定本体 $O=<T,X,TD,XD>$，如果 XD 的每一个模型 I 都满足实例声明 A，则称 XD 涵蕴着 A，记为 $XD \vDash A$。

实际上，由下面两个命题可知，对某个实例声明一致性的检验是可以转换为对实例集的一致性检验。

命题1：给定本体 $O=<T,X,TD,XD>,XD \vDash C(a)$，当且仅当 $XD \cup \{\neg C(a)\}$ 是不一致的。

命题2：给定本体 $O=<T,X,TD,XD>$，有（i）C 关于 TD 是可满足的，当且仅当存在个体 a，使得实例声明 $C(a)$ 关于 TD 是一致的；（ii）C 关于 TD 是可满足的，当且仅当存在个体 a，使得实例声明集 $\{C(a)\}$ 关于 TD 是一致的。

3. TBox 推理与 ABox 推理的关系

对整个本体知识库推理而言，知识库的一致性是其基本的推理问题：对 *ABox A* 和 *TBox T*，本体知识库<*T,A*>是否一致，是否有一个<*T,A*>的模型 *I*。根据模型理论语义，本体知识库的一致性的形式化定义为：如果存在一个是 *A* 并且是 *T* 的模型的解释，那么一个 *ABox A* 是关于一个 *TBox T* 一致的。实际上由定理：概念 *C* 是可满足的 $\Leftrightarrow \{C(a)\}$ 是一致的，可知对一个知识库的一致性推理问题能被简化成关于概念的可满足性问题[7]，这也就是说 TBox 推理与 ABox 推理是紧密相关的，两者一起构成了完整的本体知识库检错推理，但检错推理的重心在于 TBox 推理，因为对实例的检错推理是可以转化为对概念的可满足性检测。

9.3.4　高速铁路领域本体检错推理实证

在参考徐国虎[6]研究成果的基础上，决定基于描述逻辑的领域知识检错推理直接在 Jena 中通过 DIG 协议（Description Logic Inference Gateway）来集成外部的 Racer 推理引擎插件在原始的各专业本体库与集成后的领域本体库中进行逻辑检错。

语义工具 Jena 在本体模型和实现了 DIG 接口的外部推理引擎之间提供一个透明网关，通过这样一种机制，就可以在 Jena 中集成外置逻辑推理引擎来对本体知识库进行检错推理。DIG 接口是一个逐渐发展形成的标准，它通过基于 HTTP 协议的接口来提供对描述逻辑推理引擎的访问，从而完成一个分布式的推理过程。

由于在前期高速铁路领域本体构建工作中，我们参考了范畴表和主题词表，反复听取了领域专家的意见，所以在运用 Racer 对领域本体检测时，除了发现 3 处概念定义错误和 21 处实例声明错误，没有发现大的知识描述错误。这些检错推理工作既为后续的蕴涵知识推理开发提供了必需的逻辑保障和原始知识准备，也增强了开发人员发现本体库中逻辑错误的能力，减小了本体构建工作中由于本体构建工作人员认识局限性或疏忽大意从而导致本体描述的领域知识发生错误的可能性，减轻了本体库管理和维护的工作量。

9.4　本体进化系统

本体进化系统属于本体库管理模块，它是用来验证本书提出的基于

DBpedia 的领域本体进化方法的有效性和可行性的。其操作包括对本体中的类、属性和实例的添加、删除等操作。其应用界面如图 9-7 所示。

 动车组领域本体进化与知识查询系统

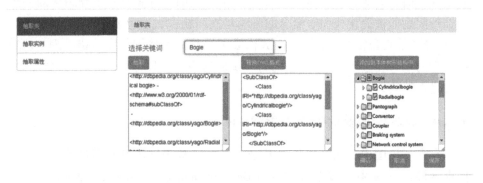

图 9-7 本体进化子系统

用户从主界面点击本体进化进入系统后，可分别选择对初始本体中的类、实例和属性进行本体进化，以上图中抽取类为例，通过关键字下拉菜单选择需要抽取的动车组领域概念，点击抽取按钮进行抽取，系统会在后台自用调用抽取算法，从 DBpedia 中抽取与动车组领域相关的信息并将结果显示在抽取结果中，之后需要将抽取的 ttl 格式的文件转换成 OWL 文件，抽取出的新概念将自动添加到右侧本体树形结构中，用户可以通过勾选本体中新增加的词汇决定是否将概念添加到本体中，点击确认按钮，勾选的节点将被锁定，若点击取消按钮，锁定将被解除，之后再点击保存，将进化后的本体保存为 OWL 格式文件。若不勾选，系统将默认删除，之后也要对本体文件进行保存，供本体查询系统调用。抽取实例和属性的操作与抽取类的操作相同，这里就不再赘述。

9.5 HSRK-SRRS 系统结构

HSRK-SRRS 系统分为四个大的功能模块：本体查询（OntoQueModule）、文献语义预处理与概念语义相似度预计算（DocConModule）、语义扩展检索

（SemExtModule）和推理检索（OntoReaModule），具体结构如图 9-8 所示。

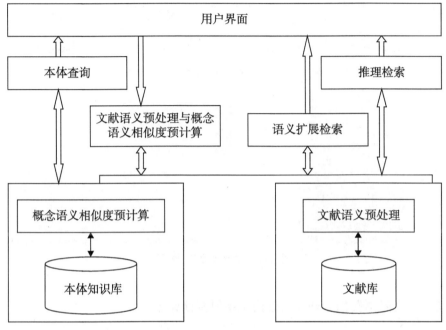

图 9-8　系统结构图

　　用户界面主要和用户进行交互，系统提供四种功能，第一种是本体查询，可以查询所建本体的概念、概念属性、概念实例等；第二种是语义扩展检索，用户以关键字形式表达查询意图；第三种是推理检索，使用本体规则和公理进行推理检索；第四种是系统给用户提供对文献语义预处理与概念语义相似度预计算进行操作的界面。

　　本体知识库以 OWL 文件的形式存储领域本体知识，文献库存储进行语义标注过的领域文献知识。

　　下文将对每一个功能模块及其流程进行介绍。

9.5.1　本体查询

　　这一模块的主要功能是使用户可以方便的查询所建本体的概念、概念属性、概念实例等。本体查询的主界面如图 9-9 所示。

图 9-9　本体查询主界面

9.5.2　文献语义预处理与概念语义相似度预计算

文献语义预处理与概念语义相似度预计算的主要结构如图 9-10 所示。这一模块主要包括两个部分：文献语义预处理和概念语义相似度预计算。

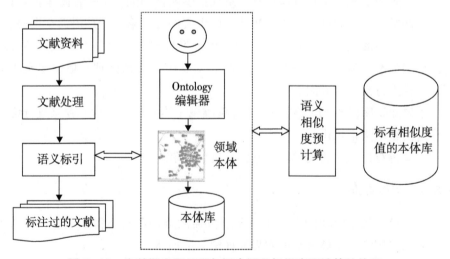

图 9-10　文献语义预处理与概念语义相似度预计算结构图

高速铁路文献资料库已经对原始文献进行了标引。文献语义预处理主要是对文献事先进行语义标注，按照用本体库中定义好的概念对文献进行标引。综合考虑概念在主题词、标题、关键字和摘要出现的频率和位置，计算相应的相似度权重，并在标注过的文献库中保留权重值。语义相似度预计算事先对本体库中的概念进行语义相似度计算，根据第6章的MD4模型进行相似度值的计算，并在本体库中保留相似度值，方便语义扩展检索模块进行查询关键字的扩展。

文献语义预处理与概念语义相似度预计算的主界面如图9-11所示。

图9-11　文献语义预处理与概念语义相似度预计算主界面

9.5.3　语义扩展检索

语义扩展检索的主要结构如图9-12所示。

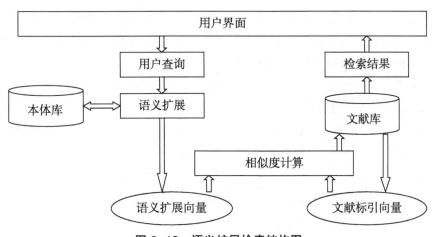

图9-12　语义扩展检索结构图

这一模块的主要功能是把用户输入的查询词进行语义扩展，可以选择不同的扩展方式进行语义扩展（本书在 7.2.2 小节对语义扩展模式和算法进行了详细讨论）。然后把语义扩展向量和从文献语义预处理模块中取出的标引向量进行相似度计算，计算后得到的相似度与用户设立的阈值进行比较，如果大于阈值则文献与查询相关，返回该文档查询结果，并按照相似度大小将排序后的文献列表返回给用户界面。

语义扩展检索的主界面如图 9-13 所示。

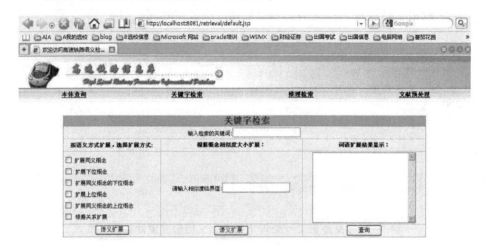

图 9-13　语义扩展检索主界面

9.5.4　推理检索

本体推理检索是在构建的本体的基础上，获得本体中隐含的知识或推理出需要的知识。推理检索的目的是回答用户问题，并检索出相关文献，按文献语义标注时的相似度排序后提交给用户。

推理检索模块直接使用本体中的规则和公理的语义关系进行推理检索，如利用本体中的子类公理（subClassOf）、同义（equivalentClass）等，实现了实例推理查询、实例所属类推理查询和三元组推理查询，下面用动车组模型片段来举例说明。图 9-14 是动车组本体模型的一个片段。

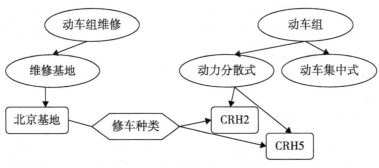

图 9-14　动车组本体模型片段

1. 实例推理查询

举例：查询"动车组"都有哪些实例？

对于图 9-14，如果直接查询"动车组"的实例肯定是查不到的，因为它的下位概念"动力分散式"和"动力集中式"才有实例。但根据人的思维，"动车组"子类的实例也是它的实例，所以查询结果应该给出"动车组"子类的所有实例。

2. 实例所属类推理查询

查询实例所属的概念。

举例：CRH2 是什么？

查询结果应给出"动力分散式"。

3. 三元组推理查询

目前使用本体三元组来直接进行查询。查询语句包括主语、谓语和宾语三个基本成分，是以一种符合 RDF 基本声明的方式来构造。在复杂的语义查询模式下，系统需要辅助用户构造查询语句。

举例：北京基地维修哪些型号的动车组？

实现方法：首先使用 Jena 从 OWL 文件中读取本体库数据，创建 OntModel 对象，在这个对象里，将库中所有的数据以三元组形式保存，这个过程实际上一般会省略，因为 OntModel 对象只需要在系统启动时建立一次即可，其后将缓存在内存当中，需要访问时，直接调用方法得到该对象的引用就可以了。接下来读取规则文件，解析并创建 Rule 对象，再通过 Jena 创建 Reasoner 对象。通过前面得到的 OntModel 对象和 Reasoner 对象就可以调用 Jena 的 ModelFactory 工厂类，创建 InfModel 对象了。

在创建 InfModel 对象后，推理还并没有进行，需要调用 InfMode1. prepare（）方法来启动推理，如果没有调用这个方法，则推理将在第一次访问推理得到新数据的时候启动。推理完成后，就可以在程序中访问推理后的数据了。对于 InfModel 有两个用来访问不同部分的数据的方法 InfMode1. getDeductionsModel（）和 InfMode1. getRawModel（）。

推理检索的主界面如图 9-15 所示。

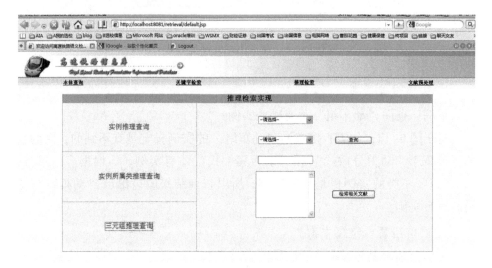

图 9-15　推理检索主界面

9.6　本章小结

本章介绍了高速铁路领域本体的构建，并在此基础上，设计和实现了一个面向高速铁路知识的语义检索和推理系统。首先对本体构建工具的选择和 HSRK-SRRS 的开发平台与工具进行了阐述，然后介绍了高速铁路领域从专业领域本体构建到集成的过程，并以动车组专业领域本体构建为例说明了专业领域本体的构建过程，最后对 HSRK-SRRS 系统结构和功能进行了介绍。

 参考文献

[1] 丁春，岑咏华，顾德访. 基于 Ontology 的语义检索研究［J］. 情报学报，2005，24
　　（6）：702-707.

［2］ 范轶，牟冬梅. 本体构建工具 Protégé 与 KAON 的比较研究 ［J］. 现代图书情报技术，2007，154（8）：18-21.

［3］ 余传明. 基于本体的语义信息系统研究——理论分析与系统实现 ［D］. 武汉大学，博士学位论文：106-107.

［4］ http：//jena. sourceforge. net.

［5］ Baader F，Sattler U. An Overview of Tableau Algorithms for Description Logics ［J］. Studia Logiea，2001（69）.

［6］ 徐国虎. 基于本体的国共合作领域知识推理研究 ［D］. 武汉大学，博士学位论文，2006.

［7］ I Horrocks，S Tobies. Reasoning with Axioms：Theory and Practice ［C］. Proc. of the 7th Int. Conf. on the Principles of Knowledge Representation and Reasoning（KR'2000），2000：286-294.

第 10 章　结论与展望

　　本体理论和语义网技术的发展给领域知识组织和管理注入了强大的活力，许多研究领域都建立起了相应的本体模型，并将其投入实际的开发和应用当中。随着高速铁路技术的快速发展，越来越多的领域知识共享到了互联网上，互联网上庞大、复杂的数据集使用户无法有效的管理特定领域的知识，满足其对领域知识的查询需求，通过采用本体驱动的技术建立高速铁路领域本体并对以构建的本体知识库进行进化更新和语义查询推理能够较好的实现领域知识的组织和管理，满足用户对领域知识的查询和学习需求。

　　在深入调查和研究本体相关理论知识和领域信息检索、系统开发等著作和参考文献，并分析国内外研究现状的基础上，对高速铁路领域本体构建、本体进化和语义查询方法及系统开发的若干关键技术进行了研究，围绕高速铁路领域知识的特点，提出了一套基于本体的领域知识管理方法，并通过开发原型系统，实现了高速铁路领域本体进化和知识查询的应用系统，验证了方法的可行性、有效性，取得了比较满意的效果。

10.1　本书主要工作

　　语义 Web 的基础之一是本体，本体的构建有赖于领域本体的表示、推理和集成。目前虽然有很多关于本体构建与本体集成的研究成果，但本体构建方法没有从系统的角度考虑由多个专业构成的领域的特点，而对本体集成的研究主要是对一个本体在不同领域的构成不同而进行研究的，并没有针对一个领域中不同专业领域之间的集成进行研究；同时，在应用领域本体时没有考虑由多专业构成的领域本体的推理规则和推理效率问题。

本书针对由多专业构成领域的实际情况，提出了一种多专业领域本体构建方法论，给出了多专业领域本体构建的详细流程，方法论中对概念之间语义关系确定和描述的研究将丰富现有的本体方法，同时在专业领域本体集成和领域本体协同进化时考虑了本体进化的情况；在集成后的统一的领域本体基础上，对以文献资料为检索对象的语义扩展检索和推理检索进行了研究。本书所做的工作可分为六部分：

（1）提出了一个多专业领域本体构建方法

结合多专业领域特点，选择 W3C 制定的既能精确地刻画语义、又有高效的推理系统为之提供推理支持的 OWL Lite 作为面向多专业领域的领域本体表示语言，在对已有本体构建方法和由多专业构成的领域知识特点深入研究的基础上，探讨了多专业领域本体构建思路和构建原则，提出了一种建立在"范畴表和主题词表"基础上，并参考基础数据表的多专业领域本体构建方法 MMDOB（Multiple Majors Domain Ontology Building）。该方法给出了多专业领域本体构建的完整流程，并分析了概念之间的语义关系，提出了多专业领域本体集成方法。

（2）提出了一个多专业领域本体集成方法，给出了多专业领域本体模型、概念模型和形式化表示方法

专业领域本体构建完成后，要得到统一的多专业领域本体就需要对专业领域本体进行集成，多专业领域本体集成是其构建方法中的重要一步。由多个专业构成的领域中的各个专业领域的范畴和主题词表之间的关系比较松散，已有的本体集成方法对多专业领域并不适用，所以本书给出了一个面向多专业领域的本体集成方法 MMDOI（Multiple Majors Domain Ontology Integration）和一个三层的多专业领域本体集成框架。在 MMDOI 方法中，考虑了本体进化两种情况的解决方法，一种是随着由多专业构成的领域自身的发展，增加了某个专业范畴表和主题词表；另一种是随着专业领域的发展，该专业领域的范畴表和主题词表进行了扩充。同时，还考虑了一个专业领域新增或删除概念时，多个专业领域之间语义关系的进化问题。

针对集成后的统一的领域本体，在对现有的本体模型和领域本体深入研究的基础上，提出了领域本体模型的八元组表示方法和领域本体概念的九元组表示方法及领域本体的形式化描述方式。

（3）本书提出了一种基于 DBpedia 的本体半自动进化方法

以结构化数据作为本体进化的数据源，大大节省了获取本体进化新信息

的成本，其可被计算机直接读取和利用互联网实时更新的特性，提高了本体进化的效率。

（4）给出了文献语义标引方法，提出了一种计算领域本体概念之间语义相似度的 MD4 模型

在基于本体的语义扩展检索中，检索对象文献的语义标引是其中一个重要的环节，本书采用非线性函数和"成对比较法"相结合的方法，综合考虑位置和词频两个因素，最终给出标引概念的权重。语义相似度计算是用户查询词语义扩展不可缺少的方法，在本书提出的领域本体概念模型表示的基础上，构建了计算领域本体概念之间语义相似度的 MD4（Fourfold Matching-Distance Model）模型，并给出了该模型的详细算法。

（5）语义扩展检索与推理研究

扩展检索是通过查找检索条件中的相关概念，从而得到相关知识项。本书针对多专业领域本体的特点和其检索对象对用户查询语义扩展模式进行了分析，提出了五种语义扩展检索模式。以 OWL 的逻辑基础——描述逻辑作为推理基础，对多专业领域本体语义关系进行了解构，并根据解构的语义关系定义了推理规则，并利用 JRL 规则描述语言对推理规则进行了形式化描述。

（6）高速铁路领域实证研究

以高速铁路领域为实证背景，用本书提出的多专业领域本体构建方法和集成方法实现了高速铁路各专业领域本体的构建和集成，并在此基础上，设计和开发了一个面向高速铁路知识的语义检索和推理系统 HSRK-SRRS（High-speed Railway Knowledge-Semantic Retrieval and Reasoning System），以高速铁路领域文献作为检索对象，对本书提出的文献语义标引、语义扩展检索方法和领域蕴涵知识发现推理进行了实验验证。

10.2   进一步的研究工作

通过研究，结合技术发展趋势，我们认为在后续的研究工作中，以下一些方面的问题还需要进一步的深入研究。

（1）对于多专业领域本体的构建，目前主要是对手工构建方法和工具的研究，没有对概念之间关系的自动化或半自动化抽取进行过多的研究。

（2）语义扩展检索中对于用户查询词为普通单词的情况没有深入研究，

只给出了方法；对于用户查询词的输入，只考虑了用户查询一个词的情况，没有考虑用户输入的查询词为多个的情况。

（3）本书只实现了本体进化新概念获取的自动化，后续的进化过程还需要人工操作，今后将继续提高本体进化的自动化程度并扩展进化数据源的获取途径，提高领域本体进化的质量。